中华姓氏起名通典丛书

杨姓起名通典

毛上文　温　芳　编著

气象出版社
China Meteorological Press

内 容 提 要

　　本书分为六大部分：姓氏篇、起名篇、起名实例篇、风俗篇、人物篇。作者采用考古新成果与史料相互印证比较法，并利用族史学、民俗学、地名学等多种学科知识研究了中华姓氏的来源、祖先发源地等错综复杂的问题，这为辨识浩繁庞杂的中华姓氏源流提供了一个崭新的视角。

　　作者给出了天干、地支、五行等传统文化与重要的起名方法，列举了起名笔画数吉祥模型，提供了杨姓起名实例，以便读者学习与应用。书中介绍了亲自连名、生肖星座、姓名避讳等民俗。在姓名文化篇，作者讲解了姓名与人的字号、贵姓郡望与堂号、贵姓楹联与家训介绍了历代名人的优秀事迹等。

图书在版编目(CIP)数据

杨姓起名通典 / 毛上文，温芳编著. —北京：气
象出版社，2011.12
　　(中华姓氏起名通典丛书)
　　ISBN 978-7-5029-5387-4

　　Ⅰ．①杨… Ⅱ．①毛… ②温… Ⅲ．①姓名学—中国
Ⅳ．①K810.2

　　中国版本图书馆 CIP 数据核字(2011)第 244997 号

出版发行：气象出版社
地　　　址：北京市海淀区中关村南大街 46 号　　邮政编码：100081
总 编 室：010-68407112　　　　　　　　　　　发 行 部：010-68409198
网　　　址：http://www.cmp.cma.gov.cn　　　E-mail：qxcbs@cma.gov.cn
责任编辑：吴晓鹏　齐　翟　　　　　　　　　　终　　审：章澄昌
封面设计：博雅思企划　　　　　　　　　　　　 责任技编：吴庭芳
印　　　刷：北京京科印刷有限公司
开　　　本：710 mm×1000 mm　1/16　　　　　印　　张：14.5
字　　　数：200 千字
版　　　次：2012 年 1 月第 1 版　　　　　　　　印　　次：2012 年 1 月第 1 次印刷
定　　　价：29.00 元

本书如存在文字不清、漏印以及缺页、倒页、脱页等，请与本社发行部联系调换

前　言

——起吉名不容易

自 2000 年以来，我们陆续编著了《起名技巧大全》、《宝宝起名实用宝典》、《宝宝吉祥起名大全》、《起名通书》、《周易与人生策划》、《阴阳宅风水》等十多种书，深受读者欢迎。根据读者反馈信息，起名最难定的问题之一是搞不清汉字的笔画数，这是因为用于起名的汉字笔画数有特殊的规定。我们再三确认了一些难定的汉字笔画数，今列举如下："宝"通常按照 20 画计算，宝＝寶，像房子里有贝和玉，表示家里藏有珍宝，在西周金文里，又加上一个声符"缶"（古音与"宝"同）。宝＝寶，则按照 19 画计算。"瑛"按照从"王"（玉）的部首论为 14 画，意思是像玉的美石。"英"从"艹"（艸）部首，故以 11 画论。"敬"按照 13 画论。"梦"按照 13 画论。"钟"既可以 17 画（钟＝鍾）论，又可以 20 画（钟＝鐘）论。如果读者还对哪些汉字搞不清笔画数，可与作者联系。

名字在中国人的心目中为什么占这么重要的位置呢？这是因为中国人一向有重视起名的传统，尤其是娱乐圈艺人在没有出名之前都是改名成风，一生之中艺名往往不止变一次，大家所熟知的京剧大师"梅兰芳"，本姓梅，原名"澜"，字"畹华"，之前师父给他起的艺名叫"喜群"，一听就很滥俗，一点都没有明星味儿，所以就红火不起来。后来经开明绅士牛子厚指点，改名叫"梅兰芳"，从此闻名遐迩，成了一代宗师。还有一位原姓名叫"刘福荣"的，别误会，不是"芙蓉姐姐"的原名，这是香港乐坛和影坛巨星刘德华的原名。由此可见名字的重要性。大家都知道"名副其实"、"名如其人"的说法。一个好名字，可以先声夺人，引人遐思，很多场合吉名总是带来好运。怎样起一个使人终生受益的吉名呢？这是起名最难的问题之二。根据我们十几年的起名经验，起名要在先天八字五行基础上，考虑姓名格数、音、形、义，这就是我们十几年所倡导的"五维全息吉祥起名法"。这种方法和中医治病的原理差不多，每个人的八字五行都不可能天生就阴阳平衡的，某个先天五行过旺，就要克和泻，过衰，就要生和扶，以尽量维持健康的动态平衡。举例说，如果一个人八字五行"土"过旺，根据程度，可以在名字中放表示"木"、"水"的"药"，同时还要结合姓氏、名字涵义、字音、字形、数理等，才能取一个对学业、仕途、婚姻、财运都有利的好名字。

无论大姓、小姓，起吉名都不容易。根据不同姓氏起名，是起名最难的问题之三。因为有些姓氏与名字搭配起来有不雅的音义，比如"李功绩"，听起来像"力公鸡"；"王义"，跟"忘义"一样，让人想到见利忘义之徒；"张达人"，"达人"出自《菜根谭》中的"达人观物之外，思身后之身"，这个名字虽然好，可是与"张"搭配起来就让人误解为"嚣张打人"；"吴佳"跟"无家"一样，可能成为到处流浪的人；"朱生杨"，好似"猪生羊"，给人们不伦不类的感觉；"胡丽晶"读音似"狐狸精"；"关鹩鹩"给人要歪的感觉，姓与名不平衡。

不了解自己姓氏的来源，是起名最难的问题之四，比如"祁"姓既可以8画论又可以12画论。据《元和姓纂》和《辞源》所载，春秋时晋献侯四世孙奚为晋大夫，食邑于祁（在今山西省祁县东南十五里处古县镇），遂以邑为氏。"祁"姓源自以"祁"邑为姓氏，则按照12画起名，因为右"阝"表示"邑"，以"邑"部首论；"祁"姓源自官职"祁父"（管理兵甲之事）则按照8画计算，因为以8画论的"祁"姓从"礻"（示）而不从"阝"（邑）。"祁"当"盛大、舒缓、众多"之义，也按照8画计算。经过多年的起名经验和与读者沟通，我们发现大部分读者对自己姓氏起源演变、文化、习俗不太了解，而我们编著的《中华姓氏起名通典》丛书有助于解决姓氏起名难的问题。

综上所述，起个吉祥名字很不容易！针对各姓氏起吉名更是难上加难，为此我们编著了《中华姓氏起名通典》丛书，先从大姓开始，对每个姓氏的来源、贵姓祖籍、贵姓先人、贵姓郡望与堂号、贵姓楹联、贵姓家训、贵姓起名技巧等等，都作了比较详细且通俗易懂的解答。不管您阅读关于自己的姓氏起名通典书，还是浏览其他各姓氏起名通典书，您读完我们的任一本书，一定能掌握"五维全息吉祥起名法"，也肯定能获得一个姓氏完整新颖的资料。各个姓氏的民俗文化与起名技巧，汇集成中华姓氏起名大百科，这为今人传播中华姓名文化，提供了一个崭新的平台。

毛上文

2011 年 11 月 26 日

目　　录

起名基础篇

本篇讲解了命名的礼俗、阴阳五行、天干地支、起名方法、起名思路等。关于姓名学，有诸多分支，在我们看来，最正宗最吉祥的方法，还是配合每个人先天五行多寡强弱，然后配合姓名数理，考虑音、形、义，以相关五行属性的字来起名，此谓"上文五维全息吉祥起名法"，这种起名法对先天生辰八字起到"损有余而补不足"的效果。这和中医治病的原理差不多，所以古人才有"医易相通"、"名命相关"的说法。

◆ 命名之礼

中国伟大哲学家、思想家、道家学派创始人老子在《道德经》第一章开篇就说："无名，天地始；有名，万物母。"意思是说，太初无名，天地未具形迹，万物不可名状，宇宙间只有一片混沌在回荡，这是天地的初始状态。正是命名，才初显景象，才使万物从原初的不可名状中分离出来，于是才有大地上高山流水、花鸟虫兽、人物诸事，各具其形，各有其名。命名，使混沌世界成为可呼可叫的有名世界。

人类初生时本来就没有姓名，原始人跟天上的飞鸟、森林中的走兽和碧波中的游鱼一样，无名无姓，直到人类进入母系氏族时期，才开始有姓有名。东汉学者许慎在《说文解字》里对"名"解释为："名，自命也。从口、夕。夕者，冥也，冥不相见，故以口自名。"意思是：名源自用口发出的号令。名由夕、口构成。夕，就是夜晚昏暗的意思，天又黑又暗，互相看不见对方，所以用口各自发号，这便是"名"的由来。人一旦有了名字，这个名字就会成为他命运的一部分，一辈子都与他血肉相连，即使死了，肉体化为尘土，情色皆成死灰，他的名字却可能仍然在人间"神出鬼没"。比如学习书法的人对"书圣"王羲之皆顶礼膜拜，历代读书的人都参拜祭祀"文圣"孔子，尊其为"先师"，做生意的人大多供奉关公。读者稍微留意一下众多饭店会发现，店里都会祭拜关公，生意人不但把关公看做是管理钱财的神，也把他当作生意上监察诚信的守护神。关羽在众多财神中以刚毅耿介忠义著称于世。他的故事可说是家喻户晓，《三国演义》里有一句赞诗："人杰惟追古解良，士民争拜汉云长。"今天常见的对联有"韩信点兵，多多益善；关公仗义，旺旺大吉。"关羽，姓关，名羽，字"长生"，后改字为"云长"，河东解（今山西运城）人，东汉末年著名将领，自刘备于乡里聚众起兵开始追随刘备，是刘备最为信任的将领之一。在关羽去世后，其形象逐渐被后人神化，一直是民间祭祀的对象，被尊称为"关公"；又经历代朝廷褒封，清代时被奉为"忠义神武灵佑仁勇威显关圣大帝"，崇为"武圣"，与"文圣"孔子齐名。在台湾，祭祀关羽的庙宇也相当普遍，除了一般武庙、小型宫庙、神坛将其作为主祀外，也有称为恩主公庙的大型关帝庙，其中以行天宫最负盛名。所谓的"恩主"是鸾堂信仰的名词，也就是"救世主"的意思。

有了名字，你就被社会打上了标志性的烙印，你就被社会指定了一个身份、一个位置、一种存在的姿态、一种迎来送往的表情。可见，名字不仅仅是一个称号，你有什么名字就拥有什么信息，你传递给人家什么样的信息，就得到什么样的待遇，所以中国人自古及今一直重视命名。人类的姓名礼仪制度自始至终就是社会的产物，人的身份、地位、种族、性别、职业、命运等都可以从其姓名中体现出来，千头万绪、错综复杂的关系在姓名这里汇合，也由姓名得以折射、解析，因此，命名礼仪就是透视中国传统民俗文化的有力视角。

载于典籍的命名礼仪制度在《礼记·内则》有介绍，《礼记·

内则》："妻将生子，及月辰，居侧室，夫使人日再问之，作而自问之，妻不敢见，使姆衣服而对，至于子生，夫复使人日再问之，夫齐则不入侧室之门。……异为孺子室于宫中，择于诸母与可者，必求其宽裕慈惠、温良恭敬、慎而寡言者，使为子师，其次为慈母，其次为保母，皆居子室，他人无事不往。三月之末，择日剪发为鬌，男角女羁，否则男左女右。是日也，妻以子见于父，贵人则为衣服，由命士以下，皆漱浣，男女夙兴，沐浴衣服，具视朔食，夫入门，升自阼阶。立于阼西乡，妻抱子出自房，当楣立东面。姆先，相曰：'母某敢用时日只见孺子。'夫对曰：'钦有帅。'父执子之右手，咳而名之。妻对曰：'记有成。'遂左还，授师，子师辩告诸妇诸母名，妻遂适寝。夫告宰名，宰辩告诸男名，书曰：'某年某月某日某生。'而藏之，宰告闾史，闾史书为二，其一藏诸闾府，其一献诸州史；州史献诸州伯，州伯命藏诸州府。夫入食如养礼。世子生，则君沐浴朝服，夫人亦如之，皆立于阼阶西乡，世妇抱子升自西阶，君名之，乃降。……公庶子生，就侧室。三月之末，其母沐浴朝服见于君，摈者以其子见，君所有赐，君名之。众子，则使有司名之。"这种命名礼仪是一个复杂但颇有条理的过程：孩子出生后三个月内，父亲不入产房惟经常使人慰问，显示对妻儿的关心。三个月后，命名礼择吉日举行，家族中有头面的妇女如祖母、伯母、叔母等，以及父亲已为孩子请好的老师（或保姆）都来参加。当日，母亲先行洗澡换衣服，孩子已剪去胎发，头上留着两个发角。礼仪开始时，母亲抱着婴儿出房，向东站在门楣下，祖母或者辈分最高的妇女先看孩子，并喊着孩子的母亲姓氏说："某某氏，今天要让孩子拜见父亲了。"当父亲的应答道："我一定要好好教养孩子，使他守礼循善。"然后，父亲走上前去，握过小孩的右手，给其以慈爱的笑容并逗戏，百日左右的小孩，往往会以嬉笑咿呀和手舞足蹈相回报，从而给庄重的礼仪增添了喜庆欢欣的气氛。

接着，最关键的程序开始了。做父亲的在根据孩子的出生时日、体形相貌等各种条件进行综合参酌后，咳嗽一声，当场宣布孩子的名字（也有事先拟定好的名字）。说出孩子的名字后，母亲立刻应答，略说一定谨记夫言，教儿成德。然后，她把孩子交给老师或保姆。对方抱过婴儿后，即依尊卑长幼的顺序，把小孩刚获得的"名"逐一向参加礼仪者宣告。祝贺声中，人之初，"名"得立矣。

命名礼的最后两个步骤，是告祖先告宰闾（宰：古代官名；闾：古代二十五家为一闾，宰闾相当于今天的居委会主任），这两道程序都由父亲唱主角。告祖先使新生儿之名获得家族内部的承认，告宰闾则为存档，其式为"某年某月某日某生"，由"闾史书为二，其一藏诸闾府，其一献诸州史"（《礼记·内则》）。从这个时候起，如不发生改名情况，命名礼上所赐予的这一特称，将陪同孩子终生乃至永远；在其有生之日，它的表现方式（如名片、印章、身份证等）有时候竟比其本身更具有证明效用（这种征象，到现在仍在银行、邮局、学校等机构内行之有效），而在其身后，除了"尔曹身与名俱灭"外，流芳百世或遗臭万年的故事，不也比比皆是吗？这就难怪古人对于命名之礼，要如此慎重了。

战国末期楚国贵族屈伯庸给儿子屈平（字原，名平，通常称为屈原）起名的经过，就是一个严格遵循古代命名礼仪的典范。距今2340多年前（约公元前343年），照甲子推算，那年应该是戊寅年，时值寅月寅日。和风煦煦，天气晴朗，坐落在楚国丹阳（今湖北秭归）临江水边的一处宅院内，传出了一声清亮的婴儿啼哭。随即，一个小女孩跑进书房，禀报："爸爸，妈妈生了个小弟弟！"屈伯庸闻声惊喜。

遵照上流社会的礼法，三个月以后，屈伯庸才第一次见到了新生儿。孩子的头上，已经挽起两个发角小辫，更显天真可爱。当父亲拉过儿子的小手，仔细端详，又掐指推算，笑眯眯地说："好。生日合于吉度，貌端气正可则，就取名叫'平'吧。"瞧，既要测算时日，又要看相貌，古人对于命名之道是多么重视啊。周朝早期的著名政治家、思想家、文学家、军事家周公旦在《周礼》中规定：山师掌山林之名；川师掌川泽之名，辨其物与其利害，而颁之于邦国，使致其珍异之物；原师掌四方之地名，辨其丘陵、坟衍、原隰（xí）之名物之可以封邑者；媒氏掌万民之判，凡男女自成名以上，皆书年月日名焉。

中国文学史上第一位大诗人屈原，就这样获得了他的本名。几十年后，他在《离骚》中追述了这个场景："摄提贞于孟陬兮，惟庚寅吾以降。皇览揆余初度兮，肇锡余以嘉名，名余曰正则兮，字余曰灵均。"摄提就是寅年，孟陬指正月，亦即寅月，初度指出生日，皇指父亲，锡指赐给。意思是说太岁星逢寅的那年寅月，又是庚寅的日子，我从母体降生了。父亲看到我生辰不凡，给我起了个好名字，名叫做"平"，字叫做"原"。东汉王逸在《章句》中解释屈原的名字时说："正，平也；则，法也。灵，神也；均，调也。言正平可法者莫过于天，养物均调者，莫神于地。"所以名"平以法天"，字"原以法地"。与他的出生戊寅年寅月寅日（屈原生于寅年寅月寅日，据邹汉勋、刘师培用殷历和夏历推算，定为前343年正月二十一日，而清代陈场用周历推算定为前343年正月二十二日）配合起来，照字面上讲，"平"是公正的意思，平正就是天的象征；"原"是又宽又平的地形，就是地的象征，屈原的生辰和名字正符合"天开于子，地辟于丑，人生于寅"的天地人三统。这在今天看来，不只是巧合，更是一个好兆头。

复杂的命名礼仪，集中到一点，就是对"名"的特别重视。《礼记》记载："黄帝正名百物，以明民共财。"孔子曰："名不正，则言不顺；言不顺，则事不成。……君子名之必可言也，言之必行也。"荀子说："制名以指实，上以明贵贱，下以辨同异。"可见，对于中国人来说，命名的意义远不止是一个标识的作用，更关系个人的命运。在过去十多年中，我见证了无数人被自己的姓名所累，也见证了很多人改了姓名后脱胎换骨。有人要问：重名的人多了，人生命运、个性都一样吗？当然不同。只凭名字来做预测有很大的局限性，所以严谨的命名法要与生辰八字相结合，我们的"上文五维全息起名法"，就是将姓名本身的吉凶与八字五行结合在一起，按照先天八字五行→姓名格数→姓名意象→姓名音象→姓名形象这五个步骤给人起名，如此则相同的姓名才会带来不同的影响，如此起名才起到良好的效果。

◆ 话说乳名

乳名，也叫奶名、小名或小字，是指婴儿在幼年时期家长所取的非正式的名字。在取大名前起个小名，古今都有这一习俗，古代人起小名无等级贵贱之分，上至帝王将相下至平民百姓，都可以有个小名。

明确见于史料记载的乳名，从汉代开始。如汉武帝的外祖母乳名叫"臧儿"。据《史记》记载，汉代文学家司马相如有一个有趣的小名叫"犬子"，这些都证明使用小名的历史，在我国至少可以追溯到两千多年前的西汉。宋代爱国词人辛弃疾在《永遇乐·京口北固亭怀古》诗词中就曾提及南朝宋武帝刘裕的小名"寄奴"，云："斜阳草树，寻常巷陌，人道寄奴曾住。"翻阅史书，历史人物有小名的也不少，三国时魏武王曹操的小名叫"阿瞒"，刘备儿子刘禅的小名叫"阿斗"，明代著名航海家郑和的小名叫"三保"，教育家蔡元培的乳名叫"阿培"，他上私塾后取学名叫元培，周恩来的小名叫"大鸾"，郭沫若的小名叫"文豹"，郭沫若专门讲过他的小名的来源，如他在《少年时代》一书中写道："我母亲（杜邀贞）说我受胎的时候，梦见一个小豹子突然咬着她的左手的虎口，便一觉醒了，所以我的乳名叫文豹。"因其母亲的梦而得小名文豹，又因他在家庭中排行第八，母亲总是亲切地称呼他"八儿"。

顾名思义，乳名是吃奶时用的称呼，所以本人长大后乳名一般都不能随其进入社会，而只在父母尊长或兄姐口中保留，表示亲昵如旧。曹操从小与许攸等人玩耍，"阿瞒"的乳名在他们之间叫惯了，后来许攸帮助曹操破袁绍得冀州，自恃有功，座席间常说："阿瞒，卿不得我，不得冀州！"曹操亦笑答："汝言是也！"但是如果没有这种从小到大的亲密关系而称乳名，便是故意轻蔑，甚至带有侮辱性了。如三国时孟达背蜀国投魏国后，写信劝降刘备养子刘封，信里称"自立阿斗为太子以来，有识之人相为寒心"，这里以乳名代称刘禅，便是有意轻蔑。刘禅的大名究竟该怎样读法，迄今史学者莫衷一是，但"扶不起的阿斗"一语，则家喻户晓，足见乳名在脱离适用范围后的副效应。

尽管小名对人的作用影响不及正式的名字，现代人有的还是会给婴儿起个小名。小名为什么普遍受到人们的喜爱呢？一是因为小名体现出长辈对宝宝的喜爱，听起来亲切；二是叫起来简单顺口，显得风趣、活泼；三是取小名比较随意，叫什么都行。起大名有很多讲究，而小名可以不拘一格。

现代的小名中带小、大、子等字的较多，如小莲、小文、小菊、小三、小妮、大刚、大明、大鹏、兰子、祥子、柱子、英子等，为了表达对宝宝的关爱亲切之情，父母往往把小名叫成又轻又短的儿化音，如小三儿、小明儿、平儿。

起小名虽没有太多的讲究，但小名也不容易起，以下几种起小名的技巧，可以激发家长的灵感。

1. 根据大名采用双声叠韵技巧取小名

过去一般是先给孩子起个小名，等孩子上幼儿园时取学名，这个学名就是终生的大名了。现在这种习俗已经改变了，一般是大名起好后再考虑小名，这样随大名来起小名就容易些，例如张天雨的小名叫天天，刘宇轩的小名叫轩轩，刘彦彬的小名叫彬彬，高彤霞的小名叫彤彤。

2. 以叠字起小名

这种起名方法包含爱的成分多一些，也有寄托父母对下一代的期望和祝愿，例如，体现爱字信息的小名：毛毛、媛媛、楠楠、妞妞、豆豆、晶晶、程程、芊芊等，希望孩子健康美丽的小名有：丽丽、轩轩、小虎、婷婷、飞飞、强强等，期望孩子有成就的小名有：成成、圆圆、佳佳、明明、庆庆、胜胜等。

3. 以出生时间、地点、节气起小名

据出生地点可起小名：京京、杭杭、宁宁、津津等。

据出生时间可起小名：晨晨、亮亮、皎皎等。

据出生节气可起小名：冬冬、小雪、小雨、苗苗等。

4. 以重大事件起小名

著名相声演员姜昆给女儿起小名叫南南，原因是南南出生的时候，姜昆正在云南边境为解放军做慰问演出，所以起了这个小名。2003年杨利伟驾驶航天飞机实现了中国人的飞天梦想，于是那年很多家长为宝宝取乳名叫大鹏或者飞飞。

5. 以出生时吉兆起小名

例如奶奶在小孙子出生前梦见龙飞上天了，为此给孙子起小名"飞龙"。

6. 根据数字起小名

例如当代国际水稻研究专家袁隆平先生给自己的三个儿子取小名叫五一、五二、五三。袁隆平先生还幽默地说："我家孩子是单一品种，都是雄性，要有个女孩多好。"

7. 以英文起小名

不少白领夫妇紧跟时代潮流，起小名也日益国际化，比如张柏芝和谢霆锋的大儿子谢振轩取小名 Lucas（卢卡斯），再如 leial（莉拉）、lisa（丽莎）、sunny（桑妮）、jerry（杰瑞）。

◆ 起名基础 1——阴阳五行

起名要根据阴阳五行原理。一个人的出生时间即"八字"是先天的，是不受本人意志支配的，而一个人的名字却是后天的信息，是可以由自己去选择的。

阴阳观念在中国经历了极其漫长的历史，自从阴阳意识的萌芽，到伏羲氏创立阴阳八卦，经夏、商时代，阴阳观念在人们的心目中逐渐加深，至西周，周文王研究先人传下来的古《易》——夏朝的《连山》、商朝的《归藏》，他把自己的研究心得写成《周易》。《周易》号称"天书"，居"五经"之首，是中国传统文化最有代表性的优秀典籍之一。到春秋战国时期，老子、孔子、鬼谷子等圣贤名家都论述了阴阳的辩证关系。

阴阳为何物，中国古代伟大的哲学家和思想家老子是如何讲述的呢？老子《道德经》曰：

"道生一，一生二，二生三，三生万物。万物负阴而抱阳，中气以为和。"这里的"一"，指宇宙的根本是一团混沌之气，天地未分时的原初状态；"二"指阴与阳；"三"泛指多，也含天地之数多之意。《说文》："三，天地之道也，从三数。"《淮南子·天文训》："《易·系辞》：'是故《易》有太极，是生两仪。''道'与'易'异名同体。此云'一'，即'太极'，'二'，即'两仪'，谓天地也。天地气合而生和，二生三也。和气合而生物，三生万物也。"原文大意是：世界中的一切都产生于宇宙中一团混沌之气，然后一分为二成为阴阳，阴阳感应而产生多种事物，这些事物又反复地进行或繁衍或组合，于是天下就形成了万物万事万人。因此，所有的物种，都是阴阳结合而化生的，既有阴又有阳的中气即阴阳平衡之气，才是和谐。

孔子在《易·系辞》里说："一阴一阳谓之道。"即阴阳观是天地人间的根本规律。《史记·孔子世家》记载："孔子晚而喜《易》，序、象、系、象、说卦、文言，读易，韦编三绝。"孔子晚年把研《易》心得写成"十翼"，并从新的角度理解和讲述《周易》之后，人们对《周易》，的认识便又提高了一个层次。

鬼谷子（姓王名诩，春秋时齐国人，是纵横家之鼻祖）在《鬼谷子·捭阖》开篇说："奥（奥：发语词，无实意）若稽（稽：考）古，圣人之在天地间也，为众生之先。观阴阳之开阖（阖：关）以名命物，知存亡之门户（门户：关键之处），筹策万类之终始，达（达：通达）人心之理，见变化之朕（朕：征兆、行迹）焉，而守司其门户。故圣人之在天下也，自古及今，其道一也。变化无穷，各有所归，或阴或阳，或柔或刚，或开或闭，或驰或张。是故圣人一守司其门户，审察其所先后，度权量能，校其伎巧短长。"意思是：纵观古今历史，可知生活在天地间的圣人，都是做大众的先导者。圣人通过观察阴阳变化可对事物作出判断，并进一步把握事物存亡之理。圣人测算万物的发展变化过程，通晓人类思维的规律，揭示事物变化的征兆，从而控制事物发展变化的关键。所以，自古及今，所有的圣人在世上始终奉守大自然阴阳的变化规律，并以此驾驭万物的。因为事物的变化虽然无穷无尽，然而都各有自己的归宿：或者属阴，或者归阳；或者柔弱，或者刚强；或者开放，或者封闭；或者松弛，或者紧张。所以，圣人始终善于把握万物发展变化的关键之处，审察它的变化顺序，揣度它的权谋，测量它的能力，再比较它的优劣。

主要从事中国先秦史研究的历史学博士谢维扬先生指出："《易

经》运用其全部形式系统演示出以阴阳运动为主要内容的道的各种展现过程。"

　　春秋战国时期，阴阳之学应用领域更广泛了，政治上用它、经济上用它、文化上用它、中医上用它。比如，春秋时期，吴越两国相邻，经常打仗，公元前494年，吴王夫差带兵攻打越国，越国被吴国打败，越王勾践忍辱和妻子一起守护夫差的父墓和为夫差养马。后来吴王夫差放勾践回国，勾践从此卧薪尝胆，励志图强，经常向范蠡、文种等人咨询一些治理国家的问题，范蠡总以阴阳之学为勾践分析天下大事，他告诫越王勾践要遵循阴阳运动的自然规律，尤其是，他指出了阳到极限便会向阴转化，反之，阴到了极限也会转向阳的一面，这就是中国人人皆知的"物极必反"的道理。越王勾践在范蠡、文种的辅佐下，经二十年的漫长准备，积聚了强大的国力，越国由弱变强，最后一举歼灭了吴国。

　　成书于战国时期的《黄帝内经》是运用阴阳五行辩证思想的最早的中医理论经典。《黄帝内经·素问》第五篇《阴阳应象大论》篇指出："阴阳者，天地之道也，万物之纲纪，变化之父母，生杀之本始，神明之府也。治病必求于本，故积阳为天，积阴为地。阴静阳燥。阳生阴长，阳杀阴藏。"《黄帝内经·素问》第二篇《四气调神论》指出："夫四时阴阳者，万物之根本也。所以圣人春夏养阳，秋冬养阴，以从其根，故与万物沉浮于生长之门。逆其根，则伐其本，坏其真矣。故阴阳四时者，万物之终始也，死生之本也，逆之则灾害生，从之则苛疾不起，是谓得道。道者，圣人行之，愚者佩之。从阴阳则生，逆之则死，从之则治，逆之则乱。"阴阳之道是《黄帝内经》辩证思想的精华部分之一，把这两千多年前的阴阳观，与当今世界上任何哲学相比，都毫不逊色，这绝不是以它的年代久远摆老资格，而是因为它至今看来仍然那么深邃、那么实用。

　　什么是阴阳呢？在许多人的心目中，感觉阴阳很抽象，为此我们将万象万物的阴阳列举如下：

万物	阴阳	万物	阴阳
明	阳	雄	阳
暗	阴	雌	阴
日	阳	强	阳
月	阴	弱	阴
天	阳	上	阳
地	阴	下	阴
君	阳	动	阳
臣	阴	静	阴
男	阳	暖	阳
女	阴	寒	阴
夫	阳	前	阳
妻	阴	后	阴
父	阳	乾	阳
子	阴	坤	阴
刚	阳		
柔	阴		

　　一般来说，凡是具有男、高、刚、动、奇、公等性质的事物和现象属于阳的范畴，凡是具有女、低、柔、静、偶、母等性质的事物和现象就属于阴的范畴。但是，我们对事物划分阴阳属性的时候，一定要注意，它是对同一事物、同一类别的东西而言的，比如：公狗与母猪就不是一对阴阳，因为二者不同类。对狗而言，公狗与母狗就属于一对阴阳，公狗属阳，母狗属阴。因此，对处在同一个级别的两个事物，或者说处在同一个级别相关联的两个事物，你才能够区分阴阳。再比如一个家庭，一男一女，男为阳，女为阴，这是可以的，但是对两个男人而言，你不能说他们俩谁是阳谁是阴，因为他们同性。根据天人相应的理论，大自然中有什么，人体内就应该有什么，那么人体中的阴阳是怎么划分的呢？比如说背部为阳、胸部为阴，上部为阳、下部为阴，六腑为阳、五脏为阴。

凡是明亮的，温暖的，积极的，向上的，进取的，具有这些特性的事物都属阳。反过来，凡是黑暗的，寒凉的，消极的，向下的，退行性的事物都属阴。

阴阳观的核心是"无阳则阴无以生，无阴则阳无以化"，"孤阴不生，独阳不长"，"阳长阴消，阴长阳消"，"重阴必阳，重阳必阴"。

五行是什么？《尚书·洪范》载："一曰水，二曰火，三曰木，四曰金，五曰土。"西汉史学家司马迁在《史记·历书》中说："盖黄帝考定星历，建立五行。"《尚书·洪范》记载上古传下来的治国九种大法竟然包括五行。在夏朝，禹的儿子启当王的时候，因为有扈氏"威侮五行"，启率军讨伐有扈氏，出征之前，夏王启发表讲话与誓言，其中列举了有扈氏的第一条罪状便是有扈氏轻慢了金、木、水、火、土五行，对此《尚书·夏书·甘誓》有记载，王（启）曰："嗟！六事之人，予誓告汝：有扈氏威侮五行，怠弃三正，天用剿绝其命，今予惟恭行天之罚。"大意是：即将在甘进行一场大战，夏启召集了六军的将领，说："嗨！六军的将士们，我要向你们宣告：有扈氏轻视侮辱金木水火土五行，怠慢甚至抛弃了我们颁布的历法。上天因此要我断绝他们的命运，现在我只有奉行上天对他们的惩罚。"

西周末年，史伯提出"先王以土与金木水火杂，以成百物（出自《国语·郑语》）"，从五行的功用来讲，说明当时人们已认识到五种基本物质之间的差别以及组合以后产生的作用。

在春秋战国时期，五行学说已经很成熟了，此后，五行学说就作为中华民族传统的世界观和方法论，被应用到政治学、经济学、军事学、医学、伦理学之中，成为认识自然界、人类社会的哲学工具。为什么说五行学说成熟于春秋战国时代？因为那时已经有了阴阳与五行相配合、四时与五行相配合的法则，而且有了五行相胜的学说，即五行相克的理论，接下来又有了五行相生之理。在文献上有《管子》、《黄帝内经》记载了五行学说；在代表人物上有战国时期的齐国著名的阴阳家邹衍，他把阴阳与五行结合在一起。

《黄帝内经》是运用阴阳五行的典范。《黄帝内经·素词》

指出：

"五行者，金木水火土也，更贵更贱，以知死生，以决成败，而定五脏之气，间甚之时，死生之期也。""木得金而伐，火得水而灭，土得木而达，金得火而缺，水得土而绝，万物尽然，不可胜竭。"

阴阳家邹衍提出了"五德终始"学说，他认为人类社会都是按照五德（木、火、土、金、水等五行之德）转移的次序进行循环的。五德终始说是依照自然界的五行相克即土克水、木克土、金克木、火克金、水克火的规律来解释社会朝代更换的。人类社会的历史变化同自然界一样，也是受土、木、金、火、水五种元素支配的，历史上每一个王朝的出现都体现了一种必然性。邹衍说："五德之次，从所不胜，故虞土、夏木、殷金、周火（《淮南子·齐俗训》篇高诱注引《邹子》)"。《文选·魏都赋》李善注引《七略》曰："邹子有终始五德，从所不胜，木德继之，金德次之，火德次之，水德次之。"这种学说后来被秦始皇所用，为他的称帝及其统治服务。《史记·封禅书》说："邹子之徒论著终始五德之运，及秦帝而齐人奏之，故始皇采用之。"

到了隋代，著名术数家萧吉撰写了一部专论五行的著作《五行大义》。该书是中国历史上关于五行学说最为权威的读本，该书内容极广，包括了五行的生数、成数，五行在四时的旺相休囚的规律，五行的生克，五行与河洛，五行与纳甲、纳音，五行与干支等各方面的知识。英国近代生物化学家和科学技术史专家李约瑟亦曾提及该书，谓之为迷信成分最少、科学成分最多。可见该书对于文史及思想研究学者之重要。萧吉在《五行大义》的序说："夫五行者，盖造化之根源，人伦之资始，万品禀其变易，百灵因其感通，本乎阴阳，散乎精像，周竟天地，布极幽明。"

到唐代，吕才专门撰写了讲阴阳五行八卦的占卜典籍《大唐阴阳书》。旧《阴阳书》在唐初很流行，唐太宗曾"以《阴阳书》近代以来渐致讹伪，穿凿既甚，拘忌亦多，遂命（吕）才与学者十余人共加刊正，削其浅俗，存其可用者。勒成五十三卷，并旧书四十七卷，十五年书成，诏颁行之"（《旧唐书·吕才传》)，于是吕才撰了《大唐阴阳书》。

中国近代历史学家、民俗学家顾颉刚先生说："五行是中国人的思维律，是中国人对于宇宙系统的信仰，两千余年来，它有极强固的势力。"可见，阴阳五行源远流长，经历了漫长岁月的积累和发展，并且它始终与人类的生命意识密不可分。阴阳五行理论在中国历史上占有举足轻重的地位，其影响直至我们生活的当代和未来。

大家都知道了五行是木、火、土、金、水，那么五行之间存在什么关系？五行之间存在生克关系。

五行学说认为，任何事物并不是相生就好，相克就坏，五行相生相克是宇宙间一切事物运动变化的规律，事物只有在生中有克，克中有生，相辅相成，才能正常运行。

五行生克，就是指五行及其所代表的人、事、物之间相生相克的关系。相生，即一事物对它事物的滋生、促进、助长作用。五行相生规律是：水生木，木生火，火生土，土生金，金生水。相生关系就是五行之间的相互生养，没有这种生养，就不会有宇宙万物的存在。五行相生的结果，是事物形态的转化，五行之间顺次相生，循环不已，但事物不能总这样循环相生下去，一直生下去的结果，那就是事物发展没节制了，"造化之机，不可无生；亦并不可无制（克）。无生，则发育无由；无制（克），则亢而有害"，生克互根，有生还必须有克（制约），整个宇宙万物才能保持动态平衡。相克，是指一事物对它事物的制约、抑制、约束等作用。五行相克，也称"五行相胜"，其规律为：水克火，火克金，金克木，木克土，土克水。《黄帝内经·素问》在"宝命全形论"篇对"五行相克"是这样记述的："木得金而伐，火得水而灭，土得木而达，金得火而缺，水得土而绝。万物尽然，不可胜竭。"在下面的五行生克图中，五行之间是隔一相克、顺次相生。顺次相生形成一个促进性的循环系统；隔一相克造成一个抑制性的循环，如下图所示：

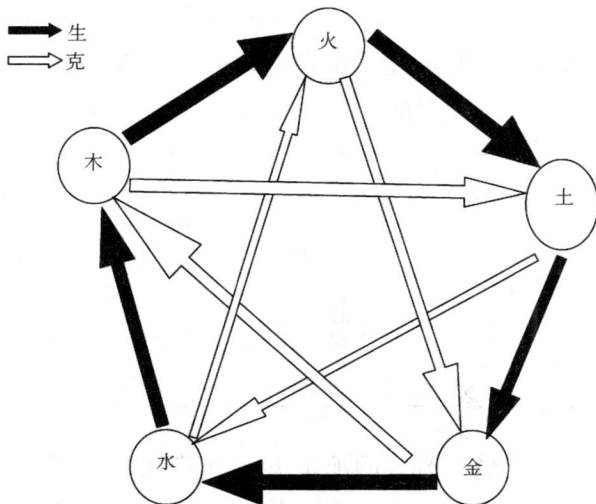

阴阳五行说起来容易用起来难，衡量一个起名师与预测师技术水平高低，关键看他对五行旺衰的把握程度，一旦将五行的旺衰程度判断失误，就找不准姓名与生辰八字的用神五行，这样取出来的名字就不会起好作用，甚至影响人的一生运程。判断五行的旺衰，除了熟能生巧的经验外，还要掌握什么？下面接着介绍：五行与节气。

五行加上时间要素才能够看出万事万物旺衰之道。四季与二十四节气是人人都离不开的时令，在成书于春秋战国时期的《黄帝内经》中就有五行在四季旺衰的描述，比如《黄帝内经·灵枢》说："五行以东方为甲乙木旺春……"五行在一年四季中的强弱旺衰态势不同，依其旺衰程度，中国古人归纳出五种态势：旺、相、休、囚、死。

旺——最旺，当令的五行，犹人年富力强，故谓之"旺"。

相——次旺，被当令者所生的五行，犹人得母旺气生助（进气），故为次旺，谓之"相"。

休——小衰，生当令者的五行，犹人生子，生子元气耗泄甚大（退气），须稍事休养，故为小衰，谓之"休"。

囚——中衰，克当令者的五行，克物必费力，因克物时，其物亦有反克之力，受损非轻，故为中衰，谓之"囚"。

死——最衰，被当令五行的旺气所克者，犹人年老气衰，又遇到年富力强的对手，其离死亡不远矣，故为最衰，谓之"死"。

五行在四季中当令时间表：

五行	时间
木当令	春季即立春后至立夏前 19 天止
火当令	夏季即立夏后至立秋前 19 天止
土当令	四季末即四立前 18 天到四立止
金当令	秋季即立秋后至立冬前 19 天止
水当令	冬季即立冬后至立春前 19 天止

在四季中正值当令节气的那个五行气势最旺。相者为旺气所生之状态，其气势较次旺。五行在"休"的状态是自身功成身退后还有心促生的状态。囚者为克旺之位，克我无力，反被我俘虏成囚。死者为旺气所克之位，其气势最弱，故为死。

一年四季，五行旺衰规律为：正值当令的五行为"我"，当令的五行旺，亦即我旺，我生者相，生我者休，克我者囚，我克者死。如春季木当令，木则旺，木即"我"；火是木所生，火处于"相"的状态；水是生木之母，木已经旺盛，水便退休，所以木处于"休"的状态；金克我的木，我的木势强劲，金反而处于"囚"的态势；土是木所克者，木势强旺，所以土处于"死"的状态。春季时，木旺、火相、水休、金囚、土死。夏季时，火旺、土相、木休、水囚、金死。秋季时，金旺、水相、土休、火囚、木死。冬季时，水旺、木相、金休、土囚、火死。

五行四时旺相休囚死表：

五行／状态	木	火	土	金	水
旺	春旺	夏旺	四季末旺	秋旺	冬旺
相	冬相	春相	夏相	四季末相	秋相
休	夏休	四季末休	秋休	冬休	春休
囚	四季末囚	秋囚	冬囚	春囚	夏囚
死	秋死	冬死	春死	夏死	四季末死

万物与五行对应关系。中国先哲们根据五行的性质属性，将宇宙万事万物进行了分类，这样一来，原本十分复杂、难以计量的万事万物就被精简为木、火、土、金、水五大类，任何事物一下子变得明晰易解了，又将复杂繁多的关系归纳为"生和克"，用五行生克理论解释宇宙万事万物的兴衰成败和人的生命。把具有向下、寒冷属性和功能的事物或现象归类为"水"，这样"水"就作为哲学概念应用了。把具有炎热、上升属性和功能的事物或现象归类为"火"，这样"火"就作为哲学概念应用了。把具有伸展、生发、曲直属性和功能的事物和现象归类为"木"，这样"木"就作为哲学概念应用了。把具有内收、刚硬、革新属性和功能的事物和现象归类为"金"，于是"金"就作为哲学概念应用了。把具有承载、稳定、化育属性和功能的事物和现象归类为"土"，于是"土"作为中华传统哲学概念应用了。

万物与五行对应关系如下：

五行\事物	木	火	土	金	水
天干	甲乙	丙丁	戊己	庚辛	壬癸
地支	寅卯	巳午	辰戌丑未	申酉	子亥
五方	东	南	中	西	北
五季	春	夏	长夏	秋	冬
五时	平旦	日中	日西	合夜	夜半
五色	青	赤	黄	白	黑
五气	风	暑	湿	燥	寒
五化	生	长	化	收	藏
五味	酸	苦	甘	辛	咸
五音	角	微	宫	商	羽
五脏	肝	心	脾	肺	肾
五腑	胆	小肠	胃	大肠	膀胱
五窍	目	舌	口	鼻	耳
五体	筋	脉	肌肉	皮毛	骨髓

续表

五行\事物	木	火	土	金	水
五津	泪	汗	涎	涕	唾
五腧	井	荥	腧	经	合
五元	元性	元神	元气	元情	元精
五德	仁	礼	信	义	智
五情	喜	乐	欲	怒	哀
五魔	财	贵	胜	杀	淫
五星	岁星	荧惑	振星	太白	辰星

◆ 起名基础 2——汉字的五行

确定了生辰八字用神五行与姓名吉祥笔画后，下一步就是选择汉字起名字了。挑选起名用的汉字，不仅要考虑所选汉字跟姓氏搭配起来的音、形、义，还要考虑汉字的五行符合生辰用神五行，亦即根据汉字的字义、结构、偏旁、部首等所属的五行选择适合本人生辰用神五行的汉字起名，所以下面讲一讲汉字的五行。

判断汉字的五行从哪方面入手呢？从字义的五行、字形的五行、字音的五行任一方面都可以判断汉字的五行。

字义的五行示例。凡是具有慈善性、生发性、草木性含义的汉字，其五行则属于木，如丛、从、东、亿、林、森、楚、梁、栋、张、长、寅、卯、材、村、春、季、衍等字。凡是表示发热发光和文明礼仪含义的汉字，其五行则属于火，如礼、晋、光、旱、晓、旭、日、映、景、晶、思、想、明、月、烽、火等字。凡是具有敦实性、包容性、甜味性含义的汉字，其五行则属于土，如甘、甜、京、殿、宫、田、岱、岭、国、邦、邑、岩、研、堰、砑、砚、台、坤、岳等字。凡是表示智慧性、流动性含义的汉字，其五行则属于水，如迁、跃、海、智、泉、水等字。凡是表示质地坚硬、仗义、豪爽、革新、金属含义的汉字，其五行则属于金，如豪、金、银、铠、钟、革、尖、锐、锋、利等字。

字形的五行示例。汉字的字形包括偏旁、部首、笔画等。在宋朝时，有一位易学大师叫邵康节，他写了一本著名的《梅花易数》，该书对汉字笔画的五行指出："五行者，立木，卧土，勾金、点火、曲水之象。"该书还对字形的五行指出："木瘦金方水主肥，土形敦厚背如龟，上尖下阔名为火，字象人形一样推。"

古人把构成一个字的基本笔画部首按其特征分属金、木、水、火、土五行，大致是这样规定的：

五行属于木的基本笔画和部首为：丨、乙、纟、艹、中、三、弓、东、禾、户、木、门、竹、瓜、衤、舟、车、耒等，例如属于阳木的汉字有：木、树、林、枝、栅、桓、森、彬、杉、权、柱、栋、松、柏、梨、栗、李、桦等带木字旁的字；属于阴木的汉字有：草、萌、蓝、蕙、蔡、葱、芳、芸、芬、花、芹、芙、英、莲、茜、芊、莘、蔓等带草字头的字；属于与阳木直接有关的汉字有：耕、耘、轴、轩、铲、轲、轵、轶、轸、轹、轺、轿、轻、辂、较、辀、辊、辐、辑、输等字；属于与阴木直接有关的汉字有：绅、纡、纣、纤、纥、约、级、纨、纩、纪、纫、纶、纠、纭、纴、纱、纬、纯、纰、纲、纳、纵、纷、纸、纺、纽、纾、纮、纼、细、织、终、绉、绊、绋、绌、绍、绎、绐、绒、结、绕、绗、绘、给、绚、绛、络、绝、统、经、绡、绢、绣、绥、绦、继、绨、绪、绹、绻、综、绽、绾、绿、缀、缁、缍、缫、绩、绫、续、绮、绯、绰、绳、缦、维、绵、绶、缜、祗、祚、祜、祝、神、祠、祢、祐、祐、诏、祓、祤、祥、祧、袾、祫、祯、祛、禔、禛、褉等字。

五行属于火的基本笔画和部首为：丿、乂、忄、心、火、丙、赤、目、马、巳、灬、光、红等。例如属于阳火的汉字有：火、炎、炳、煤、炮、烽、炜、炉、烧、焱、炬、炫、熔、煜、眈、炝、炊、芡、炓、烊、炸、价、松、钮、炅、炆、炎、炒、炔、炕、炖、炘、炙、炜、炬、怀、炆、炪、焰、炉、炯、炳、炵、炶、炷、炼、炽、烁、烃、炯、焓、焐、焅、焇、焌、焕、炳、焓等带火字旁的字；属于阴火的汉字有：旰、昊、旴、旱、旳、时、旷、昌、旸、映、昍、昖、眇、昑、旸、昌、明、旮、盼、昒、昜、昔、昕、昘、昙、旼、旺、旻、昨、昀、昂、昃、昊、昄、昆、昇、昈、昉、昗、昡、昢、昣、昜、昞、星、映、昡、昢、昤、昦、昧、昨、昪、昫、昏、昭、昮、是、昰、昱、昳、昴、昶、昷、昸、昼、显、昽、昹、昧、晔、晆、晀、哄、晃、時、晃、晄、晅、晈、晊、晋、晌、晍、晏、晐、晑、晒、晓、晖、晟、晠、晢、晣、晤、晥、晦、晧、晨、普、景、晰、晱、晛、晳、晴、晵、晷、暘带日字旁的字；属于与阴火相关的带“忄”、“心”的汉字有：意、情、忕、忖、忙、忛、他、忔、伋、忏、忓、忋、忦、忷、忯、忾、忟、忨、忸、忲、忱、怄、忨、怆、怜、忪、忬、快、忮、怇怔、忻、怀、怈、怑、怗、怉、怟、怰、怢、怣、怲、怩、怳、怍、怙、怚、怌、怐怿、怜、怡、怏、怖、怾、恇、恍、恒、恈、恽、恪、恫、恺、恔、恮、恂、恄。

五行属于土的基本笔画和部首为：王、言、阝、宀、幺、扌、户、土、辰、丑、田、艮、匚、肉、门、厂、广、阜、邑、甘等。例如属于阳土的汉字有：石、土、坦、垸、塬、塔、墨、坤、寺、坊、坛、城、域、培、佳等带土字旁的字，以及山、岚、岛、岩、崔、炭、幽、峨、岳、峰、崎、岱、屿、峦等带山字旁的字；属于阴土的汉字有：玉、玺、珍、玓、玛、玒、玕、玖、玗、玘、玚、玥、玡、玣、玮、玞、玠、玠、玡、玢、玤、玦、玧、玨、玩、玪、玭、环、玟、玱、珀、玶、玿、玲、玳、玷、玹、玻、珣、珂、珄、珅、珇、珈、珉、珊、珌、珍、珎、珏、珑、珨、珝、珞、珠、珢、珣、珥、珦、珧、珩、珪、琉、珯、珬、班、珮、珹、珽、琤、珵、珶、珺、珻、珼、琀、琁、琂、球、琄、琅、理、琇、琉、琌、琍、琏、琎、琓、琚、琛、琝、琟、琙、琠、琢、琣、琥、琦、琨、琩、琪、琫、琬、琮、琯、瑾、瑾、境、璇、璊、璋、璌、璎、璜、璝、璞、璟、璠。属于阴土的带有“邑（右阝）”、“宀”、“广”的汉字有：宝、府、邦、邻等等。

五行属于金的基本笔画和部首为：丶钅、口、几、刀、戈、匕、刂、玉、石、皿、金、西、贝、兑、辛、戈等。例如属于阳金的汉字有：金、鑫、银、针、钦、钠、铁、铮、钢、铉、锋、鉴、钟、锌等带金字旁的字；属于阴金的汉字有：剑、刚、利、列、刊、划、别、制、剧、刘、则、剩、到、刮等带刀字旁的字，以及成、戗、戕、战等带"戈"旁的字，还有切、斩、韬等字。

五行属于水的基本笔画和部首为：亠、冫、氵、辶、廴、月、子、水、耳、鱼、黑、雨、川、癸、亥等。例如属于阳水的汉字有：水、淼、沁、涯、淞、潍、江、河、湖、海、洋、波、涛、洪等带水字旁的字；属于阴水的汉字有：雨、雷、雹、霖、雯、云、霓、雪、霏、霆、雾、霭、霍、露等带雨字旁的字。

辨别汉字笔画五行歌诀如下：

（一）

横画连勾作上称，一挑一捺俱为金；
撇长撇短皆为火，横直交加土最深；
有直不斜方是木，学者方明正五行。

（二）

一点悬空土进尘，三直相连化水名；
孤直无依为冷木，腹中横短作囊金；
点边得撇为炎火，五行变化在其中。

（三）

三横两短若无钩，乃是湿木水中流；
两点如挑金在水，八字相须火可求；
空云独作寒金断，好己心钩比木舟。

（四）

无钩之画土稍寒，直非端正木休参；
围中横满无源水，口小金方莫错谈；
四匡无风全五事，用心辨别莫迟难。

（五）

穿心捺撇火陶金，走之平稳水溶溶；
直中一捺金伤木，提起无尖不是金；
数点笔连休作火，奇奇偶偶水源清。

（六）

无直无钩独有横，水用土化复何云；
点挑撇捺同相聚，共总将来化土音；

四点不连金化火，孤行一笔五行同。

字音的五行。根据汉字的声母、韵母拼音划分如下：

木音：舌根音，g k h

火音：舌尖音，d t n l

土音：喉音，a o e ai ei ao ou au en un iang ün üan ing ang eng ong

金音：前摩擦音，j q x zh ch sh r z c s j（y）

水音：唇音，b p m f u ü（w）

在普通话普及的今天，汉字的字音五行应以普通话音韵为标准。复音合成字的五行，除了 i、u、ü 作为单韵母使用外，它们与五行属于土的韵母结合成复韵母则以五行"土"论，例如 ie、üe、in、iang、iao、uen、ueng 等都属于土音，如果汉字合成音中还有其他五行时，再参考其他五行论。例如"普（pǔ）"字从音韵五行上讲属于五行水；"闰（rùn）"字属于五行"金（r）＋土（un）"；以"金"论，"凯（kǎi）"字五行为"木＋土"。

再如，从字音上讲属于五行水的字有：居（ju）、曲（qu），因为属 j 属"金"、ü 属"水"，"金"生"水"，所以"居"字属"水"，这里的韵母"ü"作为单韵母使用，跟声母结合在一起，则省略"ü"上的两点。

使用汉字的五行时，以汉字的字义、字形五行为主，以其字音五行为辅。

◆ 起名基础 3——天干地支

天干、地支简称干支。天干是甲、乙、丙、丁、戊、己、庚、辛、壬、癸的总称，又叫"十天干"。地支是子、丑、寅、卯、辰、巳、午、未、申、酉、戌、亥的总称，又叫"十二地支"。

干支都可以作为中国人表示年、月、日、时的符号，又可以用作描述宇宙生命发生、发展变化的符号。干支的意义及其排列序位代表万物产生、发展、壮大、灭亡、更生的整个过程。

干支与阴阳、五行、时间、脏腑等相配，体现了事物之间的有机联系和"天人相应"的全息观。

天干与五行对应关系如下：

天干	五行	天干	五行
甲	阳木	己	阴土
乙	阴木	庚	阳金
丙	阳火	辛	阴金
丁	阴火	壬	阳水
戊	阳土	癸	阴水

地支与五行的对应关系如下：

地支	五行	地支	五行
子	水	午	火
丑	土	未	土
寅	木	申	金
卯	木	酉	金
辰	土	戌	土
巳	火	亥	水

天干与地支组合表如下：

1. 甲子	11. 甲戌	21. 甲申	31. 甲午	41. 甲辰	51. 甲寅
2. 乙丑	12. 乙亥	22. 乙酉	32. 乙未	42. 乙巳	52. 乙卯
3. 丙寅	13. 丙子	23. 丙戌	33. 丙申	43. 丙午	53. 丙辰
4. 丁卯	14. 丁丑	24. 丁亥	34. 丁酉	44. 丁未	54. 丁巳
5. 戊辰	15. 戊寅	25. 戊子	35. 戊戌	45. 戊申	55. 戊午
6. 己巳	16. 己卯	26. 己丑	36. 己亥	46. 己酉	56. 己未
7. 庚午	17. 庚辰	27. 庚寅	37. 庚子	47. 庚戌	57. 庚申
8. 辛未	18. 辛巳	28. 辛卯	38. 辛丑	48. 辛亥	58. 辛酉
9. 壬申	19. 壬午	29. 壬辰	39. 壬寅	49. 壬子	59. 壬戌
10. 癸酉	20. 癸未	30. 癸巳	40. 癸卯	50. 癸丑	60. 癸亥

上述干支组合是中华民族传统的纪时工具。天干和地支组合用来表示时间，通常叫干支纪年、纪月、纪日、纪辰。一个人出生的"八字"就是用干支记录这个人出生的年、月、日、辰的方式。

干支作为中国人表示年、月、日、时的时间模型，又可以推算人一生的吉凶祸福，亦即推算人的命运。用天干、地支表示一个人的出生年、月、日、时，共有八字，即人的生辰八字，又称为"四柱"，即年柱、月柱、日柱、时柱，《三命通会·论年月日时》云："凡论人命，年、月、日、时排成四柱。"例如：某人生于阳历 2002 年 1 月 2 日 13 时 02 分，用天干地支表示其"八字"为：

年	月	日	时
辛	庚	庚	癸
巳	子	午	未

因每年的阳历 1 月 5 日或 6 日为小寒节，2002 年 1 月 2 日在大雪与小寒之间，所以纪年纪月的干支为辛巳年庚子月，由年地支可知道这个人的生肖属蛇。

在古代还有专用的名字称呼十天干与十二地支，今列举如下：

天干	甲	乙	丙	丁	戊	己	庚	辛	壬	癸
《尔雅》中的天干专名	阏逢	旃蒙	柔兆	强圉	著雍	屠维	上章	重光	玄（元）默	昭阳
《史记》中的天干专名	焉逢	端蒙	游兆	强梧	徒维	祝犁	商横	昭阳	横艾	尚章

地支	子	丑	寅	卯	辰	巳	午	未	申	酉	戌	亥
《尔雅》中的地支专名	困敦	赤奋若	摄提格	单阏	执徐	大荒落	敦牂	协洽	涒滩	作噩	阉茂	大渊献
《史记》中的地支专名	困敦	赤奋若	摄提格	单阏	执徐	大荒骆，大芒落	敦牂	叶洽	涒滩	作鄂	淹茂	大渊献

例如：《资治通鉴》卷 153 标题是"屠维作噩一年"，据上表可知"屠维"对应的天干就是"己"，"作噩"对应的地支就是酉，所

以这一年为己酉年（公元 529 年）。屈原在《离骚》中说"摄提贞于孟陬兮，惟庚寅吾以降"。句首"摄提"就是寅年。

◆ 起名基础 4——干支纳音五行

天干与地支之间的关系十分密切，二者组合在一起构成一种力量即干支力，干支力就是干支纳音五行，例如甲子与乙丑纳音五行叫"海中金"，因此具有五行金的信息。六十甲子与五音十二律结合起来构成了"六十甲子纳音五行"，按照金、木、水、火、土五行属性，每两年归为一类，周而复始，所以六十甲子纳音五行常被民间用来推算命，例如：2010 年是庚寅年、2011 年是辛卯年，这两年出生的人都具有"松柏木"的信息，民间习惯上叫"木"命人。我们现在介绍中国传统的"六十甲子纳音五行"，揭开"命"谜，使人们不再"迷信"，这样更有利于提高国民的知识素养。

干支	纳音五行	解　释
甲子 乙丑	海中金	子属水，又为湖，又为水旺之地，兼金死于子，墓于丑，水旺而金死、墓，故曰海中金也。
丙寅 丁卯	炉中火	寅为三阳，卯为四阳，火既得地，又得寅卯之木以生之，此时天地开炉、万物始生，故曰炉中火也。
戊辰 己巳	大林木	辰为原野，巳为六阳，木至六阳则枝荣叶茂，以茂盛之木而在原野之间，故曰大林木也。
庚午 辛未	路傍土	未中之木而生午位之旺火，火旺则土焦，未能育物，犹路傍土若也。故曰路傍土也。
壬申 癸酉	剑锋金	申酉金之正位兼临官申、帝旺酉，金既生旺则成刚矣，刚刚无窬于剑锋，故曰剑锋金也。
甲戌 乙亥	山头火	戌亥为天门，火照天门，其光至高，故曰山头火也。
丙子 丁丑	涧下水	水旺于子，衰于丑，旺而反衰，则不能为江河，故曰涧下水也。

续表

干支	纳音五行	解　释
戊寅 己卯	城头土	天干戊己属土，寅为艮，山土积而为山，故曰城头土也。
庚辰 辛巳	白蜡金	金养于辰、生于巳，形质初成，未能坚利，故曰白蜡金也。
壬午 癸未	杨柳木	木死于午，墓于未，木既死且墓，虽得天干壬癸之水以生之，终是柔弱，故曰杨柳木也。
甲申 乙酉	泉中水	金临官申、帝旺酉，金既生旺，则水由以生，然方生之际力量未洪，故曰泉中水也。
丙戌 丁亥	屋上土	丙丁属火，戌亥为天门，火既炎上，则土非在下而生，故曰屋上土也。
戊子 己丑	霹雳火	丑属土，子属水，水居正位而纳音乃火，水中之火非神龙则无，故曰霹雳火也。
庚寅 辛卯	松柏木	木临官寅、帝旺卯，木既生旺则非柔弱之比，故曰松柏木也。
壬辰 癸巳	长流水	辰为水库，巳为金长生之地，金生则水性已存，以库水而逢生金则泉源终不竭，故曰长流水也。
甲午 乙未	沙中金	午为火旺之地，火旺则金败，未为火衰之地，火衰则金冠带，败而方冠带，未能盛满，故曰沙中金也。
丙申 丁酉	山下火	申为地户，酉为日入之门，日至此时而藏光，故曰山下火也。
戊戌 己亥	平地木	戌为原野，亥为木生之地，夫木生于原野则非一根一株之比，故曰平地木也。
庚子 辛丑	壁上土	丑虽土家正位而子则水旺之地，土见水多则为泥也，故曰壁上土也。
壬寅 癸卯	金箔金	寅卯为木旺之地，木旺则金赢，又金绝于寅、胎于卯，金既无力，故曰金箔金也。
甲辰 乙巳	佛灯火	传明继晦，犹如夜间庙宇里的灯光，故曰佛灯火也。

续表

干支	纳音五行	解 释
丙午 丁未	天河水	丙丁属火，午为火旺之地而纳音乃水，水自火出，非银河不能有也，故曰天河水也。
戊申 己酉	大驿土	申为坤，坤为地，酉为兑，兑为泽，戊己之土加于坤泽之上，非其他浮薄之土也，故曰大驿土也。
庚戌 辛亥	钗钏金	金至戌而衰，至亥而病，金既衰病则诚柔矣，故曰钗钏金也。
壬子 癸丑	桑树木	子属水，丑属土，水土方生木，木气盘屈，形状未伸，犹如桑树木也。
甲寅 乙卯	大溪水	寅为东北维，卯为正东，水流正东则其性顺而川涧池沼俱合而归，故曰大溪水也。
丙辰 丁巳	沙中土	土库辰、绝巳，而天干丙丁之火至辰冠带、巳临官，土既库、绝、旺，火复兴生之，故曰沙中土也。
戊午 己未	天上火	辰为食时，巳为禺中，午为火旺之地，未中之木又复生之，火性炎上又逢生地，艳阳之势光于天下，故曰天上火也。
庚申 辛酉	石榴木	申为七月，酉为八月，此时木则绝矣，惟石榴之木反结实，故曰石榴木也。
壬戌 癸亥	大海水	水冠带戌、临官亥，水临官、冠带则力厚矣，兼亥为江，非他水之比，故曰大海水也。

◆ 起名之道1——上文五维全息吉祥起名法

　　作者从事起名研究10多年，在起名实践中逐渐发现了五格数理起名法和十二生肖起名法的不足，而"上文五维全息吉祥起名法"正好能弥补各种起名法的缺陷和不足，"上文五维全息吉祥起名法"是一种综合性、全方位复杂的起名方法，使取名的效果由单纯的识别功能扩大到护身开运吉利的功能。

　　上文五维全息吉祥起名法中的"五维"，指生辰八字五行、数理、意象、形象、音象。经作者多年来对五维全息吉祥起名法的研究、观察与验证，从这五个方面起名、改名对人的运气、身体、婚姻、事业、学业更有利，是宝宝美好人生的开端。

上文五维全息吉祥起名法不但重视名字的音、形、义所含的信息，而且重视命理（生辰八字）、数理，所以此种起名方法难度很大。

"上文五维全息吉祥起名法"的步骤：出生时空（八字）→ 姓名数理 → 姓名读音 → 姓名意象 → 姓名形象。下面逐一介绍每一步骤。

首先，"上文五维全息吉祥起名法"考虑出生时间和地点，将宝宝的出生时间转换为"八字"，即用天干地支表示一个人的出生年、月、日、时，古人又称此步骤为"排四柱"。学好用"八字"记录生年、生月、生日、生时不容易。自中国唐代以来，经过古人无数次验证，"八字"计时法比我们采用的阳历和阴历自然数计时法更能反映出一个人的生、老、病、死、婚姻、财运等人生信息，因为表示"八字"的天干地支与五行一一对应，通过五行生克制化的规律就推导出这些人生信息。中国传统文化的代表《易经》和传统哲学都认为时空一变，万物就变了。著名国学大师南怀瑾先生在美国大学讲学时说："不管宗教、哲学、科学，有两个重点要注意：一个是时间，一个是空间。事实上，时间、空间左右了一切，我现在告诉大家了，我们中国的传统文化《易经》把时空并用，它是一体的两面。"这就是我10多年来一直强调起名要重点考虑出生时间和地点的依据。举个排"八字"的例子，北京时间阳历 2010 年 1 月 6 日 15 时 56 分，在广州市有一个宝宝诞生，用天干地支表示如下：

己　　　丁　　　丙　　　丙

丑　　　丑　　　辰　　　申

这就是"四柱"，民间习惯上称之为"八字"，读作己丑年、丁丑月、丙辰日、丙申时。同一时间在新疆乌鲁木齐市出生的宝宝，因其出生空间地点不同，其八字就变为：

己　　　丁　　　丙　　　乙

丑　　　丑　　　辰　　　未

上述两个宝宝"八字"中的年、月、日的干支相同，时干支不同，这是因为乌鲁木齐市 1 月 6 日的天亮时间是 9 时 11 分、日出是 9 时 43 分，而 1 月 6 日广州的天亮时间是 6 时 45 分、日出是 7 时 09 分，这两个城市基本上相差一个时辰。

排出一个人的"生辰八字"后，紧接着就是分析"八字"五行的比例以及五行的旺衰，根据先天八字五行的旺衰喜忌起名，这就需要读者掌握干支与五行的对应律、天干五行十二月令发展变化律和五行四时旺相休囚法则，这些专业知识详见笔者编著的《宝宝吉祥起名大全》。

举个两例子讲五行旺衰。例一：阳历 2006 年 10 月 1 日（阴历的八月初十）早上 7 点 39 分对应的生辰八字为：

丙　　丁　　癸　　丙
戌　　酉　　亥　　辰

五行比例 2 丙火、1 丁火、1 戌土、1 辰土、1 酉金、0 木、1 癸水、1 亥水。出生的日干支为癸亥，日元为癸水，宝宝生于这个时间正是秋季酉金之月，秋季五行"金"旺，"水"处于次旺即"相"的状态，日元癸水得日支亥水之源泉，所以日元癸水偏旺盛，根据《周易》五行平衡原理，宝宝先天五行缺木不利，起名补五行木为上策，用"木"来泄日元癸水，这对本人的发展更有利。

例二：女宝宝出生时间是阳历 2009 年 12 月 21 日 8 时 45 分（农历十一月初六），对应的生辰八字为：

己　　丙　　庚　　庚
丑　　子　　子　　辰

先天八字中的五行比例个数（不计藏干）：2 水、0 木、1 火、3 土、2 金。五行力量：水旺、火死、土囚、金休。阴阳比例是：阴气占 62.8%、阳气占 37.2%，符合女孩以阴气为主阳气为辅的自然法则。代表本人的日元庚金生于丙子月显然不得时令，因为子月的五行旺衰规律是水旺、木相、金休、土囚、火死，加上年支丑为庚金之墓，此丑土不但不能够生庚金，反而把庚金关藏起来，使庚金难以舒展开，所以庚金很弱，幸好有时柱的天干庚帮助、地支辰土生庚金，还有年干己土生庚金，庚金得到生助，弱中得解救。命中的用神五行为土，喜神为金。宝宝生于寒冷冬季，八字可适当借五行火调候，调候用神五行为火，命中丙火虽然不缺，但是火力太弱，处于"死"的状态，起名应该加强火、土、金的力量，五行缺木不需要补。

读者一定要注意：根据五行起名，并不是先天五行缺什么就补什么，要视日元五行强弱而定，如果所缺五行对本人有利，不补反而好，补了则凶；如果一个人的先天八字五行出现不齐全，所缺五行需要补则补，补救的办法有三种：一是字形补法，二是字意补法，三是数理补法。

其次，"上文五维全息吉祥起名法"的第二步骤考虑姓名的数理吉凶。在中国传统哲学文化范畴，数理又叫"数理哲学"，用数解释、说明问题。姓名分为五格数理：天格数理、人格数理、地格数理、总格数理、外格数理，其中最关键的是人格数理、总格数理，给新生宝宝起名还要重视姓名地格数理。有人说姓名的"三才"——天格、人格、地格的五行相生则吉、相克则凶，这种说法很片面，香港大富豪李嘉诚的姓名天格五行属于金、人格五行属于木、地格五行也是金，虽然2金克1木，但是他照样成为大名鼎鼎的富豪和慈善家，这是因为他的名字信息与其生辰八字（戊辰年戊午月甲申日丁卯时）五行相符。关于姓名五格数理，详见下一节。读者要查阅1~81数理吉凶信息，请参考第41~47页。

第三，"上文五维全息吉祥起名法"第三步骤讲究姓名的音韵美（即HI），预防姓名出现不吉不雅的谐音。一般规则是只要姓名的声母与韵母不一样，听起来就好听，再考虑姓名声调因素，姓名的声调不同，听起来就悦耳，姓名的声母与韵母不同而声调相同，这样的姓名也好听，仍然能够达到好的语音效果。姓名的声母、韵母相同或者接近，声调又都相同，这样姓名的语音效果很差，带给人不良信息。姓名谐音带来的贬义外号，轻则损其尊严，重则妨害前程，很容易给本人造成沉重的心理负担，影响当事人的发展。美妙动听的名字所蕴藏的音波信息对人体产生有益的感应作用，调理人的生理节律与行为。大家都有一个共同的体验：当听到优美的歌曲时，我们的身体会下意识地活动。假如你的姓名音律美好，对本人肯定会产生好的结果。

第四，"上文五维全息吉祥起名法"第四步骤是推敲姓名的意象美（即 MI），不要起出含义不雅或者有贬义的姓名，避免出现不好的外号。汉字是负载着神奇信息并能激发人的能动性的灵性文字。我们根据当代著名的汉字学家萧启宏先生写的《汉字通〈易经〉》原理和在全球中西文化界享有巨大声望的国学大师南怀瑾先生的教导，发现了汉字的"字音消灾，字形藏理，字意通神"的规律。姓名内在的蕴义不良，长期使用它，就影响人的心情，不利于事业、婚姻，因为姓名具有诱导或暗示潜意识的作用力，孩子在有意或无意之中把贬义的姓名或外号和他自己的行为联系起来，经过一段时间，具有负面消极含义的名号会给孩子留下不良的持久暗示力，这就会侵蚀和伤害孩子的心灵。宋慈是中国法学史上著名的法医、法官，其父也是一位负责刑狱的法官，深知百姓疾苦，父亲对他说："我为你取名'慈'，字'惠父'，是希望你将来做官后要仁慈爱民，为百姓送实惠。"宋慈没有辜负父亲取名时对他的殷切期望，一生都把慈爱施于民，他侦破了许多复杂案件，使许多冤假错案得以平反，受到百姓的爱戴，他结合自己破案经验，编写了规模宏大的《洗冤集录》，这部书成为世界上最早的法医学著作。著名导演张艺谋最初的姓名叫张诒谋，很多人并不知道张诒谋，这个名是由他外公取的，他外公对"诒"字的解释是"诒者，勋也"，是期望他在未来建立功勋，光宗耀祖。"诒谋"具有建功立业的谋略智慧之意。不过，因为"诒"字不常用，张诒谋上学后，有人把他的名字写成"张治谋"，有人写成"张冶谋"，还有同学跟他开玩笑，叫他"张阴谋"，为此他就自己把名字改为现在的"张艺谋"，意思是具有艺术家的谋略与智慧。

第五，"上文五维全息吉祥起名法"的第五步骤是注意姓名的形象美（即 VI），使姓名的形体美观、平稳中和，不至于起出像丁一馨、戴鹏义这样的姓名。

为便于读者领会"上文五维全息吉祥起名法"，现在举一个起名范例如下：

起名应提供的资料：

父母姓名：霍先生、李女士

宝宝出生地：中国山东省

宝宝出生时间：阳历 2007 年 11 月 20 日 18 时 38 分

宝宝性别：女

家长要求：无

联系电话、传真：略

E－mail：略

宝宝出生的时空信息为：

2007 年	11 月	20 日	18 时 38 分
丁 亥	辛 亥	戊 午	辛 酉

五行比例是 3 金、0 木、2 火、1 土、2 水，代表本人的日元戊土在亥水之月不得时令，幸而得 2 火生，所以戊土不旺，根据《周易》五行平衡原理，宝宝先天五行缺木没有妨害，起名加强五行土与火对宝宝更有利，运用"上文五维全息吉祥起名法"命名如下：

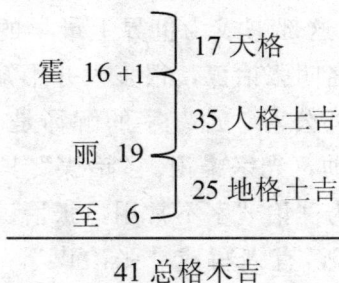

```
霍  16 +1 ┐
          ├ 17 天格
          │
          ┤ 35 人格土吉
丽  19   ┤
          ├ 25 地格土吉
至  6    ┘
         41 总格木吉
```

霍丽至创意解析：

从五行上讲，姓名既补了五行木，又加强了五行土，名命相合。

从姓名意象（MI 识别）上讲，霍指姓氏；丽指美丽；至指达到某种境界；该姓名的意境是达到最美丽的境界。姓与名组合在一起没有任何不雅的含义，并且名字特别新颖。

从姓名形象（VI 识别）上讲，该姓名的字形搭配美观，给人第

一形象很好！

从姓名音象（HI识别）上讲，该名字读之朗朗上口，听之悦耳动听，没有其他的不良谐音，在交际中不会给本人造成不良的影响！

从姓名数理功能上分析：该姓名数理信息都吉，对本人有积极的诱导作用。该姓名人格数理35具有"温和平静，理智兼具，文昌技艺，成就非凡"的诱导作用。总格数理41具有"天赐吉运，和顺畅达，德高望重，博得名利"的诱导作用。

◆ 起名之道2——五格起名法

五格姓名学发源于1918年，日本人熊崎健翁将中国数理加以整理及应用，自创了这种起名方法。此后这套计算姓名笔画吉凶的五格起名法在日本大行其道，上至日本天皇家族，下至普通日本人，给孩子起名的时候，都遵循这套繁琐的规则，天皇皇子的起名比平民的讲究更多，有专职的顾问解决此事。20世纪70年代末，一直受日本文化影响极大的台湾开始流行五格起名法。

学习五格起名法，一定要知道"五格"及其作用。"五格"包括天格、人格、地格、总格、外格，其中天格、人格、地格被称为"三才"，总格、人格、地格为整个姓名最重要的部分。

	天格	人格	地格	总格	外格
影响及作用	祖先流传下的姓氏，对人影响微不足道，天格数理仅供参考而已。	反映期待的性格与才能，昭示一生的吉凶，人格位于天格之下地格之上，因此人格是整个姓名的中心与重点。	反映青少年之前的人生运势，地格要符合对健康、平安、学业、生育的追求。	代表中晚年的运势，关系后半生的终身成就。	代表所处的外界环境，以及家族关系，暗示交际能力。外格数理只是参考，对人没有太大影响。
重要程度	低	高	高	高	低

"天格"是姓氏信息的参考

一个孩子出生后，要么随父姓，要么随母姓，这个姓因是祖传的，所以通常是不可改变的。姓是先天的，名是后天的，姓是骨，名是肉，骨肉不能分开，所以起名字要先后天都结合起来。名字不好可以改，采用"上文五维全息吉祥起名法"，就能改个吉祥名字，而姓氏一般不能改。因此，天格的数理吉凶通常只是一种参考，对人生影响不大。

天格的计算方法是：天格跟姓氏的笔画数有关，单姓的天格数就是"姓"的笔画数加上 1 画，如王为 4 画，王姓的天格数就是 4 加 1 的和，亦即 5；复姓的天格数就是复姓的总笔画数，如西汉史学家司马迁的姓氏为复姓"司马"，司为 5 画，马即馬为 10 画，"司马"的天格数就是 15。单姓的天格数为什么要添加 1 呢？因为单姓就一个字，复姓是两个字，两个字的笔画数相加生成天格数，而一个字的笔画数因没有被加数就不能生成天格数，所以要添加"1"，这个 1 就是假借数。这也是天格不计吉凶的原因之一，另一个原因是同一姓氏的人太多，没有哪个姓比另外的姓更吉或更凶。所以，只有不好的名字，没有不好的姓。但是也有人改姓，这不是因为"天格数"凶，而是有以下两种原因：

其一，孩子上学前，在征得父母同意的情况下，有法定权利选择随母姓或者随父姓，《中华人民共和国民法通则》第九十九条规定：公民享有姓名权，有权决定、使用和依照规定改变自己的姓名，禁止他人干涉、盗用、假冒。

其二，父母离婚后，由于母亲憎恨父亲，或者母亲再婚后，便于孩子跟继父处理关系，母亲提出给孩子改姓，或随继父的姓，或随母姓。

"人格"代表一生的运势

"人格"数是一个人的姓名中最重要的数，因为这个数理暗示我们一生的运气，此数一定要是吉数，不可为凶数，所以"人格"又称为"主运"。对于任何一个姓名，如果人格数不佳，都应该改

名。人格也代表人的性格、体质及驾驭人事的能力，人格对人生的影响最大。

人格的计算方法是：单姓的姓名人格等于姓的笔画数加上名的第一个字的笔画数，如赵薇，赵即趙为 14 画，薇为 19 画，赵薇的人格数就是 33 吉数（14＋19）；复姓的姓名人格数就是姓尾名头笔画数相加，姓尾即姓中的最后一个字，名头即名字中第一个字。

对于按照家谱中排辈字起名的人来说，有的姓名的人格数可能不吉，这个时候可以用同音异字替换表示辈分的字，如四川省万县市王氏家谱字辈为"相吾青其，玉美兴居，一行仁厚，显耀永立，国政天顺"，相字辈的人起名叫王相 X，吾字辈的人起名叫王吾 X，王相 X 的人格数是"王"的笔画数 4 加"相"的笔画数 9，总计 13，人格 13 属于吉数，王吾 X 的人格数是 11，也是吉数，但是对于青字辈的姓名王青 X 来说，人格数就不吉，王是 4 画，青是 8 画，合计 12，人格数 12 是凶数，属于掘井无泉之象，具有"无理伸张，薄弱无力，外甜内苦，谋事难成"的不良诱导作用。我们用"清"字替换"青"，这样人格数就变为 16 吉数。如果没有其他汉字替代，就只好不用排辈字起名了。

"地格"代表青少年之前的运势

对于未婚未生子的人来说，地格也很重要，特别是给新生儿起名，必须保证地格数吉。因为地格掌管前半生的健康、学业、安全等，所以"地格"又称为"前运"。一个人结婚生子后，地格数的影响力逐渐减弱，若是姓名只有地格数不吉，就算不改名也无妨。

地格的计算方法是：除了一个字的名即单名的地格数等于单名汉字笔画数加 1 外，由两个以上字构成的名，该名的地格数就是名字笔画数之和。如陈昊的地格就是 8（昊）加 1 的和 9，杨启帆的地格就是 11（启）加 6（帆）的和 17。

"总格"代表中晚年后半生的运势

"总格"对中晚年的运势起诱导作用，所以"总格"又称为

"后运"。"总格"暗示一个人的终身成败，因此，总格在"五格"中非常重要，如果姓名的总格数凶，建议改名，改名求得总格吉数，保证中晚年人生有成、幸福美满。

总格的计算方法是：将姓与名字的实际笔画数相加，就是总格数。

"外格"是起名的参考

虽然姓名有"五格"，但是"外格"仅仅是一种衬托数而已，充当"五格"的门面，如果没有"外格"，"五格姓名学"就变成了"四格姓名学"，"四格"作为名称，就不如"五格"好听，也不如"五格"吉祥，因为"四格"的总数为 14（四 4 ＋格 10），14 属于凶数，"五格"的总数为 15（五 5 ＋格 10）吉数。"外格"仅代表所处的外界环境，暗示交际能力。外格数是一个人的外界辅助力量，因此，外格数理只是一种参考信息，对人没有太大影响。

外格的计算方法是：总格数减去人格数再加上姓名的添加数。香港的李居明先生认为，外格数是总格数加 1，这也未尝不可，无可厚非，反正外格不重要。

"外格"数理没有经过奇妙的组合，因此，一般不列入起名讨论的范围。以我们十几年的起名实践经验来看，起名不能眉毛胡子一把抓，凡事要抓住问题的主要方面，起名只要抓住"人格"、"地格"与"总格"就迎刃而解了。姓名五格面面俱到也未必就是吉名，因为"五格"都吉的姓名，如果不符合本人生辰八字中的用神五行的要求，也不是真正的吉祥名字，姓名五格自身的吉凶与本人的用神五行结合在一起相辅相成，这才是真正的吉名。

姓名五格数理全方位例解

例一：单姓两字名：

```
 +1 ┐
    ├ 16 天格
刘 15 ┐
    ├ 32 人格
声 17 ┘
    ├ 32 地格
乐 15 ┘
```

47 总格

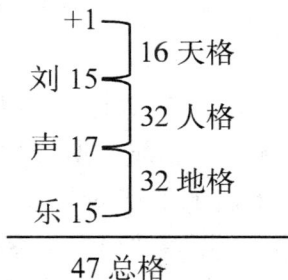

例二：复姓两字名

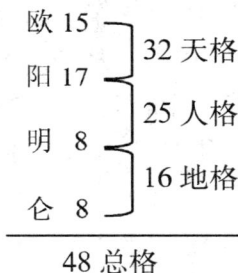

```
欧 15 ┐
    ├ 32 天格
阳 17 ┘
    ├ 25 人格
明 8 ┐
    ├ 16 地格
仓 8 ┘
```

48 总格

姓名笔画数计算标准

中国汉字起源于上古时期，并非一人一时之作，但是中华民族的人文始祖黄帝的贤臣仓颉却是最早参与了汉字的创造发明的人。古籍《淮南子》记载："仓颉作书而天雨粟，鬼夜哭。"《春秋元命苞》说："（仓颉）于是穷天地之变，仰观奎星圆曲之势，俯察龟文鸟羽山川，指掌而创文字，天为雨粟，鬼为夜哭，龙乃潜藏。"可见，仓颉创作文字真正是惊天地泣鬼神了。在河南虞城有仓颉墓与仓颉祠，仓颉祠里有仓颉"鸟迹书"，因其伟大的创造，在陕西白水县人们还建立了仓颉庙。仓颉见鸟兽之迹，依据"六书"法则（注：六书是一曰"指事"，二曰"象形"，三曰"形声"，四曰"会意"，五曰"转注"，六曰"假借"），由纵横、左右、上下、长短、疏密等变化的点和线创作汉字，其微妙的点线体系，皆合于自然造化之法则。至于点与线的变化更启示着万物的命运，蕴含着微妙的数理灵动，不能任意加减一点或一画。人们就利用点线组成的汉字之"数"来测定推理吉凶祸福，故构成姓名的汉字，虽是一画一点，也不可忽视。为此，我向读者介绍姓名笔画数计算法则：

首先，通常按繁体字的笔画数计算，不用简体字的笔画数。繁体字是中华民族在 1949 年之前长期使用的未简化的字体，是中华文化的根，它更能传递出丰富的信息。比如："奋"的繁体字——"奮"，由"大"、"隹"、"田"三字组成，"大"与"小"相对，"隹"（zhuī）是什么？是一种鸟，它底下是"田"，"田"代表鸟的栖息地，任何鸟只有振作起来，展翅飞翔，才能完成南北迁徙，所以"奋"字具有"振作，鼓劲"的意思。再如"圣"的繁体字——"聖"，字形从耳、从口、从王，只有善于用耳听、精通天、地、人之道、有口才的人，才是圣人。许多人常把异体字与繁体字混淆。比如"倖"是"幸"的异体字而不是"幸"繁体字。

其次，必须掌握一些汉字的笔画数特殊计算规则，比如带"艹"字头的汉字有四种情况："艹"当 3 画时，如"敬"（12 画）；"艹"当 4 画时，如"黄"（12 画）；"艹"当 6 画时，如"芳"、"花"、"蕾"等字；"艹"当 8 画时，如"荣"（14 画）、"莹"（15 画）等字。

第三，凡本身具有数的内涵的汉字，则按照其数计算，如五，计数为 5，但是"百"按 6 画计算，"千"按 3 画计算，"万"（萬）按 15 画计算。

第四，掌握偏旁部首的笔画数，例如：

"氵"旁按 4 画计算，因为"水"字为 4 画，如"池"计为 7 画。

"月"旁，按 8 画计算，因为"月"是"肉"演化而来。

左"阝"旁，按 8 画计算，因为左旁"阝"通"阜"。

右"阝"旁，按 7 画计算，因为右旁"阝"通"邑"。

"辶"按照 7 画计算，因为"辶"通"走"。

"忄"旁按 4 画计算，因为"忄"通"心"。

"王"旁按 5 画计算，因为"王"字旁本是"玉"。

"讠"通"言"，按7画计算。

"礻"通"示"，按5画计算。

五格姓名学中的沙石

五格姓名学中珠宝亮点很多，但是也有一些沙石，这些沙石就像我们吃的大米中的沙石一样，只会害人，没有一点价值。"三才"（天格、人格、地格）相克则凶的观点就是五格姓名学中的沙石之一。将天格、人格、地格之数归为五行类，认为天格克人格、地格克人格或人格克天格不吉，这个观点正是五格起名法的一个重大缺陷或不足，因为《周易》最讲究"中和"之理，我们不能片面夸大五行相生作用，还要重视五行相克的益处。姓名的"三才"数理五行作为一种信息与本人的生辰五行是相辅相成的，数理五行对本人生辰五行起辅助调节作用，只要姓名的数理五行与本人生辰五行构成一个完整的金、木、水、火、土的五行系统，根据宇宙万物全息规律，系统内的五行生克共存，循环往复，姓名"三才"五行相克自然是好事，这是因为宇宙万物的"造化之机，不可无生，亦不可无制。无生，则发育无由；无制（克），则亢而有害"。自然法则是生克互存，有生还必须有克制，事物才能保持动态平衡，所以被生得过火了或者被克得过头了，对人生发展都不利。中国先哲、贤士们很早就明白："金旺得火，方成器皿。火旺得水，方成相济。水旺得土，方成池沼。土旺得水，方能疏通。木旺得金，方成栋梁。"五行的运用是相当有学问的，其中关键变化之奥妙，非初学者可领悟。

我们为弥补五格数理起名法的不足，在给人起名时，常常结合当事人的生辰五行先天信息，使姓名的五行与本人先天生辰五行相辅相成，这样取出的名字才更加吉祥。

我们以华人富商李嘉诚、亚洲船王包玉刚的名字为例子加以证明姓名"三才"相克也不凶。

```
李  7  +1 ┐
              ├ 8天格金
嘉  14      ┘
              21人格木
诚  14  ┐
              ├ 28地格金
          ┘
     ────────────
       35总格土吉
```

```
包  5  +1 ┐
              ├ 6天格土
玉  5       ┘
              10人格水
刚 10  ┐
              ├ 15地格土
          ┘
     ────────────
       20总格水
```

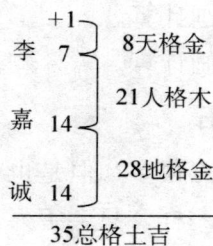

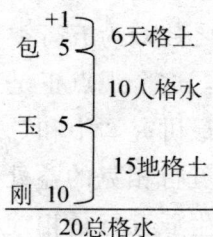

李嘉诚先生的姓名就三才五行生克来讲，天格数理五行金克人格数理五行木，地格数理五行金克人格数理五行木，虽然其"三才"五行相克，但李嘉诚这个姓名还是属于吉名，其人仍然成为当今大名鼎鼎的华人富豪。

包玉刚的姓名天格数理五行土与地格数理五行土都克人格数理五行水，这个姓名照样促使包玉刚先生成为世界船王。

此外，我们长期研究姓名数理，用大量事实与统计经验证明了数理10、20、28、26、54等并非绝对不可用，往往有很多伟人、富豪等成功者的姓名带凶数理，凶数理的五行为本人生辰五行所喜，用之反凶为吉。有人统计了名气较大的歌星姓名，总结出：姓名中数理信息尾数是7、8的人暗示具有音乐细胞。数理7、8五行属金，代表金属、乐器等。例如：

（1）郭富城（郭15画，富12画，人格27数）

（2）黎明（明8画，地格8数）

（3）满江（江7画，外格8数）

（4）陈明（明8画，地格8数）

（5）周蕙（蕙18画，地格18数）

（6）杨坤（坤8画，地格8数）

（7）王昆（昆8画，地格8数）

（8）雪村（雪11画，村7画，相加为人格18数）

（9）任静（静16画，地格17数）

（10）刘欢（刘15画，欢22画，相加为人格37数）

（11）蒋大为（蒋15画，大3画，相加为人格18数）

（12）蔡国庆（蔡17画，国11画，庆16画，相加为人格28数）

（13）周杰伦（杰8画，伦10画，相加为地格18数）

（14）费玉清（费12画，玉5画，清12画，人格地格都是17数）

（15）张含韵（张11画，含7画，相加为人格18数）

（16）陈冠希（希7画，外格8数）

（17）陈慧琳（慧15画，琳13画，慧琳相加为地格28数）

（18）王力宏（宏7画，外格8数）

（19）邓丽君（君7画，外格8数）

（20）童安格（童12画，安6画，相加为人格18数，总格28数）

这就充分说明了姓名数理信息不是随意编造的。

姓名的1～81数理吉凶对照

1～81数理吉凶为统计经验而得，为方便读者查阅，今详列如下，供人们参考。

（1）1～81数理蕴涵宇宙的大自然力，其力有吉凶之分，如天地有阴阳，物有刚柔、表里一样。因此，各数信息能量对人产生诱导感应作用亦有好坏之别。

（2）数前标有"○"，表示此数诱导力为吉；标有"□"，表示此数信息感应力为半吉；标有"▲"，表示此数信息感应力为凶。

（3）凡81数以上者，除其盈数80，还归1、2、3……81数推导使用。例如：161数除以80余1，就按1数理判断使用。

○1. 宇宙太极之数

太极之数，万物开泰，生发无穷，利禄亨通。

□2. 两仪之数

阴阳之数，混沌未开，进退保守，忧心劳神。

○3. 天人地三才之数

三才之数，天地人和，事业有成，繁荣昌盛。

□4. 四象之数

四象之数，待时生发，万事谨慎，还可营谋。

○5. 五行之数

五行俱全，循环生克，圆通畅达，福寿集成。

○6. 六爻之数

六爻之数，精打细算，安稳幸运，余荫深厚。

○7. 七政之数

刚毅果断，勇往直前，天赋之力，好奇心强。

○8. 八卦之数

八卦之数，努力发达，志刚意坚，遂成大功。

□9. 大成之数

小舟进海，暗含凶险，有成有败，小心把握。

▲10. 满盈之数

满盈之数，万物终局，费尽心力，回顾茫然。

○11. 旱苗逢雨

万物更新，调顺发达，稳健泽世，繁荣富贵。

▲12. 掘井无泉

无理伸张，薄弱无力，外甜内苦，谋事难成。

○13. 春阳牡丹

多才多艺，智能超群，忍柔处事，必获大功。

▲14. 破败离散

家庭缘浅，沦落天涯，失意烦闷，谋事不顺。

○15. 福寿

福寿圆满，涵养雅量，立业兴家，必有成就。

○16. 厚重

厚重载物，安富尊荣，财官双美，功成名就。

□17. 坚强

刚毅坚强，宜养柔德，突破万难，必获成功。

○18. 铁镜重磨

谨慎勿骄，机遇重来，有志竟成，博得名利。

□19. 多难

成功较早，辛苦不断，虽有智谋，成败难定（但先天五行有金、水者，可成巨富、怪杰、伟人）。

▲20. 屋下藏金

智高志大，历尽艰辛，焦心忧劳，进退两难。

○21. 明月中天

为人尊仰，富贵荣华，立业兴家，大博名利。

▲22. 秋草逢霜

秋草逢霜，怀才不遇，忧愁怨苦，事不如意。

○23. 壮丽

旭日东升，壮丽可观，逐步进展，功名荣达。

○24. 掘藏得金

锦绣前程，贵人得宠，白手起家，财源广进。

○25. 英俊

资性灵敏，才能奇特，诚信和气，自成大业。

□26. 变异

常出豪杰，波澜起伏，义气狭情，必建大功。

□27. 增长

自我心强，易受诽谤，愿望强烈，可以成功。

▲28. 阔水浮萍

遭难之数，争论不和，四海漂泊，终世劳苦。

○29. 智谋

智谋奇略，财利俱备，名闻海内，成就大业。

□30. 歧运

沉浮不定，凶吉难分，好运配合，成功自至。

○31. 春日花开

智勇得志，博得名利，统领众人，成就大业。

○32. 宝马金鞍

荣幸多成，贵人相助，财帛丰裕，繁荣昌盛。

○33. 飞龙升天

旭日东升，鸾凤相会，才德双全，家业昌盛。

▲34. 破家之数

破家之数，难望成功，辛苦遭厄，灾难不断。

○35. 高楼望月

温和平静，理智兼具，文昌技艺，成就非凡。

▲36. 不平之数

风浪不平，常陷穷困，动不如静，枉费心力。

○37. 猛虎出林

权威显达，热诚忠信，涵养雅量，终身荣富。

□38. 磨铁成针

有志乏力，难为首领，从事技艺，可望成功。

○39. 富贵之数

德泽四乡，富贵荣华，财源茂盛，光明坦途。

□40. 退安

智谋胆力，冒险投机，沉浮不定，谨慎平安。

○41. 德高之数

天赐吉运，和顺畅达，德高望重，博得名利。

□42. 多才之数

博识多能，精通世情，专心进取，尚可成功。

▲43. 散财之数

散财破产，诸事不遂，虽有才识，财去困苦。

□44. 怪异之数

破家亡身，暗隐惨淡，事不如意，乱世怪杰。

○45. 顺风之数

顺风扬帆，万事如意，智谋不凡，富贵繁荣。

▲46. 浪里淘金

载金沉舟，困难辛苦，离祖破家，孤独悲哀。

○47. 点石成金

开花结果，祥瑞亨通，进退攻守，皆有成就。

○48. 古松立鹤

德智兼备，鹤立鸡群，量大荣达，名利双收。

□49. 转折

吉凶难分，得而复失，小心谨慎，逢凶化吉。

□50. 小舟进海

吉凶参半，一成一败，亲多无助，需防倾覆。

□51. 沉浮

失得庇荫，竭力经营，一盛一衰，沉浮不定。

○52. 慧眼

卓识慧眼，光见之明，顺理成章，名利双收。

▲53. 内忧

忧愁困苦，外祥内患，先富后贫，磨难破家。

▲54. 横祸

石上栽花，难得成活，忧闷频来，倾家荡产。

□55. 善恶

外观隆昌，内隐祸患，坚心固志，亦能成功。

▲56. 浪里行舟

浪里行舟，历尽艰辛，事与愿违，祸不单行。

○57. 日照春松

资刚性坚，时来运转，天赐吉运，繁荣如意。

□58. 晚行遇月

沉浮多端，祸福无常，历经患难，晚年运佳。

▲59. 寒蝉悲风

寒蝉悲风，时运不济，缺乏忍耐，苦难不休。

▲60. 无谋

心迷意乱，漂泊不定，晦明暗黑，动摇不安。

○61. 名利

修德甚行，花开富贵，名利双收，定享幸福。

▲62. 衰败

缺乏信用，内外不合，志望难达，衰败家废。

○63. 舟归平海

万物化育，繁荣之象，不费心神，万事如意。

▲64. 非命之数

骨肉分离，孤独悲愁，徒劳无功，不得安心。

○65. 寿荣之数

天长地久，家运隆昌，福寿绵长，事事有成。

▲66. 不和之数

进退维谷，艰难不堪，内外不和，身家遭损。

○67. 通达之数

利禄亨通，贵人援助，家道兴旺，紫气东来。

○68. 发明之数

志向坚定，创新发明，勤勉力行，发展壮大。

▲69. 非业

坐立不安，常陷逆境，穷迫滞寒，尝尽痛苦。

▲70. 废亡之数

残菊逢霜，空虚寂寞，惨淡忧愁，晚景凄凉。

□71. 劳苦之数

内心劳苦，缺乏精神，勇于进取，定可成功。

▲72. 悲运之数

劳苦相伴，阴云蔽月，外观虽吉，内里生凶。

□73. 无勇之数

盛衰交加，缺少勇气，天赐福祉，终生平安。

▲74. 逆运之数

残花经霜，智能无用，辛苦繁多，沉沦逆境。

□75. 退守

退守保安，妄动失败，自有吉相，有谋可成。

▲76. 离散

倾覆离散，骨肉分离，内外不合，多陷逆境。

□77. 半吉之数

家庭和悦，先甜后苦，善于守成，前逆后顺。

□78. 晚苦之数

福祸参半，智能齐备，中年发达，晚景凄凉。

▲79. 云头望月

云头望月，身疲力尽，前途无光，劳而无功。

□80. 遁吉之数

辛苦不绝，刑商患病，积善修德，化凶转吉。

○81. 万物回春

最极之数，还本归元，重得繁荣，发达成功。

起名之道3——十二生肖起名法点评

在中国传统民俗中，十二生肖作为一种人生信息，只能反映出一个人的性格、习性特征，比如，属狗的人忠诚、缺乏通融性，没有反映出生肖五行与八字五行的关系。所以，十二生肖起名法只是根据生肖特性牵强附会把生肖习性与名字的字形联系起来，并且二者相关性不紧密，例如狗爱啃骨头吃肉，属狗的人起名用"骨"字旁的字就很冷僻，历史上几乎没有带"骨"字旁的名字。按照十二生肖起名法讲，狗不能在田地里干活，所以起名不宜用"田"字根，如富、由、男、甸、町、界、单、留、画、畸、畴、疆等字，其实不然，属狗的人生辰八字中需要加强五行"土"，用"田"字根的汉字对本人更加有利。再如，一个属猪的人先天生辰八字五行需要加强五行"金"，如果因猪喜欢吃"豆"、"禾"、"米"、"花"、"芝"之类的食物，起名就用这些字，那么这个人可能一辈子不幸福，吃不好、住不好、学不好、干不好。既然一个人一生的官位、财运、婚姻以及长寿或病残等都有定数，都隐藏在出生年月日时先天八字五行中，而根据人的生肖即生年地支属相推测人生命运和起名，就太笼统、太粗略了。所以根据生肖所起的名字仅仅反映了生肖特性这一面，除非巧合外，姓名信息与人的先天生辰五行肯定不吻合，因此生肖起名对本人所起的开运、改运效果极其有限。只有根据生辰八字五行起名、命名，才对本人的健康、婚姻、运程、事业、性格产生更加有效的作用，如属牛的人生辰五行中日元五行土多土厚，起名用带"金"的汉字对本人更有利。

十二生肖起名法实质是根据十二生肖的习性来命名。所以，该方法对起名开运转运有很大的局限性和片面性。

◆ 杨姓起名笔画数吉祥模型

适合女性的杨姓起名结构：

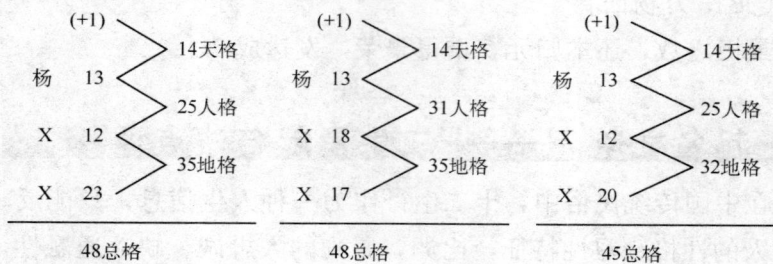

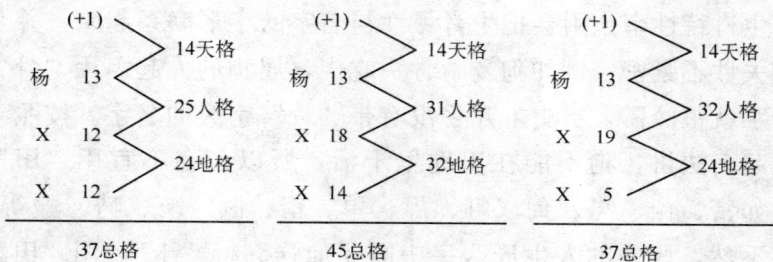

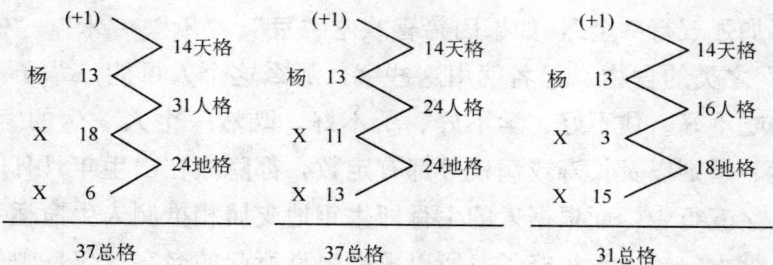

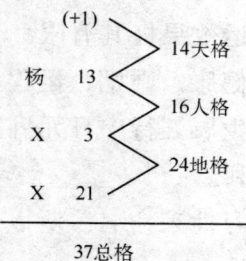

```
(+1)
              14天格
杨   13
              25人格
X    12
              35地格
X    23
──────────────
    48总格
```

```
(+1)
              14天格
杨   13
              31人格
X    18
              35地格
X    17
──────────────
    48总格
```

```
(+1)
              14天格
杨   13
              25人格
X    12
              32地格
X    20
──────────────
    45总格
```

```
(+1)
              14天格
杨   13
              25人格
X    12
              24地格
X    12
──────────────
    37总格
```

```
(+1)
              14天格
杨   13
              31人格
X    18
              32地格
X    14
──────────────
    45总格
```

```
(+1)
              14天格
杨   13
              32人格
X    19
              24地格
X    5
──────────────
    37总格
```

```
(+1)
              14天格
杨   13
              31人格
X    18
              24地格
X    6
──────────────
    37总格
```

```
(+1)
              14天格
杨   13
              24人格
X    11
              24地格
X    13
──────────────
    37总格
```

```
(+1)
              14天格
杨   13
              16人格
X    3
              18地格
X    15
──────────────
    31总格
```

```
(+1)
              14天格
杨   13
              16人格
X    3
              24地格
X    21
──────────────
    37总格
```

Yangxing Qiming Tongdian

适合男性的杨姓起名结构：

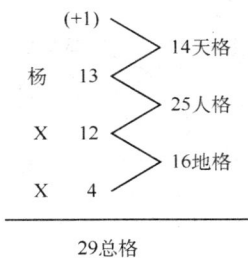

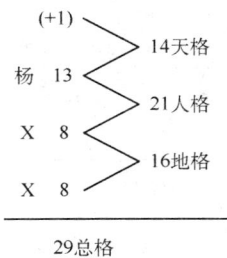

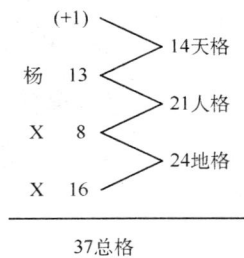

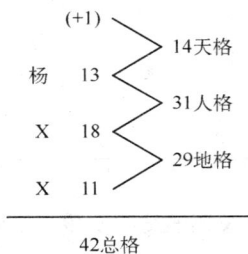

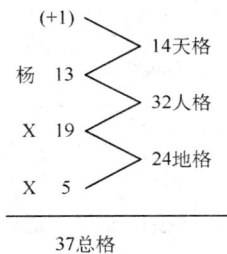

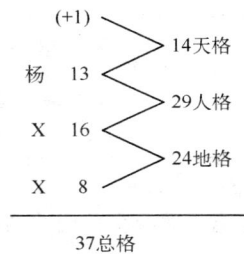

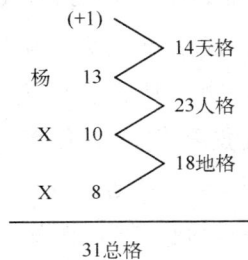

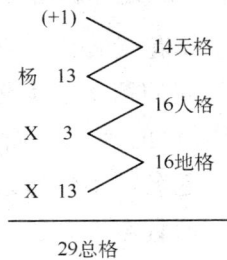

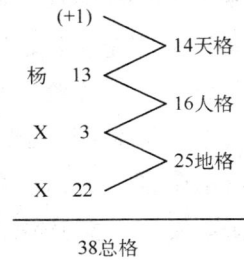

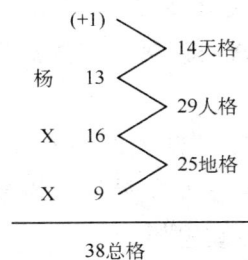

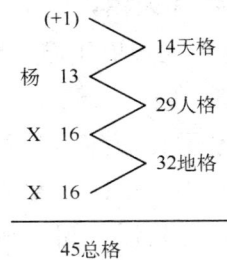

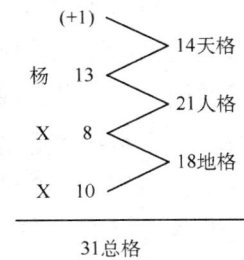

(+1) 杨 13　X 12　X 4	14天格　25人格　16地格	29总格
(+1) 杨 13　X 8　X 8	14天格　21人格　16地格	29总格
(+1) 杨 13　X 8　X 16	14天格　21人格　24地格	37总格
(+1) 杨 13　X 18　X 11	14天格　31人格　29地格	42总格
(+1) 杨 13　X 19　X 5	14天格　32人格　24地格	37总格
(+1) 杨 13　X 16　X 8	14天格　29人格　24地格	37总格
(+1) 杨 13　X 10　X 8	14天格　23人格　18地格	31总格
(+1) 杨 13　X 3　X 13	14天格　16人格　16地格	29总格
(+1) 杨 13　X 3　X 22	14天格　16人格　25地格	38总格
(+1) 杨 13　X 16　X 9	14天格　29人格　25地格	38总格
(+1) 杨 13　X 16　X 16	14天格　29人格　32地格	45总格
(+1) 杨 13　X 8　X 10	14天格　21人格　18地格	31总格

```
(+1)                        (+1)                        (+1)
         14天格                       14天格                       14天格
杨  13                     杨  13                     杨  13
         33人格                       29人格                       23人格
X  20                      X  16                      X  10
         32地格                       35地格                       24地格
X  12                      X  19                      X  14

    45总格                      48总格                      37总格


(+1)                        (+1)                        (+1)
         14天格                       14天格                       14天格
杨  13                     杨  13                     杨  13
         18人格                       32人格                       24人格
X  5                       X  19                      X  11
         16地格                       32地格                       29地格
X  11                      X  13                      X  18

    29总格                      45总格                      42总格
```

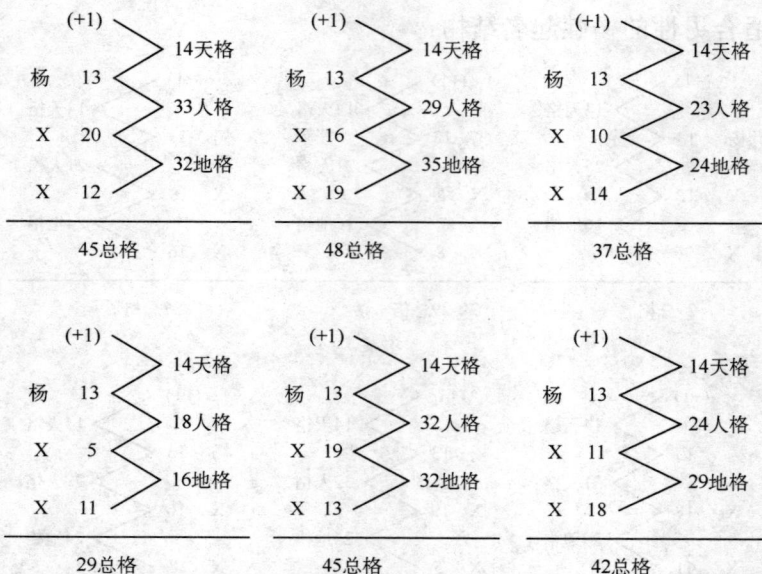

注意：适合女孩用的结构，男孩也能用，适合男孩用的结构女孩不能用。

起名创意

诗歌佳言提取名，锦上添花受赞许。巧用成语见功夫，精妙绝伦意无穷。中国传统文化给我们留下了大量优美的诗词、成语、名言，这些不但是我们民族文化的瑰宝，而且是我们起名创意的宝库。巧用诗词、成语、名言起名，不但体现出本人文化素养，又使姓名新颖脱俗、意味深长，而且会给人留下深刻的印象，例如：

海心：出自晚清著名外交家和诗人黄遵宪："寸寸山河寸寸金，侉离分裂力谁任？杜鹃再拜忧天泪，精卫无穷填海心。"2003年6月29日，温家宝总理在香港礼宾府出席CEPA协议签字仪式后发表演讲，并引用该诗祝愿香港。

知政：出自汉代政论家王充著作《论衡》："知屋漏者在宇下，知政失者在草野。"2004年3月4日，温家宝总理在看望政协经济界、农业界委员时，引用过这句话，阐述其治政思想。

其高：出自《管子·形势解》："海不辞水，故能成其大；山不辞土石，故能成其高。"2004年3月14日十届全国人大二次会议，温家宝总理引用这两句古语，为中国特色社会主义发展作了形象注解。

朝闻：出自《论语》："朝闻道，夕死可矣！"

三立：出自《左传·襄公二十四年》："大上有立德，再次有立功，其次有立言，虽久不衰，此之谓不朽。"

经国：出自《典论·论文》："盖文章者，经国之大业，不朽之盛事。"

学思：出自《论语》："学而不思则罔，思而不学则殆。"

省吾：出自《询子·劝学篇》："吾日三省吾身。"

致君：出自诗句："致君尧舜上。"

浩然：出自《孟子》："我善养吾浩然之气。"

至清：出自古诗歌："水至清而无鱼，人至察则无徒。"

思行：出自《论语·公冶长》："季文子三思而后行。"

春晖：出自唐代孟郊《游子吟》："谁言寸草心，报得三春晖。"

温如：出自"君子之亲温如人。"

彦今：出自《诗经·郑风》："彼其之子，邦其彦今。"

乔木：出自《诗经·伐木》："出自幽谷，迁于乔木。"

积善：出自王永彬《围炉夜话》："积善之家必有馀庆，积不善之家必有馀殃。"

志行：出自《周易·豫》："刚应而志行，顺以动。"

习之：出自《论语·学而》："学而时习之，不亦说乎？"

子规：出自唐·杜甫《子规》："两边山木合，终日子规啼。"

子都：出自《孟子·告子上》："至于子都，天下莫不知其姣也"

丰衍：出自《后汉书·任延传》："谷稼丰衍。"

明哲：出自《尚书·说命上》："知之曰明哲。"

逊志：出自《尚书·说命下》："惟学逊志，务时敏，厥修乃来。"

三秋：出自《诗经·王风·采葛》："一日不见如三秋兮。"

心远：出自晋·陶渊明的《饮酒·结庐在人境》："结庐在人境，而无车马喧；问君何能尔，心远地自偏。"

从善：出自唐·吴兢《贞观政要·教戒太子诸王》："从善则有

誉，改过则无咎。"

勇智：出自宋·苏轼"大勇若怯，大智若愚。"

独悟：出自《王文公集·拟寒山拾得》："独悟自根本，不从他处起。"

省非：出自"广积不如教子，避祸不如省非。"

拂心：出自《菜根谭》："耳中常闻逆耳之言，心中常有拂心之事，才是进德修行的砥石。"

自明：出自《菜根谭》："水不波则自定，鉴不翳则自明。"

克明：出自《尚书·伊训》："居上克明，为下克忠。"

善志：出自《淮南子·主术训》："人无善志，虽勇必伤。"

泽积：出自"山积而高，泽积而长。"

介然：出自《荀子·修身》："善在身，介然，必以自好也。"

素诚：出自晋·鲍照《拟古八首》："石以坚为性，君勿轻素诚。"

己正：出自汉·杨雄《法言·修身》："天下有三好：众人好己从，贤人好己正，圣人好己师。"

惟静：出自唐·姚崇《口箴》："惟静惟默，澄神之极。"

欣德：出自陶渊明："伊余怀人，欣德孜孜。"

新雨：出自"草色新雨中，松事晚窗里，及兹契幽绝，自足荡心耳。"

达人：出自《菜根谭》："达人观物外之物，思身后之身。"

鸿飞：出自杜甫："鸿飞冥冥日月白，青枫叶赤天雨霜。"

天旭：出自东晋·陶渊明"欢来苦夕短，已复至天旭。"

真淳：出自金·元好问《论诗三十首》："一语天然万古新，豪华落尽见真淳。"

韶华：出自宋·秦观："韶华不为少年留，恨悠悠，几时休！"

守逸：出自《菜根谭》："栖恬守逸之味，最淡亦最长。"

容众：出自《韩诗外传》："君子尊贤而容众，喜善而矜不能。"

宁恬：出自清·王豫《蕉窗日记》："宁直毋媚，宁介毋通，宁恬毋竞。"

克己：出自清·陈确《陈确集·别集·不乱说》："求仁之方，

无过克己。"

至哲：出自清·刘嗣绾《贻友人书》："人即至哲，必不能掩己之短，以兼人人之长。"

尚行：出自《渔樵对问》："尚行，则笃实之风行焉。"

志齐：出自《韩诗外传》："思齐则成，志齐则盈。"

忠信：出自《论语·卫灵公》："言忠信，行笃敬。"

清容：出自《菜根谭》："清能有容，仁能善断，明不伤察，直不过娇，是谓蜜饯不甜，海味不咸，才是懿德。"

斯远：出自明·王永彬《围炉夜话》："品超斯远，云飞而不碍空。"

介福：出自《诗经·小雅·信南山》："报以介福，万寿无疆。"

辉光：出自《周易·大畜》："辉光日新其德。"

至道：出自《礼记·学记》："虽有至道，弗学，不知其善也。"

弘毅：出自《论语》："士不可以不弘毅，任重而道远，仁以为己任，不亦重乎？"

思诚：出自《孟子·离娄上》："是故诚者，天之道也；思诚者，人之道也。"

志清：出自《顾子》："登高使人意退，临深使人志清。"

敬守：出自《管子·内业》："敬守勿失，是谓成德，德成而智出。"

蒙正：出自《周易·蒙》："蒙以养正。"

凯风：出自《诗经》："凯风自南，吹彼棘心。"

宇泰：出自《庄子·庚桑楚》："宇泰定者，发乎天光。"

知闲：出自《庄子·齐物论》："大知闲闲，小知间间。"

诗雪：出自宋·卢梅坡："有梅无雪不精神，有雪无诗俗了人。"

素月：出自东晋·陶渊明："白日沦西河，素月出东岭。"

莹静：出自宋·晁礼："莹无尘，素娥淡伫，静可数，丹桂参差。"

敬之：出自《孟子·离娄下》："爱人者人恒爱之，敬人者人恒敬之。"

清冰：出自唐·白居易："火不热真玉，蝇不点清冰。"

定波：出自唐·聂夷中："白日无定影，清江无定波。"

常勤：出自清·翟灏《通俗偏·地理》："汝寻常勤精进，譬如水小长流，则能穿石。"

毅然：出自《朱舜水集》："毅然特立，有为之土也。"

思睿：出自《近思录·致知》："思曰睿，思虑之后，睿自然生。"

志逸：出自东晋·陶渊明："猛志逸四海，骞翮思远翥。"

若飞：出自《木兰诗》："关山度若飞。"

修远：出自战国·楚·屈原："路漫漫其修远兮，吾将上下而求索。"

卓心：出自明·王永彬《围炉夜话》："一室闲居，必常怀振卓心，才有生气。"

远闻：出自唐·孟郊："离怀无近趣，清抱多远闻。"

诚明：出自古语："自诚明，谓之性；自明读，谓之教。"

恨水：出自《乌夜啼》："自是人生长恨水长东。"

秋鸿：出自苏轼诗："人似秋鸿来有信。"

知涯：出自《庄子》："吾生也有涯，而知也无涯。"

尽美：出自"尽美矣，也尽善也。"

思齐：出自"见贤思齐，见不贤其内省。"

闲云：出自唐·王勃："闲云潭影日悠悠，物换星移几度秋。"

雁飞：出自诗词"坐对高楼千万山，雁飞秋色满阑干。"

梦远：出自宋·李煜："闲梦远，南国正清秋。"

桐叶：出自"千里稻花应秀色，五更桐叶最佳音。"

流泉：出自明·袁中道："流泉得月光，化为一溪雪。"

江花：出自唐·白居易："日出江花红胜火，春来江水绿如蓝。"

荷露：出自唐白居易："草莹有耀终非火，荷露虽圆岂是珠。"

水静：出自《全唐诗》："水静鱼吹浪，枝闲鸟下空。"

万道光：金光万道，灿烂辉煌。巧用姓氏展开描绘。

马识途：出自"老马识途"，比喻经验丰富。

叶知秋：出自"一叶知秋"，比喻以小见大，由现象见本质。

马行空：出自"天马行空"。

苏步青：出自"平步青云"，体现了家长的希望和寄托。

万斯年：出自"亿万斯年"，借成语之意以抒情，表达千秋万代永远铭记的心迹。

程万里：出自"鹏程万里"。

任唯才：出自"唯才是举"。

成于思：出自"行成于思"。

石惊天：出自"石破天惊"。

钱未闻：出自"前所未闻"。

戴星月：出自"披星戴月"。

钟志城：出自"众志成城"。

高建瓴：出自"高屋建瓴"。

于得水：出自"如鱼得水"。

光未然：出自"防患于未然"。

易了然：出自"一目了然"。

黄腾达：出自"飞黄腾达"。

安思危：出自"居安思危"。

沈力行：出自"身体力行"。

茅顿开：出自"茅塞顿开"。

冯甘霖：出自"久旱逢甘霖"。

韦三绝：出自"韦编三绝"。

金玉良：出自"金玉良言"。

邢成思：出自"行成于思"。

郑光明：出自"正大光明"。

安自在：出自"安闲自在"。

屈不挠：出自"不屈不挠"。

金玉堂：出自"金马玉堂"。

荣昌盛：出自"繁荣昌盛"。

林玉树：出自"琼林玉树"。

安如常：出自"安适如常"。

文如人：出自"文如其人"。

盛太平：出自"太平盛世"。

翟从善：出自《论语·述而》："三人行，必有我师焉，择其善者而从之，其不善者而改之。"

朱明丽：出自王永彬《围炉夜话》："观朱霞悟其明丽，观白云悟其卷舒。"

林兰芷：出自"兰芷满汀洲，游丝横路。"

常思奋：出自爱国名言："常思奋不顾身，而殉国家之急。"——司马迁

济世：出自爱国名言："大江歌罢掉头东，邃密群科穷。面壁十年图破壁，难酬蹈海亦英雄。"——周恩来

前锋：出自爱国名言："祖国如有难，汝应作前锋。"——陈毅

书善：出自名言："书犹药也，善读之可以医愚。"——刘向

致远：出自名言："非淡泊无以明志，非宁静无以致远"——诸葛亮

明艳：出自名言："成功之花，人们往往惊羡它现时的明艳，然而当初，它的芽儿却浸透了奋斗的泪泉，洒满了牺牲的血雨"。——冰心

择善：出自名言："择善人而交，择善书而读，择善言而听，择善行而从。"

◆ 选择吉日公布名字

预选了几个可用的名字之后，谁来决定用哪一个名字呢？我们的经验是：身强的孩子由父亲或爷爷或外祖父决定；身弱的孩子由母亲或奶奶或外祖母决定。

"身强"与"身弱"是指孩子的生辰八字中的日主即日干强弱而言，判断日主强弱是"八字学"中较复杂的技术，具体情况可参考我的《起名技巧大全》与《周易与人生策划》。

确定了名字后，要选吉日来公布这个名字，告知亲朋好友，并叫新名字三声便可。

孩子生辰八字的用神为"土"，天干"戊"日、"己"日为吉日；地支"辰、戌、丑、未"日为吉日。

孩子生辰八字的用神为"金"，天干"庚"日、"辛"日为吉日；地支"酉、申、戌"日为吉日。

孩子生辰八字的用神为"水"，天干"壬"日、"癸"日为吉日；地支"子、亥"日为吉日。

孩子生辰八字的用神为"木"，天干"甲"日、"乙"日为吉日；地支"寅、卯"日为吉日。

孩子生辰八字的用神为"火"，天干"丙"日、"丁"日为吉日；地支"巳、午"日为吉日。

上述吉日再与"建除十二星"择日法结合起来更佳。建除十二星择日，又称董公择日，一般的日历本上都有详细记载，民间的择日比较重视，也很常用，我们也可以参考，十二星的顺序是：建、除、满、平、定、执、破、危、成、收、开、闭，共 12 星，从各月的节气（立春、惊蛰、清明、立夏、芒种、小暑、立秋、白露、寒露、立冬、小雪、小寒）日之后临月建日数起，除日、定日、开日、成日、执日为黄道吉日，其他为黑道凶日。但凡岁破、月破之日不用，凡日破之时不用，凡冲孩子生肖之日、时不用。不过，并不是黄道则吉，黑道则凶，"黑中'平'无碍，黄中'危'不强"，黄黑道各有所指，不同的事情要看不同的值日星。如拆屋要用破日，结婚宜用成日，开张宜用开日，放生宜用除日，公布名字用黄道吉日中的哪一天要考虑孩子的用神才能决定，要灵活变通。

起名实例篇

本章姓名例子都是作者精心创意的，读者如有疑问可致电 13013576514。为维护起名人的姓名权、隐私权，作者对起名实例中的客户资料作了适当的处理，五维全息起名法是指根据被起名人的先天生辰五行、姓名数理、姓名意象、姓名形象、姓名音象五大方面起名，是作者长期总结起名实践经验归纳出的一种最好最吉祥的起名方法。

杨姓吉祥姓名例一：杨正浩

<table>
<tr><td rowspan="3">客户资料</td><td>父亲姓名</td><td>杨先生</td><td>被起名性别</td><td>男</td><td>出生地</td><td colspan="4">山西太原市</td></tr>
<tr><td>母亲姓名</td><td>李女士</td><td>被起名出生时间</td><td>阳历</td><td colspan="5"></td></tr>
<tr><td>起名要求</td><td colspan="2">宝宝起名</td><td>阴历</td><td colspan="5">2002 年四月初六晚上 10 时 35 分</td></tr>
<tr><td rowspan="2" colspan="5">按宝宝的出生时间对应的生辰五行为：</td><td>壬</td><td>乙</td><td>乙</td><td>丁</td></tr>
<tr><td>午</td><td>巳</td><td>酉</td><td>亥</td></tr>
</table>

其中包括 2 木、2 水、0 土、1 金、3 火，代表本人先天日元乙木生于巳火之月，不得时令五行火之力，日元乙木得 1 乙木帮助，得 2 个水生之，所以日元乙木相对平衡，根据《周易》平衡原理，五行缺土无妨，起名补土可形成一个完整的五行系统。

以上各名数理吉祥，符合宝宝的生辰五行，其中数理 16 五行补土，有利于其今后的发展，且没有不吉不雅的谐音谐意，请任意选取。正浩："正"（zhèng）有合于法则的意思，喻指做人堂堂正正。"浩"（hào）水大，引申为成就大，五行属水，浩气，是正大刚直之气。此名暗示为人正直，对周围的事物采取豁达、乐观的态度。子锐："子"（zǐ）在古代是对男人的美称，特指有修养有学问的人。"锐"（ruì）勇往直前的气势，此名暗示品德高尚，能与人建立良好的人际关系，为以后事业的腾飞奠定了良好的基础，有美好的未来。

姓名的人格及总格对人的潜移默化作用最大：

16 数理暗示：厚德载物，安富尊荣，财官双美，功成名就。

18 数理暗示：谨慎勿骄，机遇重来，有志竟成，博得名利。

29 数理暗示：智谋奇略，财利俱备，名闻海内，成就大业。

31 数理暗示：智勇双全，博得名利，统领众人，成就大业。

家长最后选中：杨正浩

杨姓吉祥姓名例二：杨千林

客户资料	父亲姓名	杨先生	宝宝性别	男	出生地	辽宁铁岭市
	母亲姓名	牛女士	宝宝出生时间	阳历		
	起名要求	宝宝起名		阴历	2008 年七月二十四巳时	

宝宝的出生时间对应的生辰五行为：

戊	庚	丙	癸
子	申	申	巳

其中包括 0 木、2 水、1 土、3 金、2 火，代表本人先天日元五行丙火生于申金之月，不得时令五行金之力，日元丙火得 1 巳火帮助，所以日元丙火相对弱，根据《周易》平衡原理，男性以日元平衡或旺盛为佳，五行缺木不利，所以起名补木强火对以后宝宝发展更有利。

```
杨 +1   }14天格火        杨 +1   }14天格火
   13                     13
         25人格土                16人格土
景 12                   千 3
         16地格土                11地格木
文 4                    林 8
  29总格水                 24总格火
```

以上各名数理吉祥，符合宝宝的生辰五行，其中"杨、林"字形字意思补木，"景"字及 24 数理五行强火。有利于今后的发展。符合 NIS 命名法则，音、形、意配合得当，没有不吉不雅的谐音谐意，请任意选取。景文："景"（jǐng）指佩服，敬慕，"文"（wén）指文化、文学，暗示前景美好，积极进取，成功发达，文才第一。千林："千"（qiān）喻指极多，"林"（lín）指"万里飞霜，千林落木，寒蝉不招春妒"中选择千林。此名体现临威不具，力争上游气势。

姓名的人格及总格对人一生的诱导暗示作用如下：

16 数理暗示：厚重载德，安富尊荣，财官双美，功成名就。

24 数理暗示：锦绣前程，贵人得宠，白手起家，财源广进。

25 数理暗示：资性灵敏，才能奇特，诚信和气，自成大业。

29 数理暗示：智谋奇略，财利俱备，名闻海内，成就大业。

家长最后选中：杨千林

杨姓吉祥起名实例三：杨韵可

客户资料	父亲姓名	杨先生	被起名人性别	男	出生地	辽宁大连市
	母亲姓名	代女士	被起名人出生时间	阳历		
	起名要求	贵子起名		阴历	2003 年二月二十八 15 时 25 分	

贵子的出生时间对应的生辰五行为：

癸	甲	壬	戊
未	寅	申	申

其中包括 2 木、2 金、2 水、0 火、2 土，代表本人的日元壬水生于寅木之月，不得时令五行木之力，日元壬水得 2 金生之，得 1 癸水帮助，所以日元壬水相对平衡，根据《周易》平衡原理，男性以日元五行平衡或旺盛为佳，五行缺火不利，所以起名补火对本人今后的发展更加有利。

```
        +1                         +1
  杨 13 ┐ 14天格火           杨 13 ┐ 14天格火
        │                         │
        │ 32人格木                │ 25人格土
  韵 19 ┤                   晰 12 ┤
        │ 24地格火                │ 24地格火
        │                         │
  可  5 ┘                   善 12 ┘
     37总格金                  37总格金
```

以上各名数理吉祥，符合宝宝的生辰五行，其中"韵、晰"字形字意补火，有利于其今后的发展。符合 NIS 命名法则，音、形、意配合得当，没有不吉不雅的谐音谐意，请任意选取。韵可："韵"（yùn）意为美，标致，"可"（kě）指可爱，此名暗示机灵可爱，有才华，韵味十足。晰善："晰"（xī）指明白、清楚之意，"善"（shàn）指善良，此名暗示心地善良，有明确的人生目标，对自己的未来充满自信与憧憬。

姓名的人格及总格对人的潜移默化作用最大：

25 数理暗示：资性灵敏，才能奇特，诚信和气，自成大业。

32 数理暗示：荣幸多成，贵人得助，财帛丰裕，繁荣至上。

37 数理暗示：权威显达，热诚忠信，涵养雅量，终身荣富。

家长最后选中：杨韵可

杨姓吉祥起名实例四：杨钎爱

客户资料	父亲姓名	杨先生	被起名人性别	女	出生地	吉林通化市
	母亲姓名	岳女士	被起名人出生时间	阳历		
	起名要求	小孩起名		阴历	1998 年十二月初七晚上 11 点前	

贵女的出生时间对应的生辰五行为：

戊	乙	乙	丁
寅	丑	亥	亥

其中包括 1 火、2 水、3 木、2 土、0 金，代表本人先天日元五行乙木生于丑土之月，不得时令五行土之力，日元乙木得 2 水生之，得 2 木帮助，所以日元乙木平衡偏旺，根据《周易》平衡原理，女性以日元平衡为佳，五行缺金不利，因金是本人的官星，所以起名补金对本人学业、事业、健康、财运及今后的发展更有利。

```
        +1                            +1
杨 13 ⎫                       杨 13 ⎫
      ⎬ 14 天格火                     ⎬ 14 天格火
      ⎬ 24 人格火                     ⎬ 24 人格火
钒 11 ⎬                       钎 11 ⎬
      ⎬ 24 地格火                     ⎬ 24 地格火
渲 13 ⎭                       爱 13 ⎭
    37 总格金                       37 总格金
```

以上各名数理吉祥，符合贵女的生辰五行，其中"钒、钎"字形字意补金，数理 37 五行强金。有利于今后的发展。符合 NIS 命名法则，音、形、意配合得当，没有不吉不雅的谐音谐意，请任意选取。钒渲："钒"（fán）是一种金属元素，银白色；"渲"（xuàn）指把水、墨淋在纸上再擦匀的画法。钒渲暗示高尚的品德、有高深的学问，能在事业上取得辉煌的成绩。钎爱："钎"（qiān）一头尖的长钢棍，多用来在岩石上打洞；"爱"（ài）对人或事有深挚的感情；钎爱暗示喜欢钻研，富有爱心，慈善好施，是一位人见人爱的好女孩。

姓名的人格及总格对人一生的诱导暗示作用如下：

24 数理暗示：锦绣前程，贵人得宠，白手起家，财源广进。

37 数理暗示：权威显达，热诚忠信，涵养雅量，终身荣富。

家长最后选中：杨钎爱

杨姓吉祥起名实例五：杨舒涵

<table>
<tr><td rowspan="4">客户资料</td><td>父亲姓名</td><td>杨先生</td><td>被起名人性别</td><td>女</td><td>出生地</td><td colspan="3">黑龙江大庆市</td></tr>
<tr><td>母亲姓名</td><td>张女士</td><td>被起名人出生时间</td><td>阳历</td><td colspan="4">2009 年 4 月 15 日上午 10 时 02 分</td></tr>
<tr><td>起名要求</td><td colspan="2">宝宝起名</td><td>阴历</td><td colspan="4"></td></tr>
<tr><td colspan="4">宝宝的出生时间对应的生辰五行为：</td><td>己</td><td>戊</td><td>庚</td><td>辛</td></tr>
</table>

<table>
<tr><td>己</td><td>戊</td><td>庚</td><td>辛</td></tr>
<tr><td>丑</td><td>辰</td><td>寅</td><td>巳</td></tr>
</table>

其中包括 1 火、0 水、1 木、4 土、2 金，代表本人先天日元五行庚金生于辰土之月，不得时令五行土之力，日元庚金得 4 土生之，得 1 辛金帮助，所以日元庚金相对偏旺，根据《周易》平衡原理，女性以日元平衡为佳，五行水不利，所以起名补水对本人学业、事业、健康、财运及今后的发展更有利。

```
杨 13 +1 }14天格火        杨 13 +1 }14天格火
          }25人格土                }25人格土
雅 12 }                  舒 12 }
          }24地格火                }24地格火
雯 12 }                  涵 12 }
    37总格金                  37总格金
```

以上各名数理吉祥，符合宝宝的生辰五行，其中"雯、涵"字形字意补水。有利于今后的发展。符合 NIS 命名法则，音、形、意配合得当，没有不吉不雅的谐音谐意，请任意选取。雅雯："雅"（yǎ）意为美好的，高尚的，不粗俗；"雯"（wén）指成花纹的云彩；雅雯暗示品德高尚，气质绝佳，一生美好。舒涵："舒"（shū）展开，从容；"涵"（hán）意为包容，包含；舒涵暗示家庭幸福，生活舒适，是一位有涵养的人。

姓名的人格及总格对人一生的诱导暗示作用如下：

25 数理暗示：资性灵敏，才能奇特，诚信和气，自成大业。

37 数理暗示：权威显达，热诚忠信，涵养雅量，终身荣富。

家长最后选中：杨舒涵

杨姓吉祥起名实例六：杨蕙竹

客户资料	父亲姓名	杨先生	性别	女	出生地	河北邢台市
	母亲姓名	黄女士	出生时间	阳历	2010 年 1 月 20 日上午 9 时 01 分	
	起名要求	宝宝起名		阴历		

宝宝的出生时间对应的生辰五行为：

己	丁	庚	辛
丑	丑	午	巳

其中包括 3 火、0 水、0 木、3 土、2 金，代表本人先天日元五行庚金生于丑土之月，不得时令五行土之力，日元庚金得 3 土生之，得 1 辛金帮助，所以日元庚金相对偏旺，根据《周易》平衡原理，女性以日元平衡为佳，五行缺水、缺木不利，所以起名补水或补木对本人学业、事业、健康、财运及今后的发展更有利。

```
         +1┐                        +1┐
杨  13 ─┤ 14天格火          杨  13 ─┤ 14天格火
         │                          │
         │  31人格木                │  31人格木
颜  18 ─┤                  蕙  18 ─┤
         │  24地格火                │  24地格火
冰   6 ─┘                  竹   6 ─┘
    37总格土                    37总格土
```

以上各名数理吉祥，符合宝宝的生辰五行，其中"冰"字形字意补水，"杨、蕙、竹"字形字意补木。有利于今后的发展。符合 NIS 命名法则，音、形、意配合得当，没有不吉不雅的谐音谐意，请任意选取。颜冰："颜"（yán）指面容，喻指容颜美丽，"冰"（bīng）指水因冷凝结成的固体；颜冰寓意为喜笑颜开，神采奕奕，冰雪聪明。蕙竹："蕙"（huì）〔蕙心〕喻女子内心纯美；"竹"（zhú）是一种常绿多年生植物，春日生笋，茎有很多节，中间是空的，质地坚硬；蕙竹暗示有竹子的高洁，温柔美丽，品德高尚，气质绝佳。

姓名的人格及总格对人一生的诱导暗示作用如下：

31 数理暗示：智勇得志，博得名利，统领众人，成就大业。

37 数理暗示：权威显达，热诚忠信，涵养雅量，终身荣富。

家长最后选中：杨蕙竹

杨姓吉祥起名实例七：杨礼铭

客户资料	父亲姓名	杨先生	被起名人性别	男	出生地	河北省
	母亲姓名	何女士	被起名人出生时间 阳历		2003年6月14日22时50分	
	起名要求	宝宝起名	阴历			

贵子的出生时间对应的生辰五行：

癸	戊	戊	癸
未	午	午	亥

其中包括2火、3水、0木、3土、0金，代表本人先天日元五行戊土生于午火之月，得时令五行火之力，日元戊土得2火生之，得2土帮助，所以日元戊土旺盛，根据《周易》平衡原理，男性以日元五行平衡或旺盛为佳，五行金不利，缺木无妨碍（杨补木），所以起名补金对本人学业、事业、健康、财运及今后的发展更有利。

```
      +1┐                        +1┐
杨 13 ┤14天格火          杨 13 ┤14天格火
      ├31人格木                 ├31人格木
镒 18 ┤                  礼 18 ┤
      ├32地格木                 ├32地格木
歌 14 ┘                  铭 14 ┘
   45总格土                  45总格土
```

以上各名数理吉祥，符合宝宝的生辰五行，其中"镒、铭"字形字意补金，有利于今后的发展。符合NIS命名法则，音、形、意配合得当，没有不吉不雅的谐音谐意，请任意选取。镒歌："镒"（yì）是古代重量单位，合二十两；"歌"（gē）唱：歌唱，喻指人生充满欢乐，镒歌暗示才能突出，一生财好、运好，被重用一生。礼铭："礼"（lǐ）指社会生活中，由于道德观念和风俗习惯而形成的礼节；"铭"（míng）铸、刻或写在器物上记述生平、事迹或警诫自己的文字；礼铭暗示彬彬有礼，一表人才，所到之处给人留下深刻印象。

姓名的人格及总格对人一生的诱导暗示作用如下：

31数理暗示：智勇得志，博得名利，统领众人，成就大业。

45数理暗示：顺风扬帆，万事如意，智谋不凡，富贵繁荣。

家长最后选中：杨礼铭

杨姓吉祥起名实例八：杨可滢

客户资料	父亲姓名	杨先生	人性别	女	出生地	山西长治市
	母亲姓名	邱女士	出生时间	阳历	2010 年 11 月 15 日 23 时 58 分	
	起名要求	宝宝起名		阴历		

宝宝的出生时间对应的生辰五行：

庚	丁	己	丙
寅	亥	巳	子

其中包括 3 火、2 水、1 木、1 土、1 金，代表本人先天日元五行己土生于亥水之月，不得时令五行水之力，日元己土得 3 火生之，所以日元己土相对平衡，根据《周易》平衡原理，女性以日元平衡为佳，五行齐全，所以起名数理吉祥对本人学业、事业、健康及今后的成长更加有利。

```
        +1 ┐
     杨 13 ┤ 14天格火
           │
           ├ 31人格木
     泞 18 ┤
           │ 24地格火
     伊  6 ┘
     ────────────
       37总格土
```

```
        +1 ┐
     杨 13 ┤ 14天格火
           │
           ├ 18人格金
     可  5 ┤
           │ 24地格火
     滢 19 ┘
     ────────────
       37总格金
```

以上各名数理吉祥，符合宝宝的生辰五行，符合 NIS 命名法则，音、形、意配合得当，没有不吉不雅的谐音谐意，请任意选取。可滢："可"（kě）是适合于的意思，如可儿（指称人心意的人）；"滢"（yíng）意为清澈，可滢寓意机灵可爱，心地纯正，与人和谐相处，建立良好的人际关系。泞伊："泞"（nìng）意为泥泞，出自"戎马还泞而止"；"伊"（yī）意为彼，出自"所谓伊人，在水一方。"泞伊读之上口，暗示冲破阻力，一生如意。

姓名的人格及总格对人一生的诱导暗示作用如下：

18 数理暗示：谨慎勿骄，机遇重来，有志竟成，博得名利。

31 数理暗示：智勇得志，博得名利，统领众人，成就大业。

37 数理暗示：权威显达，热诚忠信，涵养雅量，终身荣富。

家长最后选中：**杨可滢**

杨姓吉祥起名实例九：杨惜媛

客户资料	父亲姓名	杨先生	性别	女	出生地	山西晋中市
	母亲姓名	戚女士	出生时间	阳历		2011年2月26日上午7时36分
	起名要求	宝宝起名		阴历		

宝宝的出生时间对应的生辰五行：

辛	庚	壬	甲
卯	寅	子	辰

其中包括1土、2水、0火、3木、2金，代表本人先天日元五行壬水生于寅木之月，不得时令五行木之力，日元壬水得2金生之，得1水帮助，日元壬水平衡，根据《周易》平衡原理，女性以日元五行平衡为佳，五行缺火不利，起名补火对宝宝今后健康、事业、学业、婚姻的发展更加有利。

```
        +1 ┐                          +1 ┐
  杨  13 ├ 14天格火            杨  13 ├ 14天格火
        ┘                             ┘
           ┐ 25人格土                    ┐ 25人格土
  舒  12 ┤                      惜  12 ┤
           ┘                             ┘
        ┐ 24地格火                     ┐ 24地格火
  晴  12 ┘                      媛  12 ┘

     37总格金                        37总格金
```

以上各名数理吉祥，符合宝宝的生辰五行，"晴、惜"字形字意补火有利于其今后的发展。符合NIS命名法则，音、形、意配合得当，按照普通话讲，没有不吉不雅的谐音谐意，请任意选取。舒晴："舒"（shū）意为伸展、从容，喻指心情舒畅。"晴"（qíng）是指晴朗，晴爽之意。舒晴暗示顺畅如意，境遇润泽；惜媛："惜"（xī）意为爱，重视之意。"媛"（yuàn）指美女。惜媛暗示美丽高贵，走到哪都是让人爱惜的人才。

姓名的人格及总格对人一生的诱导暗示作用如下：

25数理暗示：资性灵敏，才能奇特，诚信和气，自成大业。

37数理暗示：权威显达，热诚忠信，涵养雅量，终身荣富。

家长最后选中：杨惜媛

杨姓吉祥起名实例十：杨雪楠

客户资料	父亲姓名	杨先生	性别	女	出生地	河南洛阳市
	母亲姓名	缪女士	出生时间	阳历	2011年1月11日下午2时45分	
	要求	宝宝起名	阴历	2010年十二月初八		

宝宝的出生时间对应的生辰五行：

庚	己	丙	乙
寅	丑	寅	未

其中包括3土、0水、1火、3木、1金，代表本人先天日元五行丙火生于丑土之月，不得时令五行土之力，日元丙火得3木生之，日元丙火平衡，根据《周易》平衡原理，女性以日元五行平衡为佳，五行缺水，起名补水对宝宝今后健康、学业、事业、婚姻的发展更加有利。

```
      +1                              +1
杨  13 ⎫ 14天格火           杨  13 ⎫ 14天格火
       ⎬ 24人格火                  ⎬ 16人格土
雪  11 ⎱                    子   3 ⎱
       ⎫ 24地格火                  ⎫ 24地格火
楠  13 ⎭                    露  21 ⎭
      37总格金                     37总格金
```

以上各名数理吉祥，符合宝宝的生辰五行，"子、雪"字形字意补水，有利于其今后的发展。符合NIS命名法则，音、形、意配合得当，按照普通话讲，没有不吉不雅的谐音谐意，请任意选取。雪楠："雪"（xuě）的寓意为高洁的品格，如"松品落落，雪格索索"，"楠"（nán）指贵重木材，雪楠暗示锦绣前程，财源广进。子露："子"（zǐ）是古时对有学问人的尊称，"露"（lù）意为润泽。子露寓意德泽四方，富贵荣华。

姓名的人格及总格对人一生的诱导暗示作用如下：

24数理暗示：锦绣前程，贵人得宠，白手起家，财源广进。

16数理暗示：厚重载物，安富尊荣，财官双美，功成名就

37数理暗示：权威显达，热诚忠信，涵养雅量，终身荣富。

家长最后选中：杨雪楠

杨姓吉祥起名实例十一：杨牧臻

客户资料	父亲姓名	杨先生	性别	男	出生地	河南新乡市
	母亲姓名	邹女士	出生时间	阳历		
	要求	成人改名		阴历	1980 年五月十八日凌晨 0 时 30 分	

你的出生时间对应的生辰五行：

庚	壬	甲	甲
申	午	戌	子

其中包括 1 土、2 水、1 火、2 木、2 金，代表本人先天日元五行甲木生于午火之月，不得时令五行火之力，日元甲木得 2 水生之，得 1 木帮助，日元甲木平衡。根据《周易》平衡原理，男性以日元五行旺盛或平衡为佳，起名数理吉祥对您今后健康、事业、学业、婚姻的发展更加有利。

```
        +1 ┐14天格火              +1 ┐14天格火
  杨 13  ┤                  杨 13  ┤
         ├24人格木                  ├21人格木
  尚  8  ┤                  牧  8  ┤
         ├16地格土                  ├24地格火
  忱  8  ┘                  臻 16  ┘
   29总格水吉                    37总格金
```

以上各名数理吉祥，符合你的生辰五行，有利于你今后的发展。符合 NIS 命名法则，音、形、意配合得当，按照普通话讲，没有不吉不雅的谐音谐意，请任意选取。尚忱："尚"（shàng）是尊崇，注重之意。"忱"（chén）是指真诚的情意，热忱，诚恳。尚忱暗示忠义之士，为人尊仰；牧臻："牧"（mù）的意思是统治；主管。"臻"（zhēn）有达到之意。牧臻暗示领导力强，仕途通畅。

姓名的人格及总格对人一生的诱导暗示作用如下：

21 数理暗示：为人尊仰，富贵荣华，立业兴家，大博名利。

37 数理暗示：权威显达，热诚忠信，涵养雅量，终身荣富。

29 数理暗示：智谋奇略，财利俱备，名闻海内，成就大业。

本人最后选中：杨牧臻

杨姓吉祥起名实例十二：杨鹏煜

客户资料	父亲姓名	杨先生	性别	男	出生地	江苏连云港市
	母亲姓名	杨女士	出生时间	阳历	2010年3月29凌晨4时01分	
	起名要求	宝宝起名		阴历	2010年二月十四	

宝宝的出生时间对应的生辰五行：

庚	己	戊	甲
寅	卯	寅	寅

其中包括2土、1金、0水、0火、5木，代表本人先天日元五行戊土生于卯木之月，不得时令五行木之力，日元戊土得1土帮助，所以日元戊土相对弱，根据《周易》平衡原理，男性以日元五行平衡或旺盛为佳，五行缺水无妨，缺火不利，所以起名补火对宝宝的健康、学业、事业更加有利。

```
杨 13 +1 ┐                    杨 13 +1 ┐
          ├ 14天格火                    ├ 14天格火
         ┘                            ┘
          ┐ 21人格木                    ┐ 32人格木
昊 8 ┤                        鹏 19 ┤
          ┘ 16地格土                    ┘ 32地格木
承 8 ┘                        煜 13 ┘
    29总格水                       45总格土
```

以上各名数理吉祥，符合宝宝的生辰五行，其中"昊、煜"字形字意补火，符合NIS命名法则，有利于其今后的发展。按照普通话讲，没有不吉不雅的谐音谐意，请任意选取。昊承："昊"（hào）指广大的天，"承"（chéng）指继承，昊承喻指有无限的发展空间，继承家族的智慧，发挥自己的才能，创造美好的未来。鹏煜："鹏"（péng）是指传说中最大的鸟，喻指志向高远，"煜"（yù）有照耀之意，鹏煜暗示鹏程万里，事业顺达，前程光明。

姓名的人格及总格对人的潜移默化作用最大：

21数理暗示：为人尊仰，富贵荣华，立业兴家，大博名利。

29数理暗示：智谋奇略，财利俱备，名闻海内，成就大业。

32数理暗示：荣幸多成，贵人得助，财帛丰裕，繁荣昌盛。

45数理暗示：顺风扬帆，万事如意，智谋不凡，富贵繁荣。

家长最后选中：杨鹏煜

杨姓吉祥起名实例十三：杨璐嘉

客户资料	父亲姓名	杨先生	性别	女	出生地	江苏镇江市
	母亲姓名	李女士	出生时间	阳历		2010 年 11 月 10 日 22 时 39 分
	起名要求	宝宝起名		阴历		2010 年十月初五

宝宝的出生时间对应的生辰五行：

庚	丁	甲	乙
寅	亥	子	亥

其中包括 3 木、3 水、0 土、1 金、1 火，代表本人先天日元五行甲木生于亥水之月，得时令五行水之力，日元甲木得 3 水生之，得 2 木帮助，所以日元甲木旺盛，根据《周易》平衡原理，女性以日元五行平衡为佳，五行缺土不利，所以起名补土对本人今后的健康、学业、事业、家庭更有利。

```
        +1                          +1
   杨  13 ┐14天格火          杨  13 ┐14天格火
          ├24人格火                  ├31人格木
   晗  11 ┤                   璐  18 ┤
          ├24地格火                  ├32地格木
   琳  13 ┘                   嘉  14 ┘
      37总格金                    45总格土
```

以上各名数理吉祥，符合女的生辰五行，其中"琳、璐"字形字意补土，数理 45 五行强土，各名符合 NIS 命名法则，有利于其今后的发展。没有不吉不雅的谐音谐意。请任意选取。晗琳："晗"（hán）天将明，象征希望，"琳"（lín）指美玉，晗琳暗示有美好的未来，富贵有成就。璐嘉："璐"（lù）指美玉，"嘉"（jiā）指美好，璐嘉暗示生活安逸、幸福，富贵平安。

姓名的人格及总格对人的潜移默化作用最大：

24 数理暗示：锦绣前程，贵人得宠，白手起家，财源广进。

31 数理暗示：智勇得志，博得名利，统领众人，成就大业。

45 数理暗示：顺风扬帆，万事如意，智谋不凡，富贵繁荣。

37 数理暗示：权威显达，热诚忠信，涵著雅量，终身荣富。

家长最后选中：杨璐嘉

杨姓吉祥起名实例十四：杨子墨

客户资料	父亲姓名	杨先生	被起名人性别	男	出生地	山东东营市
	母亲姓名	郭女士	被起名人出生时间	阳历	2010年11月8日早上6时59分	
	起名要求		宝宝起名	阴历		

宝宝的出生时间对应的生辰五行为：

庚	丁	壬	癸
寅	亥	戌	卯

其中包括2木、3水、1土、1金、1火，五行齐全，代表本人先天日元五行壬水生于亥水之月，得时令五行水之力，日元壬水得2水帮助，得1金生之，所以日元壬水相对旺盛，根据《周易》平衡原理，男性以日元五行平衡或旺盛为佳，所以起名数理吉祥对宝宝的健康、学业、事业、家庭更加有利。

以上各名数理吉祥，符合宝宝的生辰五行，符合NIS命名法则，有利于其今后的发展。没有不吉不雅的谐音谐意。请任意选取。程文："程"（chéng）指规矩，"文"（wén）指文艺、文学，寓意为懂得艺术，在文学艺术上学有所成。子墨："子"（zǐ）在古代是对男人的美称，特指有修养有学问的人。"墨"（mò）在本义书画所用的黑色颜料，寓意为有修养、有学问，品行高尚，将来能成大事之人。

姓名的人格及总格对人的潜移默化作用最大：

16数理暗示：厚重载德，安富尊荣，财官双美，功成名就。

25数理暗示：资性灵敏，才能奇特，讲信和气，自成大业。

29数理暗示：智谋奇略，财利俱备，名闻四海，成就大业。

31数理暗示：智勇得志，博得名利，统领众人，成就大业。

家长最后选中：杨子墨

杨姓吉祥起名实例十五：杨书赫

客户资料	父亲姓名	杨先生	性别	男	出生地	安徽淮南市
	母亲姓名	何女士	出生时间	阳历	1994 年 8 月 19 日下午 3 时 15 分	
	起名要求	改名		阴历		

贵子的出生时间对应的生辰五行：

甲	壬	丁	戊
戊	申	丑	申

其中包括 1 木、1 水、3 土、2 金、1 火，代表本人先天日元丁火生于申金之月，不得时令五行金之力，日元丁火得 1 甲木生之，所以日元丁火相对弱，根据《周易》平衡原理，男性以日元五行平衡或旺盛为佳，虽五行齐全，但起名应加强木或火对本人今后事业、财运，健康更加有利。

```
        +1 ┐                          +1 ┐
杨  13  ┤ 14天格火          杨  13  ┤ 14天格火
        ┘                          ┘
           25人格土                    23人格火
贺  12  ┐                   书  10  ┐
        ┤ 24地格火                  ┤ 24地格火
杰  12  ┘                   赫  14  ┘
    37总格金                     37总格金
```

以上各名数理吉祥，符合贵子的生辰五行，其中"赫"字行字意补火，"杨、杰、书"字形字意补木，数理 23、24 五行强火，有利于其今后的发展。符合 NIS 命名法则，音、形、意配合得当，按普通话讲，没有不吉不雅的谐音谐意，请任意选取。贺杰："贺"（hè）意为庆祝，祝颂；"杰"（jié）是指才能出众的人；此名喻指有辉煌的人生，创造更大的成就。书赫："书"（shū）是指成本的著作；"赫"（hè）意为明显，显著，盛大之意；暗示是一位有智慧有学识的人，地位显赫，德高望重。

姓名的人格及总格对人的潜移默化作用最大：

23 数理暗示：旭日东升，壮丽可观，逐步进展，功名荣达，

25 数理暗示：资性灵敏，才能奇特，诚信和气，自成大业。

37 数理暗示：权威显达，热诚忠信，涵养雅量，终身荣富。

家长最后选中：杨书赫

姓 氏 篇

　　姓氏，我们每天都要使用，可是有多少人了解姓氏的来历呢？本篇主要讲解，"姓"、"氏"以及"姓氏"的来历，分析它们的联系，使读者初步了解姓氏的秘密；还将分析我们中华始祖炎黄二帝及其后代的得姓史话。前言中我们提及起吉名除要符合起名的规范外，还要对对其姓氏有所了解。本篇不仅列出了家谱的基本知识，还对各个姓氏之间的血缘关系及历史渊源的考证，意在加强各姓氏之间的联络，增强团结。另外，本篇就"杨"姓的几种来源作了探究，力图使杨姓子孙更清晰地了解贵姓的根脉。

◆ 姓氏发微

　　姓氏，我们每天都要使用，可有多少人了解姓氏的来历呢？在当今人们的意识中，"姓氏"已成为一个固定的名词，姓氏是一回事，其实，在中国古代，姓和氏之间有着较大的差异，古代"姓"、"氏"是两个名词，这两个名词的内涵和用途不一样。古代的"姓"是有血缘关系的世代相承的同族称号，不同血缘的部族团体就有不同的姓，距今一万年前，处于母系氏族社会初期（相当于考古学分期上的中石器时代向新石器时代的过渡时期）的人们通过"姓"识别不同血缘的族群。远古时期的"氏"也可以作为部族的名称，到夏、商、周三代时期，"氏"才变成了"姓"的分支，是一个与地域有紧密联系的人的新标识，以至于"氏"起着标明一个人身份地位高贵的作用。

我们的祖先弇兹（yān zī）氏与燧人氏太聪明了，他们早在万年前就用大自然中固有的"风"作为识别血统的图腾了，于是中华第一姓诞生了。

距今一万年前的燧人氏（又称"燧人"）与弇兹（yān zī）氏结为群婚杂居的关系后，他们最早发现并认识了风的季节性周期规律，发明了指示四时风向的风向标——相风仪，又称为"方牙"。这种仪器后来传给雷泽氏族称"雷牙,再传到伏羲氏族时期就叫"苍牙"，所以伏羲继承了先人的文明成果，他会"听八风、法八极"。弇兹与燧人用"方牙"来观测八方季风的方位和时间，有利于他们的族人按节气活动，不断发展壮大，于是他们把天穹宇宙发来的第一信息——"风"作为自己的族群图腾，以"风"命族姓，中华民族自此真正进入有姓的母系氏族原始社会时期，所以"风"姓成为中华民族第一姓。

距今约 7500 至 5500 年前，中国古人类进入母系氏族（氏族：原始社会中以相同的血缘关系结合的人类社会群体）社会的强盛时期，该时期出现了中国人的祖先伏羲氏与女娲，伏羲氏又称太昊，亦作大嗥、太嗥、太皞，伏羲氏还被称为庖牺氏、宓羲、包牺、伏戏，是上古中民族的首领，也是神农炎帝和轩辕黄帝的共同祖先，位居三皇之首，伏羲氏认识到季风的规律，他以"风"为姓。马骕《绎史》卷三引《三坟》说："伏牺氏，燧人子也，因风而生，故风姓。"伏羲与女娲同姓风，可见伏羲、女娲，原是同部落的兄妹关系，他们的传说也是可信的。

往后，神农氏发展起来了，神农氏即炎帝，姓姜，也是中华民族族始祖之一。神农氏后裔与黄帝氏族结为部落联盟，这才有了今天的炎黄子孙。

中国人的姓氏在母系氏族原始社会里是按照母系传承的。中国先人处于"但知其母，不识其父"（《白虎通·号篇》）的母系氏族社会时期，母权制已深入氏族生产和生活的各个领域，氏族成员按母系血统计算世系，并形成明确的姓族制度：子女从母亲居住，由母亲抚养，并属于母亲所在的氏族，同一氏族的成员都是同姓的，子女也从母姓，因此子女的血统世系是按照母系计算的。母性祖先的姓由女性世代相传，即由祖母传给母亲，母亲传给女儿，再由女儿传给孙女，依次类推，长久绵延。在母系氏族社会时期，同姓人出自一个共同的女性祖先。人类学家认为，在群居杂处、男女无别的原始群体中，子女绝不可能辨认父亲，而母子之间的关系则是很明确的。这种情况，我国古代文献已有记载。《吕氏春秋·恃君览》云："昔太古尝无君矣，其民聚生群处。"《淮南子·本经训》："男女群居杂处而无别。"摩尔根在《古代社会》里曾经说过，这些原始的人们过着"群团的生活，实行杂乱的性交，没有任何家族，在这里，只有母权能够起某些作用。"

如今云南永宁纳西族仍保留了浓厚的母系制传统习俗。当地以女为贵，认为有女不算断根，但是只生儿子则是断根，必须过继女继承人。

中国古籍里记载了母权制氏族社会的婚姻与姓的产生关系。《列子·汤问篇》（战国前期思想家列子著）记述："男女杂游，不媒不聘。"《公羊传》（亦称《春秋公羊传》、《公羊春秋》，是专门解释《春秋》的一部典籍，据传作者是战国时代的公羊高）说："圣人皆无父，感天而生。"《说文·女部》（《说文解字》简称《说文》，作者是东汉的经学家、文字学家许慎）："姓，人所生也。古之神圣人母感天而生子，故生天子，因生以为姓。"所谓"无父"、"感天而生"，实际是母权制走婚交媾的反映，说明当时原始氏族部落的婚姻状况还处于母系氏族社会的走婚阶段。

考古专家在以山东泰山地区为中心的大汶口文化早期（公元前4040—公元前3340年）遗址发现无葬具的墓葬，且有反映氏族成员间牢固血缘关系的同性合葬墓，这是母系氏族社会的墓葬特征。

距今约5500至4000年前，中国远古人类进入父系氏族社会，父权代替了母权。在大汶口文化的中、晚期（公元前3640—公元前2240年）墓葬中，发现了木椁，出现了夫妻合葬墓和夫妻带小孩的合葬墓，这标志着只知其母不知其父的母系社会的结束，中国开始或已经进入了父系氏族社会。因此最晚在距今4250年前，中国远古人进入父系氏族社会，父权代替了母权，从此男性的财产权和社会地位高于女性，家庭婚姻关系也由母系氏族社会的"从妻居"

改变为"从夫居",子女自然不再属于母系氏族成员,而成为父系氏族成员,中国人的姓氏于是转变为按照父系传承,即一代代的子女都随父姓,那时的同姓人出自一个共同的祖先,直到今天还是如此。

根据《左传》记载,鲁隐公八年(公元前715年),担任"大夫"官职的众仲曾对"姓"与"氏"的来历及关系作过概述,众仲曰:"天子建德,因生以赐姓,胙(zuò,赐予)之土而命之氏。"就是说,"天子"(从父系氏族时期到夏朝之前,这个称呼可以指代具有最高统治地位的部落联盟首领)分封有功德的人,根据他们的出生即血缘关系赐给其姓,为提高其姓族地位,再赏赐给他们土地而给予氏称。"赐姓、胙土、命氏"就非常明了地勾勒出了"氏"是"姓"的分支。

宋朝刘恕《通鉴·外纪》说:"姓者,统其祖(祖为始、初、先之义,后来才用引申为父母以上的长者)考之所自出;氏者,别其子孙之所自分。"班固《白虎通·姓名》篇说:"所以有氏者何?所以贵功德、贱伎力……闻其氏,即可知其德,所以勉人为善也。"

宋朝史学家郑樵在其《通志·氏族略序》里对上面的史实追述概括:"氏所以别贵贱,贵者有氏,贱者有名无氏,故姓可呼为氏,氏不可呼为姓。姓所以别婚姻,故有同姓、异姓、庶姓之别。氏同姓不同者,婚姻可通;姓同氏不同者,婚姻不可通。三代之后,姓氏合而为一,皆所以别婚姻而以地望明贵贱。"

明末清初著名的思想家、史学家、语言学家顾炎武(1613—1682年,原名绛,字忠清,明亡后改名炎武,字宁人,亦自署蒋山佣,被尊称为亭林先生)曾一针见血地说出了姓和氏的区别:"氏一传而可变,姓千万年而不变。"这四者用更清晰的表述,对众仲的概论作了阐释。

根据以上五种记载,我们可以归纳姓的主要作用是:①别种族;②明世系;③别婚姻。在上古,同姓的人们都是同一个祖父母,同一个祖宗的后代血缘就相同,所以那时同姓不婚,如《左传·信公二十三年》说:"男女同姓,其生不蕃。"《国语·晋语》也说:"同姓不婚,恶不殖也。"古人从长期婚配育子实践中领悟到近亲婚配会产生不良后代的道理，通过辨别男女双方的姓，就能决定婚娶与否。同姓不婚的习俗，只限于先秦时代（指远古到公元前221年秦始皇统一中国这一漫长历史时期）。秦朝统一中国之前，有"女子称姓，男子称氏"的规矩，这种规矩就受姓别婚姻、氏明高贵的习俗影响。

东汉文字学家许慎在《说文解字》中这样解释："姓，人所生也，从女、生，生亦声。""姓"的本义是人生来就有的图腾记号，所以远古产生的姓是用来识别氏族及其成员的血缘亲疏远近关系的标志。"氏"可以说是"姓"或"支姓"的分支。"氏"冠在男人的名前，表露着一个男人的封地、爵位、官职、以及追谥，代表了男人的荣耀功业和尊严。譬如周武王的四弟叔旦，由于其采邑为周，被称为周公。其实，周公为姬姓，周只是他的氏而已。

明末清初著名的思想家、史学家、语言学家顾炎武考证春秋时代只有女子称姓，而男子不称姓。当时的女子，尤其是贵族妇女姓比名重要，没有出嫁的女子在姓上加孟（伯）、仲、叔、季表示排行，如孟姜、叔隗（kuí）、季姬；出嫁后，如果嫁给国君，要在姓上加娘家的国名，如齐姜、晋姬、秦嬴；如果嫁给士大夫，就在姓前加大夫的氏，如赵姬（赵衰之妻），棠姜（棠公之妻）；如丈夫去世，要在姓上加丈夫的谥号，如武姜（郑武公之妻），文嬴（晋文公之妻）；女子嫁给平民，因平民没有氏只有名，则在夫姓后加自己的娘家的父姓。这样做的用意，都是为了避免同姓婚配。国学大师王国维（1877—1927年，字静安、伯隅，号观堂、静观，浙江海宁盐官人）在《观堂集林》中证实了男子自周代起称氏，女子称姓。

"姓"是因生、因德、因地而得来的，主要从居住地名或者所属的部族名称而来。"氏"是从受封地、所赐的爵位、所任的官职的名而来，或者由死后因功绩被追加的谥号而来。所以先秦时期贵族有姓、有氏、有名，比如周文王（约公元前1152—前1056年），姬姓，周氏，名昌，因商纣王封其为西伯，即西方诸侯酋长，故称为西伯昌，亦称伯昌，《封神演义》称其为西伯侯，周武王灭商建周后，追谥其父西伯昌为"文"，史称周文王，周文王虽姬姓，却不叫姬昌，"姬昌"姓名在东汉时期才出现，后世循之，遂称文王为姬昌。

在中国姓氏文化史上，春秋战国之前，一般平民以及奴隶有名无氏，这是由于他们没有显赫的身世可张扬，自然就没有"氏"称了。《左传》中提到这类人事时，就只有名了。如晋国公子重耳因"骊姬之乱"躲避迫害而流亡国外时，在追随他的侍从中有赵衰（姓：嬴，氏：赵，名：衰，又作"崔"，字：子余，一曰子馀，谥号曰成季，故史称赵成子）、狐偃（氏：咎，也写作臼，姓：狐，名：偃，字：（子）犯，亦称子犯、舅犯、咎犯、臼犯、狐子，晋文公重耳之舅）、介子推（名叫推，后人尊为介子，一作介之推）、头须等人，其中，介子推只有名没有氏，介子就是庶子的意思，即妾所生的儿子。古代宗法，长子为宗子，宗子为士，庶子为大夫，祭于家庙，庶子则称介子。介子推是春秋时期没落贵族的小老婆生的后代，没有资格承袭父祖的爵位与权利，所以介子推在重耳手下当微臣。头须更是有名无氏的小兵。重耳在逃亡途中，负责保管财物的勤务兵头须趁机把全部钱财拿走开溜了，以至于重耳一行穷困潦倒，一路上只能半饥半饱，也引出了介子推"割股奉君"（又称"割肉啖君"）的千古佳话。当时，重耳无粮，饥饿难行，介子推毅然割下自己大腿上的肉煮成汤给他吃。后来重耳当上了晋国君主，介子推又"功不言禄"、"功成身退"，隐居山林，这突出了他不贪求功名利禄的高贵品质。《左传》载："晋侯赏从亡者，介子推不言禄，禄亦弗及……遂隐而死。"意思是：晋文公赏赐跟从他逃亡的人，介子推不谈爵禄，爵禄也没有轮到他……最后隐居到死。介子推与头须出身与地位都低贱，从事的工作也都是低等的，因此《左传》只称其名。这就是郑樵所谓"贵者有氏，贱者有名无氏"了。再如《孟子·告子》中最擅长下棋的人奕秋，就只有名而无氏；《柳敬亭传》中的"优孟"，是指名叫"孟"或者排行老二的艺人。"优"，亦称优伶、伶人，古代用以称以乐舞戏谑为职业的艺人，后亦称戏曲演员。"庖丁解牛"这个成语中的"庖丁"，"庖（páo）"就是屠宰的意思，表示一个人的职业或技艺。《周礼·天官》："庖人：掌共六畜、六兽、六禽，辨其名物。凡其死生鲜槁之物，以共王之膳，与其荐羞之物，及后、世子之膳羞。共祭祀之好羞，共丧纪之庶羞、宾客之禽献。""丁"可能是名，也可能不是这个人的名，因为"丁"字在汉语中就有人口、成年男子的含义以及指代从事某种专业劳作的人，如壮丁、男丁、园丁、家丁之"丁"就是这个意思，因此《庄子》书中称这个杀牛的人为"庖丁"，或许正是我们今天称杀猪的屠夫为"杀猪的人"，或《水浒传》中称外号叫"镇关西"的屠户为"郑屠"一样。

正因为古时一些以技艺为职业的人在早期没有姓氏，所以古书称呼他们时常在其名前面加一个表示他的职业或所具有的专长的字眼，让人一看就知道这人的专业身份。如《师说》中的"师襄"和《群英会蒋干中计》中提到的"师旷"，"师"，意为乐师，表明职业。不过，一种职业或技艺称号被叫久了，也会逐渐成为一个家族的姓氏，尤其是到秦代，以职业或技艺的名号为氏的人就很多。

战国以后，平民也可以有自己的姓为人称呼了。所以，"百姓"这个词，在东周以前指的是贵族，那时"百姓"即"百官族姓"的意思，如《尧典》"平章百姓，百姓昭明。"以往贵族才有姓，平民仅有名，战国以后，平民也有姓或有氏，百姓遂成为民众的通称。

史籍中关于姓氏的记载多以炎黄时期为起点。通常，姓氏学家把炎黄时期至春秋时期的姓与氏称为"古姓"。古姓与氏主要由上古时期的各部落的称号演变而来的。上古至春秋时代的古姓中有许多带"女"字旁，如：姜、姬、姞（jí）、嬴、姚、妫（guī）、妘、姺（shēn）、姒（sì）、嫚（màn）、娸（qī）。为什么这样？研究姓氏的学者认为姓是母系一族的名称，一个姓代表了生来就是一个始祖母的后代，因为"姓"是由女和生组成的字，据此证明姓是由女而生的。所谓"今姓"，指春秋战国之后出现的姓氏。

中国的古姓是怎样得来的？据古籍上记述，古姓来源有三："因生得姓"、"因德得姓"、"因地得姓"。所谓"因生得姓"，就是根据一个人由何所生而确定其姓。所谓由何所生，即指一个人的血统来源。古姓实际上是一个人血统的标志，亦即其所归属的血缘集团的标志。血统是自然传承的生命之源，人是自然繁衍的结果，因此，姓所表明的血统是一种自然的事实。上古，一个人诞生的母族姓什么，他自然就该姓什么。汉字"姓"由"女"和"生"组成的，"生"字表示生命、出生、生来，而"女"则表示生命来源于女性血缘。东汉文字学家许慎《说文解字》解释"姓"字说："姓，人所生也。古之神圣母感天而生子，故称天子。从女从生，生亦声。《春秋传》曰：'天子因生以赐姓。'"这说明上古的人们一出生就从母亲所在的氏族里得到识别血缘身份的标志——姓。《说文·女部》所列的古姓，如姞、嬴、妫、妘、姚、妞、娸、嬬、娥、娃、姒、婤、嫪、姜、姬等皆带"女"字形，这是母系氏族的血缘族姓。

"因生得姓"是出生就得到母系血缘传承的标志。"因德得姓"是因一个人创造出特别的业绩或重大的贡献而得姓，是彰显文明成果的标志。"因地得姓"就是以发祥地或者出生地为姓氏。"因生得姓"和"因地得姓"的法则浓缩了人类认识自然、把握宇宙规律、造福人类的历史经验，建构了中华民族大生态天人合一文化体系，建构了人类最佳生态环境，最佳生命状态，最佳生存状态的理念体系和实施技术体系。"因德得姓"的法则浓缩了中华文明的进程，展示了中华先人创造的中华文明的多层面的历史勋业，这些社会的发明，极大地推动了世界文明的发展进程。

举例来讲因生得姓。据先秦文献《世本》所言，禹是黄帝的第九代孙，姓姒，氏夏后，名文命，号禹，后世尊称大禹，他的父亲名叫鲧，母亲是有莘氏部族人脩己。相传禹治黄河水患有功，受舜禅让继帝位。禹是建立夏朝的第一位天子，因此后人也称他为夏禹。根据《吴越春秋》记载，大禹的母亲脩已得到苡米（又名薏苡仁、苡米、苡仁、薏米。苡，音"似"（sì），又读作"以"（yǐ）），吃了这种神米后就怀孕了，生下了禹。尧当部落联盟首领时，为了表彰禹的治水功德，他根据大禹母亲生子的故事，赐禹姓"姒"（sì），即把"苡"（sì）的草字头换成女字旁，成为"姒"。这就是禹姓"姒"的由来。"苡"在《康熙字典》里有两个读音：宋代的《集韵》注音"似"（sì），《唐韵》注音"以"（yǐ）。

又如《史记·殷本纪》记载："三人行浴，见玄鸟堕其卵，简狄取吞之，因孕生契。"大意是，在远古的原始社会时期，有三个

人在外面洗澡，其中包括有娀氏之女简狄，她见到全身黑色的小燕下一个蛋卵（即燕子，子就是卵的意思，现在还有地方称鸡卵为鸡子），简狄捡起来吃了，她就这样怀了孕，生下了殷商王朝的始祖契。于是这个家族以黑鸟为图腾，以子为族号，所以契姓"子"。简狄吃燕蛋而生契的传说，实际上告诉我们：远古的男女在外面媾和交欢，把怀孕、生儿育女看做是神物的恩赐，这反映了原始人类的生殖信仰，因为那时还没有"生理学"，原始人不懂卵子与精子的结合产生新生命的道理。契是商族自母系氏族过渡到父系氏族所祭祀的最早的男性直系祖先。从契开始，商族人才有了以父子相承为主的惯例，从此才真正进入父系氏族社会。

古文学家胡厚宣从殷墟卜辞中，找到祭祀商高祖王亥的"亥"字，形体从亥从鸟从隹，隹也是鸟形，这便是商族以鸟为图腾的确证。晚商青铜器《玄妇罍》其铭文有"玄鸟妇"三字合文，这更是商族祖先以鸟为图腾的佐证。唐朝司马贞的《史记索隐》记录三国时期蜀汉著名的儒学大师、史学家谯周说的话："契生尧代，舜始举之，必非喾子。以其父微，故不著名。其母娀氏女，与宗妇三人浴于川，玄鸟遗卵，简狄吞之，则简狄非帝喾次妃明也。"东汉史籍《潜夫论·志氏姓》中记载："昔尧赐契姓子；赐弃姓姬；赐禹姓姒，氏曰有夏。"

以所生之地或发祥地的地名为姓，称为"因地得姓"。发明阴阳五行、甲子纪年、文字、音律、乐器、医药的华夏部落联盟领袖黄帝本来姓公孙，因生长在姬水之滨，又得姓姬。史书上说黄帝有25个儿子，他们得了十二个姓，《国语·晋语四》："司空季子曰：凡黄帝之子，二十五宗，其得姓者十四人为十二姓。姬、酉、祁、己、滕、箴、任、荀、僖、姞（jí）儇（xuān）、依是也。"也就是说，这十二个姓都是源自黄帝的姬姓，由姬姓分支出来的。现有的大姓的渊源都很深，多数是从黄帝的姓中绵延分支而来的。

从时间上估计，氏比姓的产生至少晚一二千年。后人撰写五帝时期的部落联盟首领的事迹一般不说"姓"只称其"氏"，总是以××氏的模式出现。如：有熊氏、少典氏、彤鱼氏、方雷氏等，这是对先王的敬称，如燧人发明了火，称其为燧人氏；弇兹发明了结绳编织，被称为织女氏或玄女氏或须女氏；伏羲发明了舍饲庖厨，称为庖牺氏，又名伏羲氏；炎帝发明了农业，称神农氏；盘古发明了盖天，因称混天氏或壶天氏；少昊发明了金星历，称为金天氏。再如，自颛顼（黄帝的孙子）以来，帝喾（黄帝的曾孙）、尧（帝喾的儿子）、舜（黄帝的七世孙，舜的父亲叫瞽叟，瞽叟的父亲叫桥牛，桥牛的父亲叫句望，句望的父亲叫敬康，敬康的父亲叫穷蝉，穷蝉的父亲是颛顼）都来自一个血缘始祖姓，但他们的氏并不相同，例如：颛顼在高阳兴起，称为高阳氏；帝喾在高辛兴起，故称高辛氏；尧因在古名叫唐的地方烧陶而发展起来，所以得陶唐氏；舜因有虞之地而称虞氏。

禹（姒姓，夏后氏，名文命，号禹，后世尊称大禹）为颛顼的曾孙、黄帝的第六代玄孙，禹的祖先黄帝为姬姓，但禹本人被舜帝赐姓姒（sì），在一个名叫"夏"的地方担任部落酋长。当时黄河流域的人们已遭受了连续多年的水患，禹带领大家奋战十三年，终于用疏通河道引水入海的方法制服了洪水，以此获得崇高威望，被氏族推举为原始社会末期的最后一个部落领袖。对此《国语·周语下》记载："其后伯禹念前之非度，厘改制量，象物天地，比类百则，仪之于民，而度之于群生，共之从孙四岳佐之，高高下下，疏川导滞，锺水丰物，封崇九山，决汩九川，陂鄣九泽，丰殖九薮，汩越九原，宅居九隩，合通四海。故天无伏阴，地无散阳，水无沈气，火无灾燀，神无间行，民无淫心，时无逆数，物无害生。帅象禹之功，度之于轨仪，莫非嘉绩，克厌帝心。皇天嘉之，祚以天下，赐姓曰'姒'、氏曰'有夏'，谓其能以嘉祉殷富生物也。"随着经济上私有制的出现与发展，政治权力的独占与世袭也日益为原始社会的各级首领所追求，禹成为这种要求的代表人，他没有按照传统把部落联盟领袖的权力传交给各氏族推举出来的接班人伯益，而是私自授给了自己的儿子启，启继承了这份政治遗产，夏朝成为中国第一个奴隶制国家的国号。夏朝由立国之君禹到亡国之君桀，一共相传了十四世、十七君王，大约延续 500 年左右。《史记·夏本纪》记述："禹为姒姓，其后分封，用国为姓，故有夏后氏、有扈氏、有男氏、斟寻氏、彤城氏、褒氏、杞氏、缯氏、辛氏、冥氏、斟戈氏。"从字面上理解，就是姒姓自建立夏朝后即改姓夏，随着夏王人口繁衍，又产生了许多分支。按照夏商周三代时期"女子称姓，男子称氏"的规矩，除了历代夏王保持这个夏姓外，其他夏姓男子当是以"氏"称呼的。商王汤（姓子、名履、又叫成汤、商汤，庙号太祖，为商太祖）灭夏后，夏桀的后代男性中有的以夏为姓，社会上从此有了以"夏"姓冠名的人。

氏是先秦贵族专用的称号，平民与庶民没有资格取氏。《左传》有一句"坠命亡氏"的话，，就是指贵族被削爵夺地而降为平民或者其后代沦落为庶民后，其氏也连带失去了。春秋以前，有姓有氏的都是官贵之人，平民和奴隶仅有个名字而已。因为氏有"别贵贱"的作用，因而以氏冠名便成为上流社会的一种时髦。

姓和氏都是在历史发展中产生的标识族别或社会身份的符号，其中的一部分随着历史的演进而亡失，应属正常现象，因此古书上常有"亡其氏姓"的记载。姓氏亡失的历史现象一般有两种情形。一种情形是某个族姓或族氏因灭族之祸，就此从历史上消失了。导致这种后果的主要原因，是民族或氏族部落间的征服与兼并。司马迁在《史记·五帝本纪》中，描写了上古许多惨烈而壮观的部落联盟相互间厮杀拼搏的场面。战争中，不少氏族被对方用暴力消灭，或者因被征服而隶属于其他氏族，并且被迫使用其他氏族的徽记，于是他们的族姓也就像历史长河上的泡沫一样，转瞬而逝了。《国语·周语下》对姓氏兴衰总结教训道："有夏虽衰，杞、鄫犹在；申、吕虽衰，齐、许犹在。唯有嘉功，以命姓受祀，迄于天下，及其失之也，必有惛淫之心间之。故亡其氏姓，踣毙不振；绝后无主，湮替隶圉。"这段话的核心意思是，只有为世人谋福利，创建济世功业的人，才能获得姓与氏，但是他们的后人因骄傲慢淫乐而断送了祖先的功业，因此他们的氏、姓灭亡了，败亡又不能振作，一族之主慢慢没人接替了，子孙沦为奴隶。其实，如此概括氏姓灭亡的因果关系，未必是历史真相，但我们因此可见这种事是经常发生的。据经学大师郑玄（字康成）考证，伏羲时有五十九姓，西周金文中约有三十姓，《左传》里可见二十余姓，到东汉许慎（约58—约147年，字叔重，著名经学家、文字学家，有"字圣"之称）撰写《说文解字》（简称《说文》）时，《说文》中仅剩下十二姓了。这种统计，虽然不会是每一个历史阶段的古姓的实数，但毕竟反映出古姓逐渐减少的趋势，而这种结果当是与姓族的灭亡有关系。姓氏亡失的另一种情形，是大批沦为奴隶或贱役的男女因身份卑微而失去了姓氏。比如那位夏末商初的大名人伊尹，尹为官名，一说其本名"伊"，一说本名"挚"，甲骨卜辞中称他为伊，金文则称为伊小臣，他是有莘国人，和有莘氏出自同一血统，故姓姒，是夏朝建立者禹的后代。夏朝的第二位天子启（姓姒，名启，大禹的儿子，史称夏启）封支子于莘（今陕西省渭南市合阳县），称"有莘国"，简称莘国。商代因之。西周时，有莘国改属畿内地。公元前770年，周平王迁都洛阳后，废有莘国，并入晋国，称"莘"、"梁"或"羁马"。伊尹本属于姒姓氏族支派有莘氏人，但是因为是弃婴，而后从事耕田、师仆（奴隶主贵族子弟的家庭教师），所以不能再用姒姓或有莘氏作自己的标记了。只因在莘国当地很有贤德之名，以"媵（yìng）人"（指古代贵族嫁女时随嫁或陪嫁的人）的方式被商族首领汤（姓子、名履、又称武汤、成汤、商汤）聘请过来，当上了商汤的右相（即右丞相，最高行政长官），后任三代商王外丙、仲壬、太甲的辅佐之官。假使伊尹没有机会当上汤的大臣，也可能结婚生子，一代一代延续下去，其后裔自然就成了没有姓氏的人，这样，也没有人替他考证家世，寻找出已经亡失的姓了。

此外，在土地私有制尚未出现以前，一般贫民因无财产可以继承，故不立族谱，标志家族系统的姓也就失去了使用的意义，所以许多人就在名前冠以劳役名、职业名或居住地名，如巫咸、庖丁、弈秋、优孟等。等到战国中期（指从韩赵魏三家分晋开始算起直到秦始皇统一天下为止，即公元前403—公元前221年），历史进入分裂对抗最严重且最持久的时代，社会财富与姓氏制度随社会大变革也发生变化，庶民也有些微薄的财产可供继承，这些叫惯了的世代相传的手工业或居住地名，便成为他们在姓氏合一的新的历史条件下使用的"氏"，即所谓"今姓"。

春秋以前，贵族之姓承袭远祖的族称，因此百代不变，比较稳定；氏为当事人因自己的先人有大德或者自己建立功德由受封地名、爵位名、官名而来，而且还会随着封邑、官职的改变而改变，因此会有一个人的后代有几个氏或者父子两代不同氏。另外，不同姓之间可能会以同样的方式命氏，因此会出现姓不同而氏相同的现象。

中国人的"氏"集中产生于周朝。周朝初年，为控制被征服的广大地区，大规模地分封有功德的人当地方的诸侯，而这些诸侯国的后人即以所封国名为氏。周之诸侯又以同样的方式对国内的卿大夫进行分封，大夫的后人又以受封地名为氏。以后，各种形式的氏的来源又不断出现，并且氏的数量远远超过了姓的数量。至于贵族女子，则无论怎么称呼都必须带上姓，因为女子的姓起着辨别婚姻的作用，这反映了中国周代社会婚姻制度的严谨性。

战国初期，也就是周朝的后半期，周朝二十多个诸侯国依然以周王为共主。进入战国中期，七国（齐、楚、燕、韩、赵、魏、秦）争雄，各个诸侯国为保持自己的生存和扩大国土的势力，不断改革图强，加强军备，君主们都相继称王，独霸一方。各诸侯互相攻伐，宗法制度开始瓦解，社会发生大变革，社会财富分配与姓氏制度也发生根本变革，于是有些世袭的贵族开始没落，有许多贵族还沦为平民甚至奴隶，一些庶民或者奴隶有了社会地位与财富，为此表明贵族身份的"氏"就变得不重要了，这时氏开始转变为姓，如本属于妫姓的齐国国君陈厉公的儿子陈完，至战国时已以田为姓，姓与氏开始走上合二为一的轨道。

在公元前 221 年，秦始皇就完成了古中国统一大业，建立中国历史上第一个统一的、多民族的、中央集权制国家——秦朝，秦始皇接受了李斯的建议，废除了分封诸侯的制度，全面推行郡县制度，郡县制需要户籍制度配合，所有的人都要登名造册，姓与氏正式合二为一了。《通志·氏族略》载："秦灭六国，子孙该为民庶，或以国为姓，或以姓为氏，或以氏为氏，姓氏之失，由此始……兹姓与氏浑为一者也。"姓氏制度的演化，反映了姓与氏由分离走向合二为一的历史。

当氏贵制度瓦解后，氏作为一个人的称号不再是有权有钱的贵族身份标志了，而与姓一样成了单纯的家族识别称号，氏"别贵贱"的作用就不存在了。在秦朝崛起的新贵族需要标识身份地位的新招牌，于是新兴起的"郡望"代替"氏"起到了"别贵贱"作用，自秦以后的贵族就在其姓氏前加上郡名（古代行政区域名，秦代的郡比后来兴起的县大），如太原王氏、陇西李氏等等，太原、陇西就是姓氏古籍中常说的王姓、李姓郡望。"郡望"一词，是"郡"与"望"的合称。"郡"是行政区划，"望"是名门望族，"郡望"连用，即表示某一地域范围内的名门大族，又是某一家族的社会身份显赫的地域标志。

简说姓氏的由来

　　古代男人的氏来源有二十多种，这些氏后来都变成了姓。命氏有种种不同的方式。查其来源，大致有以下几方面情况：

　　1. 以国名为氏。例如：芈姓之后鬻熊曾为周文王师，周成王追封鬻熊曾孙熊绎为诸侯，定都丹阳建立荆国。后熊通自封为武王，他儿子又迁都到鄂（湖北江陵）改国号为楚，春秋战国是强国之一，后被秦灭，子孙以楚为氏。吴姓出自黄帝姬姓，周太王亶父长子太伯为了让贤，出奔到东南沿海一带，土著居民拥为君长建立吴国，春秋后期曾成为强国而称霸一方，后被楚国所灭，子孙以吴为氏。另外，像齐、鲁、燕、郑、卫、曹、任、吕、梁、申、霍、耿等都是以国为氏，这里不细说。

　　宋姓源出于子姓，武王灭商后，纣王哥哥微子启被封于商丘一带，建立宋国，七百多年之后被齐国所灭，子孙以宋为氏。

　　2. 以封邑（yì）名为氏。周代被封邑的人就以邑名为氏，例如：楚国楚武王有个名叫瑕的儿子，瑕被封予名叫"屈"（今湖北秭归）的采地，于是其后代以"屈"为氏，屈氏后来变成了屈姓，代表人物屈原。

　　晋公族靖侯被封食采于羊舌这个地方，遂以"羊舌"为氏，以后就成为羊舌姓了，代表人物羊舌赤。

　　西周初期，周武王之子、周成王的弟弟叔虞有个名叫良的儿子，良被封于解邑（今山西省临晋县西南解城），所以称为解良。解良的子孙后代于是以"解"为氏，这就是"解"姓的来源。

东周时，周匡王封小儿子到刘邑建立刘国（今河南偃师县南），号刘康公，其后代中有的人以刘为氏，即今天的刘姓一支。

3. 以居住或出生地名为氏。例如：

《国语·晋语》记载了炎黄二帝得姓来源："昔少典娶于有蟜氏，生黄帝、炎帝。黄帝以姬水成，炎帝以姜水成。成而异德，故黄帝为姬，炎帝为姜。"

最早住在傅岩的人以"傅"为氏，后来"傅"就变成了姓。

东门襄仲的先人居住在东门，遂以"东门"为氏。

百里奚的先人居于百里，遂以"百里"为氏。

西门豹的先人居住在西门，遂以"西门"为氏。

4. 以官职名为氏。例如：

周武王当政时，执掌刑狱的官叫司寇，司寇的后代以"司寇"为氏，代表人物司寇惠子。

周朝有史官，史官尹逸的后代以"史"为氏，代表人物史墨。

古代担任司马官职的人就以"司马"为氏，司马后来也变成了姓，代表人物西汉历史学家司马迁。

上官复姓源出于芈姓，战国时，楚国公族子弟靳尚任上官大夫，后代子孙以上官为氏。

5. 以爵名为氏。古代有王爵、侯爵，封王爵和侯爵的人就以王、侯为氏。王和侯都是后代的大姓。

6. 以谥（shì）号为氏。例如：

楚庄王的"庄"是谥号，楚庄王的后人就以"庄"为氏。卫康公的"康"也是谥号，后人就以康为氏。庄、康二氏后来又都成为姓。周文王姬昌谥号"文"，其后代以"文"为氏，后来就有"文"姓，代表人物文种。

7. 以从事职业名为氏。这种氏一般是古代平民使用的，他们把自己职业名作为氏，也有极个别官人因职为氏。例如：

汉武帝的丞相车千秋，本姓田，皇帝念他年老，叫他每天乘小车上朝，因此号为车丞相，其后就以"车"为氏。这样的氏还有匠石、徒人费、弈秋、庖丁等，其中"石"、"费"、"秋"、"丁"都是人名，"匠"、"徒人"、"弈"、"庖"均为这些人的职业，自然也是他们后代子孙的氏。

8. 以技艺为氏。古代有世代精通巫医、卜筮之术的人，他们的子孙就以巫、卜为氏，即现代的巫姓和卜姓来源。

9. 天子赐氏。例如：古史记载了"五帝"中的禹是黄帝的玄孙，以其治理洪水有功，被赐氏曰"姒"。

中华始祖黄帝的姓氏

《礼记》记载："黄帝正名百物，以明民共财。""黄帝正名百物"就是黄帝分门别类地给百物起名字；"以明民共财"的意思是便于人们得到许多事物的名字，使人们变得更加聪明，共同享有知识财富。所以，在中华文化史上，黄帝则是中华有文字记载史上第一位起名先师。那么黄帝的姓氏怎么得来？黄帝的姓：公孙，长大之后又姓姬；名：轩辕；号：有熊。司马迁《史记》记载："有土德之瑞，故号黄帝。"也就是说，轩辕具有五行"土"的柔和厚实、滋生万物、顺承天道、色黄居中、广大无垠的祥瑞美德，又是氏族联盟首领，所以后人给他取了"黄帝"尊号。

中国最早的国别史著作《国语》中记载了炎黄二帝得姓由来。《国语·晋语》："昔少典娶于有蟜氏，生黄帝、炎帝。黄帝以姬水成，炎

人文始祖黄帝

帝以姜水成。成而异德，故黄帝为姬，炎帝为姜。二帝用师以相济也，异德之故也。"三国时期吴国文学家、史学家、经学家韦昭注引贾逵云："少典，黄帝、炎帝之先。有蟜，诸侯也。炎帝，神农也。……姬、姜，水名。成，所成长以成功也。"

今天许多人看了上述炎黄二帝得姓的史料，以为炎帝与黄帝是

亲兄弟，其实不然，炎黄二帝虽然出自同一个亲族，但不是兄弟关系。在我们看来，现在许多人将炎黄二帝解读为亲兄弟关系，这与古人的思维方式不合拍，没有发现和找到古代文化中各种事象产生的原因，没有分清字面意思、象征意义及其内涵的关系，没有清理相互之间的源流关系、脉络关系、衍生关系等，故大多停留于孤立的字面意思。根据有关史料，我们阐释该段文意如下：

很久很久以前，女娲和伏羲后裔中的少典氏部族的一位"王子"与有蟜氏部族的一位名叫附宝的姑娘走婚交媾，生下了黄帝，黄帝具有"土"德，又在姬水之滨成就一番事业，建立了自己的领地，故为姬姓；少典氏部族后裔的另一个"公子"与有蟜氏部族后裔的另一位名叫女登"公主"走婚生下了炎帝。炎帝具有"火"德，且在姜水附近发展成为有实力的氏族，所以取族姓为姜。炎黄二帝的成长地不同，二人的五行之德不同，所以他们的姓也不同。

"少典氏"是黄、炎二族的父族号，"有蟜氏"是他们的母族号，也就是说，炎帝、黄帝是相同亲族之后裔，从族号上论，炎帝的父母与黄帝的父母虽然不同，但都出自兄弟、姐妹亲族。从很远的母系血缘祖根上讲，炎黄二帝的父族少典氏的血缘始祖出自一个母性祖先，他们的母族有蟜氏的血缘始祖是源自一位母性祖先，两位母性祖先不是一个人，而是两个人。

相传黄帝的母亲叫附宝，炎帝母亲叫女登，又名安登，亦称妊姒，附宝与女登都出生于只知其母不知其父的母系氏族中的有蟜氏部族。因少典氏和有蟜氏是两个互为婚姻的古老氏族部落，当时两个部落的婚姻状况还处于只知其母不知其父的母系氏族社会的走婚阶段，所以古籍上只记载了炎黄二帝母亲的名字与姓族号，而其父亲的名字与姓族称号则不详，只知道黄帝之父与炎帝之父是母系氏族中的少典氏部族的两个不同的男子。这实际上是反映母系氏族社会女人族外走婚的社会现象。

传说女登诞生于陕西凤翔县槐原。凤翔槐原现存有九天圣母庙和石碑，每年正月二十六举办女登节和九天圣母庙会。炎帝生于烈山石洞（今在湖北省随州市曾都区厉山镇九龙山南麓），在姜水（在今陕西岐山、武功一带的姜水流域）边长大，因此命名为姜姓，他又以火德成为天下的王，故号炎帝，又号烈山氏、厉山氏、赤帝、神农氏。《左传》、《国语》和《礼记》曾提到烈山氏能够播植百谷百蔬。东汉郑玄注《礼记》和三国韦昭注《国语》，都说烈山氏为炎帝。西汉末年刘歆的《世经》把炎帝与神农氏并称为一个人。《汉书·古今人表》及《易·系辞》"注疏"将炎帝与神农氏合称呼为"炎帝神农氏"。《水经注》卷三十二又把烈山氏和神农氏相并，说谬水西南经过厉乡南，水南有重山，就是烈山，山下有一个洞穴，相传是神农氏的诞生处，所以《礼记》称神农氏为烈山氏。而有关烈（厉、列）山氏称号的缘起，又有二说。《路史》认为，烈山原字当作列山或厉山，因神农氏"肇迹"于列山，故以列山、厉山为氏。刘城淮《中国上古神话》则认为炎帝为火神，放火烧山很猛烈，故为烈山氏。炎帝陵墓在全国至少有三处，这三处分别是湖南省株洲炎陵县炎帝陵、陕西省宝鸡炎帝陵、山西省高平市炎帝陵。《高平地方志》记载炎帝曾巡游至此，炎帝陵在这里似乎就是古人为纪念炎帝而建。炎帝神农氏死后被葬于上述三处之一，这说明我国很多地方都有炎帝的传说与相关陵名、地名，浓缩了祖先业绩的古老地名、陵名往往随着中国先人的迁徙被移植到四面八方，成为迁入地的名字，化作永世不朽的纪念碑。

《汉书人表考》卷一记载："少典娶有蟜氏，名附宝，感大电绕枢，孕二十五月，以戊巳日生黄帝于天水。"《水经注·渭水》也记载："黄帝生于天水，在上邽城东七十里轩辕谷。"司马迁《史记·五帝本纪》说："黄帝者，少典之子，姓公孙，名曰轩辕。生而神灵，弱而能言，幼而徇齐，长而敦敏，成而聪明。"又云："故黄帝为有熊。"宋朝的刘恕在《通鉴外纪》中说："少典国君之妃曰附宝者，感电光绕斗而有娠，生帝于轩辕之丘，因名轩辕，姓公孙。"这里所说的轩辕之丘是在今河南新郑市西北。南朝时期的宋国史学者裴骃为《史记》作《集解》引谯周（三国时期蜀汉著名的儒学大师和史学家）的话说："黄帝，有熊国君，少典之子也。"又引黄甫谧曰："有熊，今河南新郑是也。"东汉班固《白虎通义·号章篇》说："黄帝有天下，号曰有熊。"这是怎么回事？上述材料都可以说明在原始氏族联盟时代，少典氏和有蟜氏是两个互为婚姻的古老部落。当时两个部落的婚姻状况还处于母系氏族社会的走婚阶段，并没有娶妻纳妃之说；所谓"少典之子"、"少典国君之妃"的说法完全是后世附会之说。综合以上说法，我们可以这样判断：有蟜氏部落的一名叫作附宝的女子和少典氏的一名走婚男子结合，怀孕后生下了一个儿子，因为是在轩辕之丘生下的，便给孩子取名叫轩辕。至于"黄帝"的称谓，则是后人追加的尊号了。黄帝之号始见于《左传》和战国时期齐威王时期的陈侯因蟜敦青铜器铭文中。周安王时期（公元前 391 年）齐国的国相田和（史称齐太公）废齐康公，自立为国君，同年为周安王册命为齐侯。齐国的权臣田氏夺取了姜姓的政权之后，国名不改，仍旧称齐，是为田氏齐国，史称田齐。而在田氏所铸铜器的铭文上，都称陈侯。如陈侯子和、子釜，是齐太公田和铸的铜器，陈侯午簋、陈侯午敦，是齐桓公田午的器，陈侯因资鼎、陈侯因蟜敦，是齐威王田因齐的器。传世的铜器"陈侯因蟜敦"铭文有："其惟因，扬皇考绍緟（昭统），高祖黄帝，侎（迩）嗣桓文，朝问诸侯，合扬厥德。"这证明战国时田齐王室即自谓黄帝的后代，把黄帝作为陈氏远祖，此为迄今铭文中所见的到首次提到"黄帝"之号。司马迁在《史记》中说："有土德之瑞，故号黄帝。"著名历史教师纪连海说："所谓姓公孙不过是古人的伪托，根本无据可考。"我们认为，从父系血统讲，黄帝是少典氏部落的分支"姬族"的创始人，按照母系血统讲，黄帝的母亲应是有蟜氏部落一支"公孙族"中一位叫作附宝的女子，"公孙"是母系血统识别称号，因此可以说黄帝姓"公孙"。在只知母不识父的母系氏族时期，黄帝的父名不详。《国语·晋语》记述黄帝姓姬，是按父系男性血统命名的族号。黄帝的氏号即国号叫有熊。

黄帝其人其事考证。黄帝出生的具体年代有多种说法，大多数人认为黄帝出生于公元前 2396 年更可靠，换言之，黄帝生于距今 4405 年前左右，比俗传出生时间少 600 年。中国关于黄帝的事迹与史料太多了，我们就不再一一列举。在出土的战国中期的"陈侯因蟜敦"青铜器铭文中明确提到先祖"黄帝"。考古专家们对位于河北省涿鹿县矾山镇三堡村北的黄帝都城——"涿鹿"考古也为我们提供了黄帝存在的真实证据，2008 年 10 月 29 日中央电视台《探索发现》栏目播放了五集纪录片《发现黄帝城》，向世人全方位地介绍了"涿鹿"古城。

黄帝统治时期，多次东征西伐，比如：距今约 4300 余年前，为了争夺适于牧放和农耕的中原地盘，黄帝部族联合炎帝部族，与东方九黎族部落首领蚩尤在涿鹿（今河北省涿县一带）进行了一场大战，这就是著名的涿鹿之战。最后黄帝杀死了蚩尤，涿鹿之战就这样以黄帝族的胜利而宣告结束。战后，黄帝族乘胜东进，一直进抵泰山附近，在那里举行封"泰山"仪式后方才凯旋西归。同时"命少皞清正司马鸟师"，即在东夷集团中选择一位能服众的名叫少皞清的氏族首长继续统领九夷部族，并强迫东夷集团同自己华夏集团互结为同盟。失败的蚩尤部族则被迫迁徙他处或逃亡他处，黄帝对他们采取分而治之的措施。

涿鹿之战后，炎帝为争夺部落联盟领导权，加上炎帝内部可能有人挑拨，要炎帝统领称帝。所以，炎帝乘黄帝喘息未定之际，举兵向黄帝发难，爆发了阪泉之战。黄帝在阪泉（在今山西运城市解州镇）野外与炎帝开战三次，参战的两个部落都有很强的实力，战争的规模颇为壮观。黄帝、炎帝本是同一个母族的后人，可谓兄弟部族，为什么会同室操戈？西汉初年贾谊撰写的政治哲学著作《新书》（又称《贾子》）云："炎帝者，黄帝同母异父兄弟也，各有天下之半。黄帝行道而炎帝不听，故战于涿鹿之野，血流漂杵。"实质上，阪泉之战核心性本质问题，则是两个部落方国争夺部落联盟领导权。战争的起因是，黄帝建议派官到东部少昊部落施政，于是炎帝派蚩尤驻兵少昊，蚩尤假借黄帝之命暴掠民财，有"奸宄夺攘矫虔"行为，还逼迫少昊氏族成员随其作乱。炎帝闻讯后，率兵前往监督，结果被蚩尤追杀，炎帝一直跑到涿鹿黄帝的地盘，多次请求黄帝出兵救援，但黄帝按兵不动，其实黄帝正采取骄兵之计，只做好战场布阵，但不出兵救援被蚩尤追杀的炎帝，炎帝对此心存积怨，是酿成了这次战争的根源之一。涿鹿之战出现势均力敌的激烈持续局面，《吕氏春秋·荡兵》记述云："兵所自来者久矣，黄、炎故用水火矣。"《列子·黄帝》曰："黄帝与炎帝战于阪泉之野，帅熊、罴、狼、豹、貙、虎为前驱，雕、鶡、鹰、鸢为旗帜。"《大戴礼·五帝德》则云："（黄帝）与赤帝（炎帝）战于阪泉之野，三战，然后得行其志。"从上述文献记载来看，为了取得战争胜利，黄帝部落和炎帝部落进行了相当长的争斗，他们不仅调动了本部落的全部力量，而且也联合了其他部落作为盟军，在这方面黄帝表现得更为出色，最后一次终于打败了炎帝，炎帝败得心服口服，甘愿称臣，发誓不再与黄帝抗衡，炎黄自此结盟不战了。所以说，阪泉之战，是原始部落方国时期双头领导体制向文明时代一元领导的一个转换，是一种政治制度上具有划时代意义的历史变革。

根据考古发掘成果，因为炎帝部落战败，其一部分人从中原迁移到东北方，所以在今内蒙古赤峰市红山文化中出现炎帝文化，而蚩尤部族战败则被强制迁移到西北甘肃一带、河南濮阳西水坡一带、山东西部一带。东晋十六国时期前秦道教楼观派大师、著名方士王嘉的《拾遗记》载："轩辕去蚩尤之凶，迁其民善者于邹屠之地，迁恶者于有北之乡。"经我们下功夫考证，"邹屠之地"就是黄帝疆域的东部边陲，属于少昊管辖的地盘，在今山东省西部一带。"有北之乡"泛指中国北方偏远地区，具体指今天的甘肃省中西部一带。战国时期的历史文献《逸周书·尝麦解》中有"命蚩尤于宇少昊"之语，这里的"宇"释为"边"，国的四垂为宇。意思是说蚩尤部族后裔曾被安排在少昊部落的边陲居住。根据从河南省新郑的 10 处仰韶文化遗址考古发掘出黄帝时代的陶器、玉器及工具等文物，我们可以得知，黄帝时代的文化在中原地区已经很发达了，那时人们过着安居乐业的生活。

黄帝时期的主要业绩。制弓，创作音乐，制订历法，度量四方，观察天文，发明医药，创立干支。从河南省新郑的仰韶文化遗址出土的文物我们可以得知，黄帝时代人们过着定居生活，处于锄耕农业阶段，出土大量的房基、石铲、石斧等即是例证；出现了彩陶手工技术，使用半机械化轮制技术。在内部组织管理上建立"云官云师"编制。创造出了仰韶文化等等。北京大学考古文博学院考古学专业博士生导师严文明在《仰韶文化研究》指出新石器时代仰韶文化的晚期约在公元前 3000—公元前 2500 年，亦即距今 4500 年至 5000 年。

在这里特别强调一下，我们研究黄帝本人本事，要与以黄帝为名号的部落族名区别开。学者们一般认为，在原始社会时期，氏族名、氏族首领的名称以及这个氏族的保护神（图腾）三者常用同一个名称，如"黄帝"一名，既是远古炎黄部落氏族的称号，又是黄帝部落酋长个人的名称。神话传说黄帝的寿命长达三百年、上千年，只要把黄帝作为部族名称，黄帝部族历史上溯千年下及百年的"神话"也就不成问题了。因为古部族名称往往来源于其始祖之名，而同一部族的一系列首领又往往使用同一部族名称，所以即使对同一部族名称也应注意审查其具体年代，未可前后划一，等同对待。族号冠名为少昊氏族部落的祖先与黄帝氏族部落的祖先的口传历史可以上推追溯到考古学上讲的新石器时代中晚期之际，也就是距今8000年前至5000年前之间，这与考古材料所反映的年代基本一致。我们还可以通过东汉中期的《大戴礼记》（亦名《大戴礼》、《大戴记》）记载的宰我与孔子的对话来理解"黄帝三百年"。《大戴礼记·五帝德》：「宰我问于孔子曰："昔者予闻诸荣君，言黄帝三百年，请问黄帝者人邪？抑非人邪？何以至于三百年乎？"……孔子曰："黄帝，少典之子也，曰轩辕。生而神灵，弱而能言，幼而慧齐，长而敦敏，成而聪明。治五气，设五量，抚万民，度四方；教熊罴貔豹虎，以与赤帝战于版泉之野，三战然后得行其志。黄帝黼黻衣，大带黼裳，乘龙扆云，以顺天地之纪，幽明之故，死生之说，存亡之难。时播百谷草木，故教化淳鸟兽昆虫，历离日月星辰；极畋土石金玉，劳心力耳目，节用水火材物。生而民得其利百年，死而民畏其神百年，亡而民用其教百年，故曰三百年。"」孔子的学生宰我对"黄帝三百年"存有很大疑问，发出了黄帝到底是不是人的疑问，是人还是妖？面对这个问题，宰我穷追不舍地请教孔子，孔子回答说：黄帝是个劳心勤政的君主，他能教导百姓节省民生财物，因此他在位的时候，人们蒙受他的德政一百年；死后，人们敬畏他的神灵一百年；等到人们忘记他时又采用他的教化一百年，所以说黄帝在位三百年。

详解黄帝二十五子得姓史话

　　最早记述黄帝二十五子得姓的史书就是战国时期的《国语》。在《国语·晋语》第四篇里，记载了逃难到秦国的晋国公子重耳（后封为晋文公）的随臣司空季子劝谏他纳娶名分上是侄媳的秦女怀嬴的故事，司空季子为了促成"晋秦联姻"，就引述了关于黄帝二十五子得姓的口传史料，兹摘录原文如下：

　　黄帝之子二十五人，其同姓者二人而已：唯青阳与夷鼓皆为己姓。青阳，方雷氏之甥也。夷鼓，彤鱼氏之甥也。其同生而异姓者，四母之子别为十二姓。

　　凡黄帝之子，二十五宗，其得姓者十四人为十二姓，姬、酉、祁、己、滕、箴、任、荀、僖、姞（jí）、儇（xuān）、依是也。唯青阳与苍林氏同于黄帝，故皆为姬姓。

　　这两节史料自汉代至今以来始终是史学家、姓氏学家论证中华古代姓氏文化起源与演变的重要论据之一，这是因为中国人至今多以"黄帝之子孙"自居。可是《国语·晋语》关于黄帝之子得姓的这段史料让人特别费解，几乎每一个枝节问题都在困惑着历代的学者，从而导致该得姓之说的整个情节及其解释成为迄今两千一百多年来史学研究与姓氏学研究上的一大悬案。正因这样，我们先介绍一下过去学者们的见解与看法。

　　黄丕烈（清朝乾隆时期藏书家、版本学家、校勘学家。字绍武，号荛圃，又号复翁、书魔）在所著《校刊明道本韦解〈国语〉札记》对黄帝二十五子得姓提出如下意见：

　　又虞（毛按：虞即三国时期吴国学者、官员虞翻，字仲翔，会稽余姚人，他于经学颇有造诣，尤其精通《易》学、为《国语》作过训注）说：凡有二十五人，其二人同姓姬，又十一人为十一姓……余十二姓德薄不记录。丕烈案，此小司马（毛按：司马贞的世号"小司马"，著《史记索隐》三十卷）所谓"旧解破四为三"者也。其解当读上文"皆为己姓"作"皆为姬姓"；下文"故皆为姬姓"乃申说上文。夷鼓与苍林为一人。

黄丕烈认为：虞翻"破四为三"的说法不妥当，夷鼓就是苍林，上下节的青阳一名指代同一人。

著名国学家、古文字学家唐兰提出《国语·晋语》第四篇所述黄帝二十五子得姓一文很矛盾的看法，他说："《国语》这一节里很矛盾……我疑惑这一段《国语》的本来面目是'黄帝之子二十五人，其同姓者二人而已：唯青阳与夷鼓皆为己姓。青阳，方雷氏之甥也。夷鼓，彤鱼氏之甥也。其同生而异姓者，四母之子别为十二姓。同德之难也如是。'后人因'别为十二姓'的话，添了一段进去，所以和上文都不合适了（北大《先秦文化史讲义》）。"

从事先秦史和人类学研究的已故著名学者杨希枚先生历时十几年研究《国语·晋语》黄帝之子得姓问题，在 1962 年与 1976 年发表了《〈国语〉黄帝二十五子得姓传说的分析》上下两篇论文（上篇发表于 1962 年《中央研究院历史语言研究所集刊》第 34 本，下篇发表于 1976 年《清华学报》），杨希枚先生认为："……上下两节不仅应是一正文一注文，且依文献上一般正文与注文的排比方式而改写呈下列形式，则两者的关系益为显然：

黄帝之子二十五人（凡黄帝之子二十五宗），其同姓者二人而已：唯青阳（青阳，方雷氏之甥也）与夷鼓（夷鼓，彤鱼氏之甥也）皆为己姓（唯青阳与苍林氏同于黄帝，故皆为姬姓）。其同生而异姓者，四母之子别为十二姓（其得姓者十四人为十二姓，姬、酉、祁、己、滕、葴、任、荀、僖、姞（jí）、儇（xuān）、依是也）。"

杨希枚先生主张《国语》在传抄过程中误将后人的注释混入了原文导致把同姓者二人解成了三人或四人的后果！他说："《晋语》正文与注文中的青阳、夷鼓、苍林实际上只是两个人；既非三个人，更非四个人。"

根据从地下新考古出来的商、周二代的铜器铭文，我们不完全认同唐、杨二位先生的看法。细说如下：

杨希枚先生在《〈国语〉黄帝二十五子得姓传说的分析》中对原文一些词语做了有益的解释，值得我们赞同，我们结合杨先生的研究成果，再进一步对《国语·晋语四》黄帝之子得姓原文进行释疑与释义。"黄帝之子"的"子"不是儿子的意思，应该是孩子的意思，不分男女性别统称孩子。"黄帝之子"意指黄帝的儿女，不单指黄帝的儿子，也包括黄帝的女儿。例如就在《国语·卷十·晋语四》里黄帝二十五子得姓传说之上三节有一句话："狐姬，伯行之子也，实生重耳。"狐姬是伯行的女儿，同时是重耳的母亲。我们认为"黄帝之子二十五人"就应该解释为黄帝有二十五个儿女（孩子）。"同姓"、"异姓"、"得姓"中的"姓"有古义与今义两种解释，先秦时代的"姓"从古义上讲指"族姓"，即族号、族名。我们对"族姓"进一步解释为用来表示源自同一血缘的族群称号，如同姬姓、嬴姓一类的"古姓"一样，本质上是不同血缘的不同族群的识别代号。此外"姓"也可以作为一个小家族的族长的个人称号。由于人口的繁衍，原来的一个大氏族部落又分支出若干新的小部落，这些小部落为了互相区别，就为自己的子部落单独起一个本部落共用的族号——"姓"，以表示自己的特异性，当然也有的小部落没这样做，而仍然沿用老部落的母姓。一个以部落酋长黄帝为中心的二十五子组成了黄帝大部族，亦即大氏族，这个大氏族分别衍生出十二个小家族或子部落，每个小家族或子部落都有自己的姓，他们聚居在一个村落或几个相邻的村落之内，亲族成员之间的关系较氏族成员之间的关系更为密切。根据考古资料，每个小家族包括族长及其一妻或数妻、子女。"四母之子别为十二姓"中的"别"是"分别衍生"之意，我们认为，黄帝的四位老婆所生的25个孩子们没有都随母姓，而是分别衍生出了12个新姓。根据出土的"己侯"青铜器铭文（出土文献），"唯青阳与夷鼓皆为己姓"中的"己姓"就是"纪姓"，先秦时期的"己"与"纪"通假互用，金文"己"就是后来的传世文献所记的"纪"。对此详细论述见置后。"青阳，方雷氏之甥也"与"夷鼓，彤鱼氏之甥也"句中"甥"是男子专用而非女子专用的一种亲属称谓。我们认为原文之所以这样迂回叙述，而不直接说"方雷氏之子、彤鱼氏之子"，目的是强调青阳与夷鼓都是男性，不是女性，如果云"某某之子"，孩子的性别问题就可能不明了，用"甥"字更能够突出性别，同时暗示出黄帝晚年的社会已经进入父权制社会时代。原始父权制社会的特征是，氏族由一个男性祖先和他的子孙后代组成，子女通常不再随母族，而是归属父亲部族。世系由男性传递，财产也由男性继承。族长或部落联盟酋长一般由年长的男子担任，族长或酋长既是生产的组织者，又是军事出征的指挥者。随着战争的频繁发生，部落集团酋长变成了专职的军事首领。强大、善战的部落集团在能力卓越的酋长指挥下，往往征服其他部落。相邻的部落由于战争的需要，也会结成部落联盟，有一些部落联盟相当持久，在历史上起过重大影响。《史记·五帝本纪》云："轩辕之时，神农氏世衰。……于是轩辕乃习用干戈，以征不享，诸侯咸来宾从。""天下有不顺者，黄帝从而征之，平者去之，披山通道，未尝宁居。"显然，黄帝对不顺从者，"征之"，"去之"，使"诸侯咸来宾从"，通过军事征服，使诸侯"宾从"。拥有这种号令征伐的最高权力者黄帝与蚩尤战于涿鹿之野，与炎帝战于阪泉之野，通过战争不断占有对方的各种资源与对方的女人，加强自己的部族集团权与部族成员获得最佳配偶权，巩固本部族的实力，也促使自己的后代不断优生，因为近亲婚姻使人口素质下降，导致家族衰落。《国语·晋语四》中的"凡黄帝之子，二十五宗"的"宗"指宗支、族支而言，这也就明显告诉我们：战国时期，《国语》作者讲黄帝二十五个孩子是一人一宗，共25支。此处人各一宗的意思与汉代分宗制不同，《史记·五宗世家》云："孝景皇帝子凡十三人为王，而母五人，同母者为宗亲。"即汉代孝景皇帝的儿子以母亲为准分为五宗。因此，我们认为上节"黄帝之子二十五人……四母之子别为十二姓"与下节"凡黄帝之子，二十五宗……故皆为姬姓"不是简单的重复，上节内容主要解释"十二姓"，而下节内容强调黄帝之子不分男女一人一支，人各有姓，其中除了11人随从母姓、2人随从父姓——姬之外，又建立了11个新姓——酉、祁、己、滕、箴、任、荀、僖、姞、儇、依。上节云"唯青阳与夷鼓皆为己姓"的"己姓"即"纪"姓，是11个新姓之一。再说"得姓"一词。杨希枚先生认为，黄帝二十五子中十四人得十二姓，剩余十一人没有"不得姓"的意思。我们认为事实上也如此，从远古的母系氏族社会开始至夏朝末期，任何一个人只要一出生就自然而然地拥有该母族的称号——族姓，自从原始

社会产生族姓以来，没有"不得姓"的姓氏制度，就《左传》记载
"天子建德，因生以赐姓"而言，被赐姓的人也都有自己的原姓，
或者原姓重新被天子（即具有最高统治地位的首领）宠赐。对有德
有功之人来说，得到天子赐姓，那是一件非常荣幸的事，而没有被
赐姓的人，虽然得不到这种恩赐，但都有其自己的族姓，并非因其
未蒙赐姓而天生"不得姓"，比如那位生于夏末的伊尹（一说名
"伊"），他在被商王汤起用之前是弃婴，属于社会下等人，虽然不
冠姓，但只是有姓不称罢了。伊尹是有莘国人，和有莘氏出自同一
血统，故姓姒，是夏朝建立者禹的后裔，只因身份近似奴隶，在夏
末商初的奴隶制社会就不能用有莘氏表明身份高贵的"姒"姓作自
己的代号。据《吕氏春秋·本味》："有侁氏女子采桑，得婴儿于空
桑之中……身因化为空桑，故命之曰伊尹，此伊尹生空桑之故也。
长而贤，汤闻伊尹，使人请之有侁氏，有侁氏不可。伊尹亦欲归
汤，汤于是请娶妇为婚，有侁氏喜，以伊尹为媵送女。"经考证，
"莘"又写作"侁"。意思是：伊尹生于有莘国"空桑"（空桑，上
古地区名，沿用至东周晚期，主要指今河南东部、安徽北部、山东
兖州等地。《地记》言："空桑，南杞而北陈留，各三十里，有伊尹
村。"《括地志》云："古莘国在汴州陈留县东五里，故莘城是也。"
古陈留地在今河南省开封市附近，其地正在鲁西豫东平原上。唐
《独异志》："伊尹无父，生于空桑中。"），被有莘国女子发现抱养，
长大后德才兼备，商部族酋长汤得知伊尹情况后，想请伊尹到商辅
佐自己，伊尹也有此心意，但遭莘有国拒绝，汤于是用娶有莘国酋
长之女为妻的办法，使伊尹以媵（yìng）臣的身份来到商国。伊尹
虽出身卑微，但其雄才大略却为成汤所独钟，尽管他是以媵臣（古
代随嫁的臣仆）的身份来到商国，却得到汤的重用，伊尹辅助汤推
翻了夏桀，建立了商朝大业，是一位于商朝功不可没的开国元勋。
"伊"之名，缘于其生在伊水之滨。因此，在黄帝二十五个孩子中，
除了 14 人（可能都是男子）单独建立了十二个姓外，其余的 11 人
（可能都是女子）只是随从母姓罢了，因为发源于母系氏族社会的
"从母姓"的社会习俗，直到夏、商两朝均存在这种遗风，在商、
周奴隶制国家时期，虽然是"男子称氏"、"氏别贵贱"发生发展的

时期，但原先作为族号流传下来的"姓"仍然起"别婚姻"的作用，"妇人称姓"的习俗还在沿袭着，女人或以出生地冠姓，如齐姜、鲁姜，或以排行冠姓，如孟姜、伯姬等。那么早在夏商之前的黄帝时期，女子"从母姓"的社会习俗更应该盛行，至于这11个人的母亲（亦即黄帝的妻子）是什么姓，我们无法得知，有一点可以肯定，他们的母姓是沿袭上代母系流传下来的族姓，也就是说，其母姓早在"十二姓"之前就已经存在很久了。黄帝的"姬"姓到黄帝的子孙后代则因父权的确立蜕变成父系血缘的标识了，并由姬姓分支出十二个新姓。

　　根据以上释疑与释义，我们认为《国语·晋语四》中黄帝之子得姓记载都是原文，上下两节之间不是原文与释文的关系，"凡黄帝之子，二十五宗……故皆为姬姓"这一节也不是后人添加的一段。从语文体例上讲，重耳（后为晋文公）手下的随臣司空季子采用先分说黄帝之子中有两个同父异母兄弟夷鼓、青阳（指黄帝老婆方雷氏生的儿子）属于"己"（纪）支族，同为"己"（纪）姓，接着总说四母之子别为十二姓，又进一步总说十四人得了十二姓，紧接着具体分说这十二个姓是什么，最后点明苍林、青阳（指黄帝的妻子西陵氏嫘祖所生的儿子玄嚣）兄弟2人随从黄帝的姬姓。所以，《国语·晋语四》中关于黄帝之子得姓上下两节原文的关系是分——总——总——分的关系。

　　历代学者之所以解不开黄帝二十五子得姓的症结问题，主要是被"其同姓者二人而已：唯青阳与夷鼓皆为己姓"一语中的"己"与"青阳"困惑住了，导致历代学者辨不清同姓者的人数以及他们的身份。据史书记载，黄帝有两个尊号叫"青阳"的儿子，一个是黄帝的妻子西陵氏嫘祖所生的儿子玄嚣（《大戴礼·帝系》又称"元嚣"），另一个是黄帝次妃方雷氏所生的儿子。《史记·五帝本纪》记载："黄帝居轩辕之丘，而娶于西陵氏之女，是为嫘祖。嫘祖为黄帝正妃，生二子，其后皆有天下：其一曰玄嚣，是为青阳，青阳降居江水。其二曰昌意，降居若水。"黄帝的妻子嫘祖生了两个儿子，一个儿子名叫玄嚣，其尊号就是世人共传所称的"青阳"，另一个儿子名叫昌意。春秋末战国初的《国语·晋语四》记载：

"黄帝之子二十五人，其同姓者二人而已：唯青阳与夷鼓为己姓。青阳，方雷氏之甥也。夷鼓，彤鱼氏之甥也。……其得姓者十四人为十二姓，姬、酉、祁、己、滕、箴、任、荀、僖、姞（jí）、儇（xuān）、依是也。唯青阳与苍林氏同于黄帝，故皆为姬姓。"据《史记》、《国语》可知以下两条：（1）唐代史学家司马贞对"唯青阳与夷鼓皆为己姓"的注解是错误的，司马贞误以为此处的"青阳"就是少昊金天氏，于是他在《史记索隐》云："其《国语》上文青阳，即是少昊金天氏为己姓者耳。"金文"己"对应后来文献中的"纪"，"己姓"就是"纪姓"，所以，这位"己姓"青阳应是黄帝与次妃方雷氏所生之子。北宋刘恕编集的《资治通鉴外纪》（简称《通鉴外纪》）载："黄帝二妃方雷氏之女节，生休及清。"《释名》说："清，青也。"据此，方雷氏所生的青阳又可以叫清。（2）司马迁在《史记》记载的这位名叫玄嚣的青阳和《国语·晋语四》中提到的与黄帝同姓的姬姓青阳实为同一个人，其母亲就是西陵氏嫘祖。对于《国语》上文"青阳与夷鼓为己姓"与下文"唯青阳与苍林氏同于黄帝，故皆为姬姓"的解释，过去学者们认为：这个"己"字应是"自己"的"己"，意指黄帝本人的姬姓，青阳与夷鼓都是姬姓。如果照此理解，上文与下文就发生了自相矛盾，为此三国时期吴国学者虞翻（164—233 年）推测黄帝之子二十五人只有十三人得姓而已，不是十四人，即"破四为三"之说。唐代司马贞在《史记索隐》中《史记·五帝本纪》说"黄帝二十五子，其得姓者十四人"就进行如下注解："旧解破四为三，言得姓十三人耳。……唯姬姓再称青阳与苍林，盖《国语》文误，所以致令前儒共疑。其姬姓青阳当为玄嚣，是帝喾祖本与黄帝同姬姓。其《国语》上文青阳，即是少昊金天氏为己姓者耳。既理在不疑，无烦破四为三。"以上这两位古人解释都不对，经我们考证，黄帝之子中，叫"青阳"者有两个人，夷鼓与苍林其实也是两个不同的人，《国语》没有记载错。东汉史学家班固撰写的《汉书·古今人表》明确记载：彤鱼氏生夷鼓而嫫母生苍林，我们不管苍林的母亲是嫫母或是西陵氏嫘祖（假设昌意与苍林为一个人），这都说明夷鼓与苍林不是一个人。到魏、晋时期，才出现了皇甫谧《帝王世纪》所云夷鼓与苍林是一个人的错误说法，《帝王世纪》曰："次妃方雷氏女，曰女节，生青阳。次妃彤鱼氏女，生夷鼓，一名苍林。"唐代司马贞不知皇甫谧说错了，就引用他的说法。乾隆五十三年（1788 年）藏书家黄丕烈在其著作《校刊明道本韦解〈国语〉札记》云："夷鼓与苍林为一人；皇甫谧曰夷鼓一名苍林，以此。"黄丕烈在这句中所谓"以此"者，即指皇甫谧说夷鼓与苍林为一人二名。历史上，只有班固之后的皇甫谧首先说夷鼓与苍林同为一人，司马贞、黄丕烈等人引用皇甫谧之说，这种注解造成后人以讹传讹，产生错误的判断。

由于历代学者们没有推敲准《国语·晋语四》原文中"唯青阳与夷鼓为己姓"的"己"的特殊含义，而误以为《国语·晋语四》所载黄帝二十五子得姓上下文矛盾以及上下文两"青阳"是同一个人。其实不然，再说《国语》的作者也不会从字面上犯这种语言重复而不相连贯的毛病。那么到底怎么解释"唯青阳与夷鼓为己姓"呢？这需要借助从地下考古出土的文献与文物来解释，否则永远无法释疑。1972 年 12 月，山东省博物馆与烟台地区的考古人员对莱阳市前河前村古墓进行了考古挖掘，出土了 9 件铜器中有 2 件有铭文，其中一件为铜壶，上有铭文 13 字："己侯作铸壶，事小臣以汲永宝用。"说明己国之君己侯铸造了这件铜壶，他将此壶赐给了自己的忠臣——墓主人。根据 1983 年在山东省寿光市纪侯台遗址出土的商代末期前（大约 3000 多年前）的一批纪国青铜器，如"己侯钟"、"己侯簋（guǐ）"等器物，胶东半岛出土己国铜器的第三个地点在以先秦古迹众多而闻名的龙口市归城，归城东和平村出土了"己侯鬲"。根据以上三地出土的己侯铜器铭文，再结合有关传世文献资料，我们就茅塞顿开了，在中国古代典籍书面文字中古老的"纪国"、"纪侯"之"纪"在出土青铜器物铭文上均写作"己"，"己国"就是"纪国"；"己侯"就是"纪侯"。因此，我们认为：夏、商、周三代之前的"己姓"，在战国之后的传世文献典籍中多写为"纪姓"，"纪姓"只是在《国语》等个别传世文献中仍然记作"己姓"，史书上记载的商纣王的宠妃妲己之"己"，实质上就是"纪"姓。由此可证，这些商周铜器铭文所提供信息的真实性、全面性远远胜过古典籍。根据出土文献与传世文献，先秦的"己"字除用于天干的"己"和表示"自己"的"己"以外，还有表示血缘族姓的"己"。因此，在先秦古籍上经常存在同一句中音形相同的两个字或词，有时并非同义。甚至在今天，日常口语中也不乏这样的例证。例如："老马，你的小马儿跑到哪儿去了？"因为是说的话，没有标点符号，听者便无法决定讲话者所说的两个"马"字是否为同义词，于是人们对这句话的理解上就可能出现下列三种意思：A. 老马这个人的朋友在问老马养的一匹小马儿。B. 老马的朋友在问老马的小孩儿跑到哪里了。C. 养马的人在跟他的一匹老马说话："老马生的小马儿跑哪去了？"于是，我们对"唯青阳与夷鼓为己姓"茅塞顿开了，原来这里所说的"己姓"就是"纪姓"，而不是"自己的姓"之意。由于古人没有找到先秦时期的"己"姓就是"纪"姓的考古证据，误以为"唯青阳与夷鼓为己姓"的"己"就是"自己"的"姬"姓，所以后世之人始终无法破解黄帝之子得姓传说的千年谜案。

至此，我们马上明白：在黄帝14个孩子（可能都是男子）中，"己"（纪）姓有2人——方雷氏生的青阳与肜鱼氏生的夷鼓，"姬"姓也有2人——西陵氏嫘祖所生的青阳（即玄嚣）和嫫母所生的苍林，余下10人分别得10个姓——酉、祁、滕、箴、任、荀、僖、姞（jí）、儇、依，合计为14人12姓，这12姓与黄帝原姓"公孙"后因其成长于姬水之滨又姓"姬"的道理一样，这14人一出生原来都有姓，只是因他们及其子孙发展壮大、人丁兴旺，单独建立了12个新族姓，有了新姓，原来的旧姓就不再用了。14个人之所以有同姓和异姓之别，从人类学来讲，史前人类原始姓族制度存在兄弟父子异姓的社会现象，这是原始社会司空见惯的事。黄帝二十五子中剩余的11人虽然没有立新姓，却显然各有其姓氏，而无所谓"得姓者"与"不得姓者"之说，也不需要借助"赐姓"制度以求其他解释。事实上《国语·晋语四》原文也没有一字涉及"赐姓"。黄帝时期，族大就要分支独立新姓，而族小力量弱，就没有经济实力建立新姓，因为没有实力和经济条件建立自己的领地，就要呆在原处靠着父母生活，没有立新姓的人按原始社会习俗或"从母姓"

或"从父姓"。根据考古资料，黄帝时期的大家族不但要照顾实力小的亲族成员，还要收养非血亲的氏族成员。我们揭开"己"姓就是"纪"姓与"青阳"的玄机，就把汉代以来困扰历代经师学者长达两千一百多年的特大悬案彻底解决了，也为《国语·晋语四》的原著者洗掉了"巫古圣而惑后儒"（语出乾隆时期著名的辨伪学者崔述）的罪名！

由黄帝的姬姓直接衍生出十二姓，即黄帝的十四个孩子得十二姓：姬、酉、祁、己、滕、任、荀、箴、僖、姞、儇、依。后来这12个支姓家族中又分出了众多的"氏"，如黄帝的姞姓儿子是"黄帝部族联盟"中"姞姓家族"首领，随着"姞姓家族"的子孙繁衍，其后裔分支为"吉、雍、燕、鄂、密须（密、须）、阚、严、光、羊、杨、孔、尹、蔡、鲁、允、断、敦、逼、郅、虽"等氏。由黄帝的子孙分别衍生出来的姓氏达数百个，因为太多人是黄帝子孙。司马迁在《史记·帝王本纪》记载如下："自黄帝至舜、禹，皆同姓而异其国号，以章明德。故黄帝为有熊、帝颛顼为高阳、帝喾为高辛、帝尧（尧是帝喾的儿子，名叫放勋）为陶唐、帝舜为有虞。帝禹为夏后而别氏，姓姒（sì）。契为商，姓子氏。弃为周，姓姬氏。"意思是，从黄帝到舜、禹，都是同一个姓源，但是他们作为部落联盟（部落联盟相当于后来"国"的概念）首领的号并不相同，这是为了彰显各自的光明仁德之业。所以黄帝号叫有熊……帝禹的号为夏后，并且另外又分出氏族，姓姒氏，契为商始祖，姓子氏。弃就是史书所称的"后稷"（在中国远古时期的氏族社会，氏族（部落）的首领称为"后"。"后"是部落内一切重大事情的决策者、指挥者、领导者），后稷为周始祖，后稷姓姬氏。后稷是玄嚣的曾孙，玄嚣的后裔到第二十九代是周文王，史书介绍周文王时，因其是黄帝（姬姓）的后裔，也说他姓姬名昌。晋代学者皇甫谧《帝王世纪》曰："颛顼，黄帝之孙，昌意之子，姬姓也。……帝喾，姬姓也。其母不觉，生而神异，自言其名曰……尧伊祁姓也……舜，姚姓也。其先出自颛顼。……禹，姒姓也。……周，姬姓也。文王始修政，三年而天下二分归之，入为纣三公。"

贵姓何来——源自姬姓的杨氏

源于姬姓的杨氏始祖有以下几说：

一说是源于西周唐叔虞次子姬杼

西周武王姬发，伐商纣胜利而归，诸侯都尊周武王为天子。周武王驾崩以后，太子姬诵继位，即周成王。周成王封其弟叔虞（叔虞，字子于，周武王的幼子。）为唐侯，领地于今山西西南一带，建都于唐（今山西翼城县西），后被人称"唐叔虞"。叔虞封侯，还有个典故。周成王继位时年龄尚小，由其叔父周公旦摄政。成王年幼时的一天，他同感情甚好的弟弟叔虞在一棵梧桐树下玩耍。忽然，一阵秋风吹落了很多梧桐树叶。成王一时兴起，便从地上捡起一片梧桐叶，用小刀切成一个"圭"（大臣们上朝时手中所持的礼器），并随手将它送给了叔虞，以玩笑的语气对他说："我要封给你一块土地，你先把这个拿去吧！"叔虞听到很开心，拿着那个树叶"圭"，兴高采烈地将此事告知他们的叔父周公。听了叔虞的话，周公便立刻换上礼服，赶到宫中去向成王道贺！面对周公的道贺，早已将此玩笑忘得一干二净的成王，不禁一头雾水，不知所以然……周公依然面带微笑地对成王解释道："我刚刚听说，你已经册封了你的小弟弟叔虞！发生了这样的大事，我怎能不赶来道贺呢？"成王忍不住哈哈大笑说："哦，原来是此事啊。刚才，我只不过是和叔虞开玩笑而已，不是真要册封他呀！"成王话音刚落，周公立即收起笑容，很严肃地对成王说："无论是谁，说话都要以'信'为重；你身为天子，说话更是不能随随便便，当做是在开玩笑一样。如此，你才能得到人民对你的信赖呀！倘使你总是罔顾信义，任意将自己说出口的话视为玩笑，这样，你还有资格做一国的天子吗？"周公之言，令成王深感惭愧……于是，成王便迅速决定：将叔虞册封于唐地，并赏赐给他"怀姓九宗，职官五正"。

唐叔虞的儿子姬燮继位后，改唐国为晋国，唐叔虞就成为了周王朝晋国的开国始祖。晋侯姬燮之弟姬杼生于周成王姬诵二十年（公元前1085年），在周康王姬钊六年戊辰（公元前1074年）被封为杨侯，食采（享用封邑的租赋）于杨国，始以杨为姓。在《海南杨氏宗谱》中，称其又名平杼，并尊其为杨氏开派之始祖。姬杼生有二子：杨伯沃、杨仲沃。杨仲沃官拜中卿大夫，配政氏，生子杨唐。

一说是源于唐叔虞的第十一世孙晋武公次子杨伯侨

据《元和姓纂》和《通志·氏族略》所载，晋武公（唐叔虞第十一世孙）时封次子伯侨于杨（今山西洪洞东南范村东古城一带），称为杨侯，是为杨姓人的受姓始祖。杨伯侨，又名文实，定悼公子，谥贤敬。杨伯侨长子名文，又名逊，袭侯爵。有些史籍和杨氏族谱是以伯侨为始祖记载杨氏世系的。扬雄（原名杨雄）《自序》载："晋武公子伯侨生文，文生突，羊舌大夫也。"这就是后世的羊舌氏，羊舌突当时辖有铜鞮、杨氏、平阳三邑。羊舌突生羊舌职，羊舌职生羊舌赤、羊舌肸、羊舌鲋、羊舌虎、羊舌季夙。其中的第二子羊舌肸，字叔向，又称叔肸，是晋平公姬彪执政时期的著名政治家，官居太傅之职，因辅佐晋平公有功，被分封于杨邑（今山西洪洞），其子羊舌伯石，字食我，以邑为氏，称杨氏。公元前514年，晋国灭了强宗祁氏、羊舌氏，羊舌伯石有个儿子逃到今华山仙谷，遂居于华阴（今陕西华阴），开始称为杨氏。其后裔子孙开基各地，成为杨氏繁衍发展的主流，是为山西杨氏，史称杨氏正宗。《左传·襄公二十九年》记载："虞、虢、焦、滑、霍、杨、韩、魏，皆姬姓也。"

一说源于西周宣王少子姬尚父

据史籍《广韵》、《通志》中的记载，西周的王位由周武王数传至周宣王姬静时，已是西周末年，国力已经大不如前。周宣王有位小儿子，名姬尚父，因在周宣王时未能获得封爵，直到周幽王姬宫湦时才被封于杨邑，为侯爵，所以在史籍中也称他为杨侯，后建立了杨国。姬尚父的杨国后为晋国兼并，原杨国侯一族的后裔子孙以先祖故封邑为姓氏，称杨氏。

◆ 贵姓何来——源自少数民族的杨氏

源于朝鲜族，属于夷化改姓为氏

南北朝时期，有一个北齐大臣叫箕元，子姓，传说是古箕氏朝鲜的后裔。他陪同北齐公主下嫁高句丽国，被高句丽王封为上堂伯，赐予清州（今韩国忠庆北道清州）为邑。之后，他改姓为杨氏，为朝鲜半岛杨氏的开派鼻祖，其后裔子孙皆称杨氏，以清州为本贯。

朝鲜半岛由第二十三代高丽朝鲜的安孝大王（高宗）王暐执政（公元1213—1259年在位），当时宋朝宁宗赵扩派遣大臣杨浦出使朝鲜，被高丽高宗挽留，封为唐乐君，赐居中华（今韩国仁川），其后裔子孙皆称杨氏，以中华为本贯。

明、清时期，这两支杨氏族人迁居辽东地区，成为今朝鲜族杨氏家族的先民之一。

源于白族，属于汉化改姓为氏

杨氏一直是白族中的主要姓氏，人口最多，唐朝时期，杨氏曾成为白族中的第一大姓。

杨干贞，云南宾州人，先世为唐朝时期南诏政权的权贵，大长和国时为剑川节度使，后为大天兴国权臣。后唐天成二年（公元927年），杨干贞发动所部灭大天兴国君，自立为主，改国号为"大义宁国"。杨干贞因为暴虐操政而被国人所杀，在位八年。

元朝以后，杨氏仍为白族大姓。如杨鼐，白族，云南太和县人（今云南大理），在明弘治二年（公元1489年）中举，出任黄州府通判（今湖北黄冈），任满后居家四十余年，闭门读书，乡人都尊称他为长者。

今云南省喜洲地区是白族杨氏的聚居地。

源于蒙古族，出自元朝时期蒙古表特部，属于汉化改姓为氏

据史籍《清朝通志·氏族略·附载蒙古八旗姓》记载：蒙古族表特氏，世居喀喇沁（今内蒙古赤峰喀喇沁旗）。后有满族引为姓氏者，满语为【Biaot Hala】。蒙古族、满族表特氏，在清朝中叶以后多冠汉姓为杨氏。

源于回族，属于汉化改姓为氏

杨氏为回族主要姓氏之一，其来源也相当广泛，但主要出自明朝时期。在史籍《回族人物志·明朝》中记载：元朝的赛典赤·赡思

丁·乌马儿之孙伯颜察儿，其后裔"居宛平（今北京丰台区）之羊市，故改羊氏。"元朝被推翻后，为躲避战乱、免遭迫害，其后裔遂迁居山东益都，并改为杨氏。

在史籍《回回历史与伊斯兰文化》中记载：改"羊"为杨氏的还有明英宗正统元年（公元 1436 年）入附，授官德州卫百户的西域回回虎林比失。虎林比失有子羊羔儿，后裔均为杨氏，"遂成德州回回望族。"据河北、天津、北京、山东等地的回族家谱和口碑传说，他们均是随"燕王扫北"而来的南京钦天监杨家。

明朝安徽歙县人杨光先，曾在清康熙四至七年（公元 1665—1668 年）任钦天监监正，其六世先祖杨凝为明宣德五年（公元 1430 年）的进士，官至礼部尚书，后任南京刑部尚书，今安徽仍有其后裔。

又据《蒲氏族谱》记载："蒲本初号诚斋，东石开基公一世祖。崇漠公次子，借母氏姓杨"，今泉州有其后裔。

据辽宁两部《杨氏家谱》记载：一支约在清康熙年间由山东武定府阳信县西营迁入沈阳西关，另一支是由明永乐初年从南京应天府迁至河北后，于第九世开始迁到奉天省沈阳的。在沈阳回族当中，杨氏为大姓，分支也不少，相传有"六杨"。在江苏镇江，据修于清同治八年（公元 1869 年）的《杨氏族谱小引》中记载：其先祖"洒公与弟西公"于唐初由西域进关，初居"陕西弘农郡"（今河南灵宝），繁衍十二世后，于宋初迁徙并定居镇江，故自称"弘农郡德润堂杨氏"。现镇江依然有"小杨家巷"的地名。

杨氏至明洪武年间（公元 1368—1398 年）已传至二十五世，由于"族广人繁"，分为"国、泰、民、安"四支，至清康熙年间（公元 1662—1722 年）已传三十余世，始"立谱排字传世"。据推算，今约已传第四十六世孙。

源于满族，属于汉化改姓为氏

据史籍《清朝通志·氏族略·满洲八旗姓》、《清朝通典·氏族略·附载满洲八旗姓》、《满族的社会组织》等记载：

①满族毕力扬氏，亦称别兰氏、必喇氏，源出金国时期女真必兰

部，满语为【Bira Hala】，汉义""河川"，世居和悠（今乌苏里江入黑龙江口一带）、长白山区、黑龙江、乌苏里江口等地。后有达斡尔族引为姓氏者。清朝中叶以后，满族、达斡尔族必喇氏多改汉姓为杨氏、何氏。

②满族富勒哈氏，亦称富尔哈氏、富勒察氏、富勒洪阿氏、富勒瑚氏等，满语为【Fulha Hala】，汉义"杨树"，世居佛阿拉（今辽宁新宾永陵镇二道村）。后有赫哲族引为姓氏者。清朝晚期以后，满族、赫哲族富勒哈氏多冠汉姓为杨氏、付氏、傅氏、富氏等。

③满族郭啰啰氏，亦称郭尔罗氏、郭络罗氏、郭博罗氏等，满语为【Gorolo Hala】，以地为氏，世居讷殷（今吉林抚松松花江上游流域）、沾河（今吉林双阳河流域）、马察（今吉林浑江西南部）等地。后有锡伯族引为姓氏者。满族、锡伯族郭啰啰氏，在清朝中叶以后多冠汉姓为杨氏、郭氏、高氏、国氏等。

④满族尼玛察氏，亦称倪马查氏、专图尼马察氏，源出元朝时期女真乃马真氏族，以姓为氏，满语为【Nimaca Hala】，世居尼马察（今黑龙江穆棱兴凯湖彼岸俄罗斯乌苏里斯克一带）、濬野（今乌苏里江支流俄罗斯境内达乌河流域）、讷殷（今吉林抚松松花江上游流域）、喜禄河（今辽河）、珲春（今吉林珲春）、黑龙江沿岸等地。在清朝中叶以后多冠汉姓为杨氏、榆氏、张氏、佳氏、尼氏、倪氏、鱼氏、和氏、障氏等。

⑤满族颜济氏，亦称燕济氏、严穆吉氏，满语为【Yangi Hala】，世居叶赫（今吉林梨树县叶赫满族镇）。后多冠汉姓为杨氏、颜氏等。

⑥满族杨吉哩氏，亦称颜济哩氏、焉哲勒氏，满语为【Yangiri Hala】，世居沈阳、伯都讷（今吉林松源）等地。后有锡伯族引为姓氏者。满族、锡伯族颜济哩氏，在清朝中叶以后多冠汉姓为杨氏、阎氏、韩氏、沈氏等。

⑦满族杨吉氏，亦称扬吉尔氏，满语为【Yanggi Hala】，世居喀喇沁（今内蒙古赤峰喀喇沁旗）。后有蒙古族、锡伯族引为姓氏者。满族、蒙古族、锡伯族扬吉氏，后多冠汉姓为杨氏。

⑧满族杨佳氏，亦称扬佳氏，满语为【Yanggiya Hala】，祖先原为汉族，东汉末期被辽东鲜卑乌桓部虏携，后逐渐融入鲜卑族，后逐

渐演化为黑龙江女真，世居佛阿拉（今辽宁新宾永陵镇二道村）、尼马察（今黑龙江穆棱兴凯湖彼岸俄罗斯乌苏里斯克一带）、哈达（今辽宁西丰小清河流域）、伯都讷（今吉林松源）、杨三毕拉赫哲合（今黑龙江三江口、抚远一带）、佛阿拉（今辽宁新宾永陵镇二道村）等地。后有锡伯族引为姓氏者。满族、锡伯族扬佳氏，在清朝中叶以后多冠汉姓为杨氏。

⑨满族扬那氏，满语为【Yangna Hala】，世居杨察（今安徽郎溪），后多冠汉姓为杨氏。

⑩满族扬额理氏，源出辽、金时期库莫奚族遥里部，满语为【Yangeri Hala】，是满族最古老的姓氏之一，世居伯都讷（今吉林松源），后多冠汉姓为杨氏。

有自称为满族人的杨氏一族，今主要分布于今吉林省吉林市。其祖先在明朝时期原居云南、贵州一带，后迁居至山东登州。

清朝康熙年间，该支杨氏北上迁居吉林地区，以耕种官田为业。因为该支杨氏族人能提前交纳五年的额粮，因此被准入汉军镶黄旗。

源于达斡尔族，出自清朝时期达斡尔尼满吉部，属于汉化改姓为氏

达斡尔族尼满吉氏，亦称尼尔吉氏，世居黑龙江流域，人口非常稀少。后有满族引为姓氏者，满语为【Nimanggi Hala】，汉义"雪"。达斡尔族、满族尼满吉氏，在清朝中叶以后多冠汉姓为杨氏。

源于纳西族，属于汉化改姓为氏

杨昌，著名清朝时期纳西族散文家，云南丽江大研里人。清嘉庆十二年（1807年）举人，任湖北天门等县知县，疏导江流和修筑大堤很有政绩。他的散文非常出众，著有《四下可斋》集。他还写有许多游记、杂记等，内容包括政治、军事、经济等，深得士林叹服。他有大约三十篇文章被收入云南丛书《滇文丛录》《丽郡文征》等集中。

杨元之，著名清朝纳西族诗人，云南丽江大研里人。祖父杨本程，清道光十四年（公元1834年）中顺天乡试举人，任刑部主事。杨元之以善写汉、纳两读的诗出名。

源于苗族，属于汉化改姓为氏

杨再成，著名元朝苗族教育家，湖南城步人，约在元皇庆元年（公元 1313 年）在城步建立儒林书院，他对传播汉族文化、教育苗民子弟起过重大作用。

杨再兴，著名北宋末期苗族将领，原为农民起义军战将，曾在战场上击毙宋朝名将岳飞的弟弟，后投降归附岳飞。他英勇善战，勇冠三军，后在抵御金兵的小商河战役中战死。

杨洪，六合人，著名明朝将领，父亲杨璟。杨洪初从明成祖朱棣北征，他机警敏捷，以勇著称。明正统三年（公元 1438 年），杨洪出任都指挥同知，明正统九年，率部击败兀良哈部，升任左都督，宣府总兵官，明景泰二年（公元 1451 年）出任镇朔大将军。

源于其他少数民族，属于汉化改姓为氏

在今侗族、土家族、高山族、佤族等少数民族中，均有杨氏族人分布。其来源大多是在唐、宋、元、明、清时期中央政府推行的羁縻政策及改土归流运动中，流改为汉姓杨氏，世代相传至今。

◆ 贵姓何来——源自赐姓的杨氏

因为建树功勋而被统治者赐予大姓，以使其门庭生辉，光宗耀祖，是赐姓中最基本的类型。

隋朝名将杨义臣，本姓尉迟氏，尉迟氏属西部鲜卑，为北魏勋臣八姓之一。杨义臣之父尉迟崇，在北周时为定州总管，隋朝初期随行军总管达奚长儒与突厥交战，力战而死。当时杨义臣年幼，养于宫中，数年后奉诏宿卫宫掖。

由于常在隋文帝杨坚左右，不免引起隋文帝对尉迟崇功业的追忆，于是下诏："义臣可赐姓杨氏，赐钱三万贯，酒三十斛，米麦各百斛，编之属籍，为皇从孙。"不仅赐予皇室姓氏，还确定了杨义臣在皇族的辈分，这在受赐姓者中，可谓极受恩遇。

据文献《回回历史和伊斯兰文化》记载：在回族杨氏中，也有个别是源于帝王赐姓改氏者，如在明英宗朱祁镇执政初期（公元 1436年），将入附的西域回回老哈之子"哈铭，改氏杨铭"。

◆ **贵姓何来——源自冒姓的杨氏**

源于冒姓，属于因故改姓为氏。

姓氏变化中另一种最普遍的现象，是他姓之人因为养父或主人姓杨而转从其姓。

西晋时期，活跃在武都仇池（今甘肃成县）一带的氏族首领百顷氏王杨飞龙，有个外甥令狐茂搜，令狐茂搜为杨飞龙的养子，遂从其养主转姓杨氏，称杨茂搜。后来杨茂搜继飞龙为氏族首领，曾被晋愍帝赐封为骠骑将军。

从其养主现象最频繁的时期为唐末五代。唐王朝自"安史之乱"后，方镇势力不断膨胀，一些方镇逐渐成为与中央相抗衡的独立王国。或出于政治野心，或为了自保其土，藩帅们纷纷招兵买马，一些凶悍勇猛之徒，皆成为藩帅的义儿假子，转从养主之姓。而宫内宦官为扩展自己的势力，也纷纷养他人为己子。当时从其养主转姓的风气一时大盛。

唐朝时期著名的杨思勖，本姓苏，因为杨家养子，遂从养父姓杨。杨思勖是唐玄宗李隆基时期人。

著名唐朝将领杨复光，本姓乔，少时养于内侍杨玄价家，遂转姓杨。在唐僖宗李儇执政时期，杨复光因领军镇压王仙芝起义有功，被封为弘农郡公，弘农郡治所在（今河南灵宝）正是该支杨氏最显赫的郡望。

著名唐朝将领杨守亮，本姓訾名亮，杨复光在平定江西黄巢起义军时，得訾亮，养为假子，转姓杨，改名为杨守亮，后官至山南西道节度使。

著名唐朝将重臣杨复恭，本姓林，因系宦官杨玄翼的养子，遂改姓杨。杨复恭在唐僖宗执政时期出任左神策军中尉，后来定策立唐昭宗，权倾一时。

◆ **贵姓何来——源自变姓的杨氏**

源于变姓，属于因故转姓为氏。

今浙江省诸暨市的概浦杨氏，本为倪氏所改，望出千乘郡，派接浦江倪氏盈公大宗。倪盈第八世孙倪焴，仕宋为龙图阁学士，因反对王安石的变法，遭流新州。当时，倪焴的幼子倪顺尚在襁褓之中，匿概浦外家。官府勾之，外祖母孟氏以幼舅同庚者易之，得以保全。及倪顺长大，力学皆优，念外家杨氏之恩，即以母姓杨氏应试，登宋元祐三年戊辰科（公元 1088 年）进士，历官至礼部尚书，诏赠金紫光禄大夫，吏部尚书，右仆射，韶阳县开国公，谥文贞。其后裔子孙即为诸暨倪杨氏。

在中国近现代革命史上，亦屡有变姓的情形。革命者为了工作需要，转改姓名，以后原姓不再起用，所转之姓一直使用下去。

中共党员杨靖远，满族人，原姓赵，民国二十七年（公元 1938 年）出任冀鲁边区抗日武装部队副司令员。次年 1 月被伪保安司令孙仲文杀害。

中共党员杨林，朝鲜平安北道人，原姓金名勋，民国二十五年（公元 1936 年）出任红十五军团第七十五师参谋长，在率先锋营强渡黄河的战斗中负重伤，后不治牺牲。

抗日名将杨靖宇将军，原姓马尚德。在他的履历中记载道：马尚德，号润生，到东北后曾用名杨靖宇。1905 年出生于河南省确山县李湾村，1923 年考入河南省立第一甲种工业学校读书，在学校读书时加入青年团，1927 年 6 月入党。他于 1927 年春曾领导过著名的确山农民大暴动。1928 年，领导过刘店暴动。到 1929 年他从河南省下关东的时候，已经有一子一女。1929 年春天到东北后，担任中共抚顺特别支部书记，同年 8 月入狱，1931 年 11 月经党组织营救出狱，后任中共哈尔滨市委书记、中共满洲省委军委代理书记。1936 年任东北抗日联军第一军军长兼政委。

◆ 贵姓何来——源自改姓的杨氏

源于改姓，属于恢复祖姓为氏。

有的杨氏成员因为特殊的原因，改了姓，后来又改回杨氏。

北宋名将杨继业本名杨崇贵，后避北汉世祖刘崇名讳，改名重贵。杨重贵少年时投身刘崇，刘崇赐其姓刘，改名继业。刘崇之子刘承钧有养子刘继恩、刘继元、刘继忠，杨重贵赐姓名为刘继业，可能是因为刘崇长子刘赟早死无后，遂以杨重贵为刘继业而为其后嗣。宋朝太平兴国四年（公元 979 年），宋太宗赵匡义统兵攻北汉政权，围太原，北汉君主刘继元降北宋，而刘继业犹据城苦战。宋太宗喜其忠勇，喻刘继元招降刘继业，于是刘继业归北宋，"复姓杨氏，只名业。"史称"杨业归宋复姓。"

古代，有一户杨姓家人到贵州台江巫脚乡翁慕沟居住，由于那里是苗族欧姓聚居区，这位杨氏苗民不久也改姓欧，以便同欧姓村民亲密相处。后来，他的兄弟又恢复杨氏。新中国成立后，他的儿子也复姓杨。

◆ 谱牒寻根

家谱是什么呢？是指记录一家一族的姓源、世系、世表、字派、家规、家训、家范、宗约、诰敕、像赞、传记、墓记、墓图、墓志铭、祠堂记、祠规、义田、义庄、艺文的专门档案。战国以前称谱牒为世系、世本、系本、牒记等，魏晋至隋唐称为族谱、家谱、姓谱、族姓谱、氏族谱、血脉谱等，宋以后则通称为族谱、宗谱、家谱、家乘（乘 shèng，家族之史）、房谱、世谱、族系录、族姓昭穆（昭穆即父子祖孙的血缘关系）记、族志等。

家谱反映了一个家族的血缘脉络、繁衍生息、迁徙演变、历史足迹，记载了家族名人物的事迹、成就、仕途、思想、著作、荣誉，记录了家庭成员的出生、死亡、婚姻、生育、学习、工作，是研究社会结构、宗法制度、社会学、人口学、方志学、民族史、家族史、侨民史以及历史人物等方面的重要资料。

家谱对于学习和研究中国姓氏文化有什么具体作用？

家谱首先是作为"一家一姓之史"而编撰的，有人曾提出所谓编修家谱的 12 条原则，头 4 条就是"论姓别，谈姓源，究姓义，叙地望"，可见家谱与姓氏的密切联系。落实到家谱对于学习和研究中国姓氏文化的具体作用上，大致可以归纳出以下几条。

一是数典寻祖，为具体的一族一姓的来历提供线索。凡是家谱通例，都有该姓始祖来源、分支繁衍、世代迁移的资料，由此成为人们寻根问祖的重要依据。例如，据有关资料载，自清代始，从福建漳州"史山洪氏"族人开始迁徙至台湾。乾隆年间、嘉庆年间，福建漳州府漳浦县的洪姓族人相继入台，洪姓在台湾南投市草屯形成首屈一指的大族，清道光四年（1824年）始在草屯修建闽南传统式四合院的宗祠伦堂，现存祠堂有建于道光二十六年的敦煌堂和洪氏祠堂、敦伦堂、敦成堂。同期，也有福建泉州晋江三村的洪氏族人移居台湾彰化的二林、芳苑等地台湾草屯一带的洪姓家族，非常团结，每年在一起祭祖拜墓，在当地很有声望。洪姓出自上古炎帝神农氏，为共工的后代，大多汉族洪氏都认为自己是源出上古炎帝神农氏，为共工的后裔。但颇使草屯洪姓族人困惑的是，老祖宗留下来的规矩，凡洪姓子孙死后，必定要有"念祖"仪式，就是要用白布把死者裹起来，然后放入棺材。为什么洪姓会有这个独特的规矩呢？经过追谱寻根，该族的洪敏麟先生找到了答案。原来草屯洪姓的根系还可以从福建漳州追溯到甘肃敦煌。在古代敦煌，信仰伊斯兰教的人非常多，他们这一支洪姓的远祖也是伊斯兰教徒，后来分衍到全国各地，尽管宗教信仰或有改变，但为了还本崇源，符合伊斯兰教义的"念祖"的家规就代代相传，且由此印证了台湾草屯洪姓是从甘肃敦煌发脉播衍而来的。

二是溯源辨流，往往能梳理出民族融合、姓氏流变的珍贵历史资料。比如在台湾彰化福兴乡临海地区的夏粘村和顶粘村里，现有几百户万余人姓粘的人家。虽然粘氏族人都知道自己的原籍在清朝时期的福建泉州府晋江县衙口乡的粘厝坡，大家都是渡台始祖粘尚、粘秉兄弟与粘粤（pīng）、粘恩兄弟的后裔，但由于台湾的粘姓家族一直没有族谱，所以不知本姓本族的由来，始终感到遗憾。1923年，有位念念不忘为整个家族完成此项工作的粘芳模先生，利用前往福建眉州岛天后宫向妈祖（又称天妃、天后、天上圣母，是历代船工、海员、旅客、商人和渔民共同信奉的神）进香的机会，特意转往晋江衙口寻谱，可惜沧海桑田，人事已非，不得要领。正当他怀着失望心情踏回归途时，在厦门幸运地碰到了一位叫粘传仁的大陆族亲，忙恳请他代办求谱之事。10年之后，粘传仁终于完成了粘芳模的夙愿，把厚厚一册手抄的《浔江粘氏郭业公派下宗谱》寄到台湾，后该手抄谱失传。1982年台湾粘氏宗祠落成，为修《粘氏源流台开基族谱》，后到大陆几经周折，方得到旧谱影印本，终使谱成，该谱序言写着修谱的目的是便于日后回大陆福建祖地接根。台湾粘氏经过无比艰辛寻觅祖脉，终于知道自己的来龙去脉。原来闽台粘姓始祖本是金国开国元勋、都元帅、金源郡王完颜宗翰，其子孙汉化后即以祖名为氏姓粘，可谓望族贵胄。这样台湾粘氏终于靠家谱指引，获得了粘姓从完颜氏流变而来的史实，其祖根可以从台湾彰化经福建泉州一直上溯到驰骋在东北的女真族，具体说，完颜氏的老家在今黑龙江省哈尔滨市阿城五常拉林河畔（金朝叫涞流河）。完颜宗翰，本名粘没喝，亦称粘罕，是金太祖完颜阿骨打之侄，女真族名将。《金史》称其：内能谋国，外能谋敌，决策制胜，有古名将之风。他姿貌雄杰，善于马上用剑。粘罕在金国的地位和功绩不亚于人们熟知的金兀术，为女真族首领完颜阿骨打建立金国做出卓越的贡献。宗翰在金国历史上最大的功绩当算攻陷汴京，抓获徽钦二帝，押宋俘数万返回上京。粘罕病死后，他的两个儿子真珠、割韩奴商决，以父亲粘没喝之名冠粘为姓氏，表明没有争夺皇位的意思，以避猜忌生变。后来，其后人辗转南迁，因避乱世不忍杀戮继续南下，至元代落脚泉州、晋江、南安、石狮等闽东沿海地区。粘姓有"恒宗堂"，恒宗是金太祖完颜阿骨打追授粘姓一世祖粘罕的谥封。粘尚、粘秉于乾隆五十三年（1788年）由福建泉州晋江衙口渡台；粘粤（pīng）、粘恩于乾隆五十五年（1790年）从衙口渡台，于是粘尚、粘秉、粘粤、粘恩合称为渡台粘

氏开基四先祖。八百多年前的粘罕难以预料自己的后裔辗转到当年欲征而不能的华南地区，如今又回故乡访祖寻根。在 2000 年 6 月 18 日的阿城首届金源文化节上，台湾粘氏宗亲会会长、台湾亿丰集团董事长粘铭带来了近百人的寻根团。"千万里我追寻着你……"这句歌词始终萦绕在粘铭先生的脑海中，闽台粘氏豁然意识到粘氏的祖脉来自金源，粘氏的根在阿城。在第四届金源文化节上，粘铭先生带来了 30 多人的祭祖团。

　　三是促进台胞与大陆联谊，敦睦亲情。对于台湾同胞来说，家谱可以告诉他们，他们不仅是"台湾人"，更是"中国人"，这对于反对台独，促进统一，具有不可替代的作用。例如，台湾知名律师吕传胜先生（吕秀莲的胞兄）据谱得知自己祖源福建省南靖县书洋乡之后，于 1989 年、1991 年、1993 年先后三次回祭祖，2001 年、2003 年又两次率吕氏宗亲四五十人到大陆寻根。2005 年 5 月 5 日，台湾亲民党主席宋楚瑜访问大陆，宋楚瑜主席回到阔别了 56 年的故乡——湖南省湘潭县射埠镇巨鱼村，祭拜曾祖父宋炳生、祖父宋德明和祖母文氏的墓地。在宋楚瑜到湘潭之前，湘潭乡亲通过媒介展示了印于 1941 年的《湘潭昭山宋代族谱》。这一族谱证实宋楚瑜系湘潭昭山宋氏的第三十二代传人。该谱清晰地记载：湘潭昭山宋氏原世居安徽，至元代，始迁祖宋文学携三子移居湘潭，从此世代相传。宋楚瑜之曾祖父宋增阅生有宋声显、宋声顺和宋声颚三子。宋楚瑜之祖父宋声显生有宋楚瑜之父亲宋扬晖（册名宋达）、宋扬曜、宋扬曙三子和宋扬映一女。尽管该谱 1941 年修订时宋楚瑜尚未出生，所以其名字未录其上，但它仍是宋楚瑜一家根系大陆、祖源炎黄的明确史证。2005 年 5 月 12 日晚间，胡锦涛总书记在北京瀛台宴请宋楚瑜主席一行，并赠送礼物——《湘潭昭山宋氏石潭房七修族谱》，宋楚瑜主席拿着这本家谱时相当感动，表示这是"最好的礼物"。宋楚瑜主席祖籍湖南湘潭，谱中载有宋楚瑜父亲宋扬晖

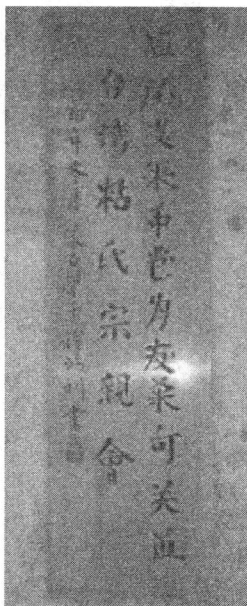

的名字。故土寻根，难怪他如此高兴。中国国家图书馆历经考证搜索，把宋楚瑜家族近二三百年的族谱全都网罗在内，将各个谱系有系统的搜索，看起来相当翔实，这也是宋楚瑜第一次看到如此完整的族谱，甚至连宋的姐姐都在名单当中。族谱全部以线装本制成，高度超过一尺，让宋楚瑜相当感动，而这份族谱现在珍藏在家中，成为宋家的传家之宝，当时的宋楚瑜，则是回赠一幅国画大师欧豪年的画作。2009 年 3 月 30 日上午，亲民党主席宋楚瑜和夫人陈万水及参访团一行抵达河南省商丘，到微子祠拜谒祭祀宋氏祖先微子启。微子名启，为帝乙之长子，商汤第 16 世孙，被周公封于宋（今商丘）。微子仁爱贤良，深受殷商遗民爱戴，死后葬于商丘古城西南。宋氏以国为姓，天下宋氏源于商。多年来，海内外的宋氏族人纷纷来商丘寻根，宛若一棵大树上的枝丫，终于找到了自己成长的脉络。祭祖祀仪式开始，宋楚瑜夫妇先盥洗，然后表情凝重地来到祖殿前鞠躬、敬香祭拜宋氏始祖。司仪浑厚低沉的声音回响在松柏廊宇间："岁次己丑年，时值阳春三月，春光明媚，和风拂煦。宋氏始祖启公后胤宋楚瑜先生偕夫人陈万水女士并宋氏宗亲，心系祖根，神游睢阳；亲临瞻仰，如愿以偿。"宋楚瑜夫妇用心灵的颤语拨动对祖先的悼念。在蔓延的深情中，宋楚瑜恭读祭文："春风送暖，鸟语花香，乾朗坤明，天瑞地祥。公元 2009 年 3 月 30 日，农历己丑年三月初四启公后胤楚瑜偕夫人谨代表宋氏后裔子孙，于祖根地商丘宋氏家庙，赤心虔诚，惶恐致至，恭拜于始祖启公神墓之前，祭曰：吾族先人，裔之殷商。三仁之首，世代敬仰。周封启公，宋姓始彰。德传后世，惠泽八方。根深叶茂，宗支繁昌。代有伟人，国之栋梁……中华复兴，当仁不让。海筑妙桥，山拱虹祥。河清海晏，华夏盛强。缅怀祖德，光大发扬。敬告我祖，伏维尚飨。"之后，宋楚瑜夫妇及陪同人员进入大殿瞻仰宋氏始祖启公圣像，宋楚瑜夫妇虔诚叩拜，他们眼中再次满含泪花。祭祀仪式后，宋楚瑜夫妇等来到先贤堂，在宋氏源流世系考略表前，宋楚瑜不断与商丘市委书记王保存、商丘市人民政府市长陶明伦等一起探讨宋氏源渊。王保存告诉他，宋氏在商丘已有 100 多世。对商丘历史文化颇有研究的睢阳区前文联主席尚起兴说，宋姓在商丘是个大户。宋楚瑜说："2005 年我访问大陆时，胡锦涛总书记送给我一套《宋氏家谱》，从那里面我了解到，我们宋家起源于商丘，然后到了应天（今南京），又搬迁到了江西的吉安，明洪武年间奉旨到湖南湘潭去屯田。"从宋楚瑜大陆之行可以看出：家谱档案是维系中华民族血脉亲情的重要纽带，是传承中华历史文化的重要载体；也从一个侧面反映了家谱档案在台湾同胞、海外华人华侨回大陆寻根问祖时的独特作用。

亲民党主席宋楚瑜及夫人陈万水在微子祠向宋氏始祖启公圣像行跪拜礼

亲民党主席宋楚瑜为微子祠题词：敬天法祖，慎终追远。宋门家训，忠孝节义

四是便于海外华人回中国大陆寻根访祖、促进对外交流。比如扶西·黎刹被尊为菲律宾国父，长期以来，在菲律宾各地以及中国侨乡一代，广泛流传着一种说法：黎刹是福建泉州籍人，黎刹的高祖父柯南哥清康熙年间出生在泉州晋江上郭村，但这一说法一直未能得到证实。1995年，有关部门通过研究，终于在《象阁柯氏族谱东升公长房谱》（清光绪二十三年续修）中发现线索，考证实黎刹的祖籍确实就在上郭村，这本族谱成为考证黎刹家族根在中国的最重要的依据。1999年4月，菲律宾黎刹家族后裔首次回乡拜祖，2000年5月菲律宾前总统埃斯特拉达莅临上郭村，隆重举行黎刹纪念广场的奠基典礼。还如，新加坡前总统李光耀查谱发现自己的祖籍在广东；菲律宾原总统阿基诺夫人据族谱确认自己是福建鸿渐村的后人；香港船王包玉刚查谱得知自己是包公的后裔。

根据目前能见到的材料和研究成果，中国谱牒的起源很早，从《史记·夏本纪》详录夏朝自禹至桀14代世系17位帝王事迹可证明，在奴隶社会的夏朝就有了记载奴隶主贵族世系的谱牒。所以，《史记·太史公自序》说："维三代尚矣，年纪不可考，盖取之谱牒旧闻，本于兹，于是略推，作《三代世表》第一。"唐代史学家刘知几《史通·书志》说："谱牒之作，盛于中古。"

在商代就有比较详细的家族世系记录了，商代甲骨档案中记载"干支表、祀谱和家谱"的"表谱刻辞"，便是殷商王室的谱牒。司马迁在《史记·三代世表序》说："自殷以前诸侯不可得而谱。"这个"谱"指完整详细的家谱，不是指没有谱牒。

西周推行宗法制和分封制，谱牒更被重视，设官掌管，藏于金匮，存于宗庙。战国时出现了较为完整的记载帝王、诸侯世系的《世本》等谱牒。秦灭六国后，各国谱牒虽有散失，但两汉中央和地方私家均重视家谱的搜集、编修和保存。"故修谱者，当知其所自出，姓氏之所由赐，及迁移之所起，卜居之凡来，与夫世代相承，并无所缺，斯宝录也。"

据上海图书馆研究员王鹤鸣在《中国家谱通论》中介绍，古往今来，由于大量家谱的亡轶，中国家谱的姓氏已难以统计。一本本世代相传的家谱，以血缘文化的特殊形式，记录着中华民族每一个世代相传的姓氏繁衍生息。统计显示，目前我国共有608个姓氏的家谱流传至今，在现今中国家谱里共有608个姓氏，其中单姓552个、复姓56个。在存世中国家谱，陈姓家谱种数最多，达2990种；其次为张姓，2597种；王姓2512种；李姓2157种；刘姓2029种；这5姓的家谱均超过2000种。家谱种数在1001～2000种之间的姓氏有：黄、吴、周、杨、徐、林；家谱种数在501～1000种之间的姓氏有：宋、胡、郑、爱新觉罗、许、叶、何、谢、赵、萧、罗。

你家的祖先是谁？家族中曾有过哪些名人？家族中人现在哪里？每一个中国人也许都关心这些问题。修编家谱、探寻祖先——"修谱寻祖"行动正在海内外华人中兴起。长年从事修谱工作的民间学者柳哲告诉记者，目前修谱基本上分学院派和民间两个阵营。各大学和研究所里有一批教授和学者，他们从事国家课题的研究。但是有的学者感兴趣的选题也偏向民间性质，也并非国家课题。而民间学者一般都是对自己姓氏的家谱研究比较多，比较深入。一般都是用业余时间或者退休之后研究。近几年来，国家图书馆新增了100多种家谱，其中以新修家谱为主。"多数人都愿意将自己的家谱提供给图书馆收藏。"据中华大族谱协会不完全统计，近年来我国民间修谱、续谱的花费约在两三亿以上。一些姓氏家族不惜用10多年时间，花费几十万甚至上百万，联系全球宗亲修建该姓氏"统谱"。

2010年10月，50多位不同姓氏的民间学者带着各自整理的家谱举行"中华族谱"研讨会，他们呼吁为"中华族谱"申报非物质文化遗产。

家谱记载着一个家族短则百年、长则千年的世系演变，展示了祖辈们开基兴家的历史足迹和对中华民族发展的贡献，包涵了一个家族的血浓于水的亲情。从家谱里我们可以了解家族的源流、迁徙路线、始祖、始迁祖及繁衍分支情况，知道我是谁，我的根在哪里？

杨姓家谱概况

杨姓家谱的修撰已经有很久远的历史。汉代刘歆在《七略》中提到与他同时的杨雄有《家牒》，而一些古代地方志中摘引的《家牒》片断涉及杨雄身后世。《世说新语》刘孝标注提到数十种南朝士族家谱，其中有《杨氏谱》。《隋书经籍志·谱系类》录有：《杨氏血脉谱》2卷，《杨氏家谱状并墓记》1卷，《杨氏支分谱》1卷，《杨氏谱》1卷。此外，古籍中还提到北齐有佚名的《杨愔家传》。南北朝时的杨姓大族，已有编撰家谱之风。

杨姓家谱内容

根据现存的杨氏家谱来看，主要包括：

①谱序：主要记述族姓的来源，先世德行、宗族的迁徙和本家谱的编修、续修情况。谱序一般由本族名人或请当时的社会名人执笔，详细叙述族姓的起源、发展和迁徙的全过程。以使后代子孙知道祖先源流和他们辗转迁徙的艰辛。

②谱例：也称凡例，说明家谱编修的基本原则，家谱的作用和编修家谱的必要睦。

③世家：记述本族的名人事迹。

④诰敕：记录当朝政府对本族人的旌奖文书。

⑤像赞：收集本族先祖、名人的画像，在其后写上赞语，歌颂其功德。

⑥世系：这是家谱中最重要的一部分，自本家族的一世祖以下，每代每人的女名都按辈分写清楚，一看便知自己的继承关系。

⑦传志：记述先祖名人仕宦的传记，以教育后代子孙。

⑧家训：对子孙的教育准则。

⑨祠规：记述本族祭祀的规矩。

⑩祠堂：记载坟墓、义庄等财产情况。

杨姓家谱目录举要

【题名】杨氏宗谱

【堂号】崇本堂

【纂修者】（清）杨伯厚等纂修

【版本】木活字本，清光绪三十二年（1906年），江苏无锡

【先祖/名人】始祖：杨於陵（江苏 唐）；先祖：杨邦砹（宋）、杨宗善；始迁祖：杨璇（宋）；本支祖：杨宗达

【提要】一世祖於陵，唐穆宗时累迁户部尚书。十六世孙璇，宋

忠襄公邦砹长子，南宋初自吉水侨居钱塘，筑别墅于无锡鸿山，为建宅之始祖。璇曾孙宗善、宗达，居鸿山，别为庆二、庆三两支。庆二支数传而绝。此谱详记庆三一支世系。卷一凡例、历修谱序、重修嵩山寺祠碑文、家规、家训格言等，卷二诰敕、像赞等，卷三人物传略等，卷四至十二大宗九谱、蜀院新昌、上世源流血脉（於陵）统宗及鸿山各支世系为图表。

【题名】官庄杨氏宗谱

【堂号】彝叙堂

【纂修者】（清）杨翼亮等主修

【版本】清光绪二十六年（1900 年），江苏宜兴

【先祖/名人】始祖：杨於陵（唐）；先祖：杨景直（宋）、杨昌（明）、杨从（明）、杨孝（明）；始迁祖：杨缨（元）、杨洪（明）

【提要】始祖於陵，唐敬宗时封宏农郡公。十五世孙景直，随宋室南渡，卜居无锡。二十二世孙缨，元明之际自锡邑胡埭迁宜兴栋树港；其曾孙昌与从侄孝，于明代再徙宜邑官庄。昌后裔别分皋头、格南二支；孝子洪，于明嘉靖时再迁邑之上山，上山支祖。是谱，上山支所修。卷一谱序、诰敕、格言、宗训等，内有清阮元序文；卷二凡例、祠规、五宗图说等；卷三世系总图；卷四上山支诸公序、传文，始祖、始迁祖及上山支分派世系、祭产等。

【题名】路桥河西杨氏家谱

【堂号】不详

【纂修者】杨晨辑，杨绍翰重订

【版本】民国，铅印本，浙江黄岩

【先祖/名人】始迁祖：杨廉善（浙江 宋）；名人：杨守关、杨时鳌（清）、杨晨（清）

【字辈表】廉、正、显、德、载、守、伟、永、茂、兴、正、廷、文、伯、世、应、时、思、保、宗、匡、邦、修、节、义、明、良、开、泰、运、恭、敬、建、元、功

【行辈】静、立、之、朋、彦、存、楚、汝、尚、崇、朝、大、

子、万、嘉、天、道、逢、光、祥、绍、华、盛、治、平、圣、贤、能、至、善、为、学、重、师、儒

【提要】一世祖廉善，南宋时因金乱自临海石塘村迁黄砧沙岗。六世祖守关，迁居高桥。十七世孙时鳌，清道光初年，自高桥迁路桥镇河西，是为始迁祖。谱载制诰、批片、宸翰、服制、源流考、世系图、坟图、家庙、祀产、书田、艺文、杨晨自订年谱、鸿泥图记、杂录等。杨晨字蓉初、定孚，晚号月河渔隐。光绪三年进士，选翰林院庶吉士，充国史馆协修。家富藏书，楼名书种，刻《台州丛书》等。又创办实业，往来于台、杭、沪之间。其自订年谱、鸿泥图记等，颇多清末民初政界学林遗事轶文。

【题名】杨氏寺头支谱
【堂号】崇本堂
【纂修者】（清）杨鲲续修
【版本】木活字体，清光绪五年（1879年），江苏无锡
【先祖/名人】始祖：杨於陵（江苏 唐）；先祖：杨邦砳（宋）、杨宗善、杨子震（明）；始迁祖：杨璇（宋）；本支祖：杨宗达
【提要】参见清杨伯厚修《杨氏宗谱》条目。始迁祖二十五世孙子震，系出鸿山杨氏庆三支新二派，明初自锡邑之怀仁乡徙寺头。首附历修谱序、支谱凡例，卷一世系图，卷二至六世表。

【题名】江陂杨氏宗谱
【堂号】孝思堂
【纂修者】（清）杨熊飞等主修
【版本】木活字本，清光绪十七年（1891年），江苏无锡
【先祖/名人】始迁祖：杨航（江苏）；先祖：杨兴一、杨霖（明）
【提要】一世祖兴一，迁锡始祖航裔孙，居锡邑南门伯渎之庐桥。七世孙霖，明初自庐桥迁江陂桥。卷首载序、诰敕、例言、目录、传文等，卷一载杨文靖公东林书院缘起、道南祠碑记、宗祠祝文、兴一公宗祠记、义田记、书塾记、杨氏发源世系总图、江陂杨氏统族世系总图、始迁祖兴一公世系始表，卷二至十二支系世表，卷末跋、宗祠

祭田捐数等。

【题名】杨氏支谱

【堂号】宏农堂

【纂修者】杨书尧等编撰

【版本】木活字本，民国二年（1913年），湖南长沙

【先祖/名人】始迁祖：杨克明（湖南 明）；名人：杨万海（明）；分迁祖：杨楚琢（明）

【字辈】克世子宗万、楚立振以惟、永绍昭先德、诗书启俊奇、贤嗣承吉泽、中道守芳贻、修订征文献、兴隆应凤仪、盛朝开景运、本大日蕃枝

【提要】参见杨科长修《长沙水矶口杨氏家谱》条目。是为长沙水矶口杨氏西河头房系谱。支祖为始祖克明五世孙万海之子楚琢。卷首序、跋、凡例、家训、服制图、派语、派义说、祠制、祠堂记、积贮、祠祭辩义、祝文、人物传、寿序等，卷一至十一世系，卷末祠堂公业契约、修墓约等。

【题名】暨阳丫江杨氏宗谱

【堂号】敦彝堂

【纂修者】（清）杨维荣等纂修

【版本】木活字本，清同治九年（1870年）浙江暨阳

【先祖/名人】始迁祖：杨正一、杨正二、杨正三、杨正九（浙江 元）

【提要】始迁祖正一、正二、正三、正九，元代自杭州迁诸暨，同居丫江。存集载序、人物传等。

【题名】毗陵杨氏宗谱

【堂号】四知堂

【纂修者】杨懋林主修

【版本】木活字本，民国二十年（1931年），江苏毗邻

【先祖/名人】始祖：杨伯昌（江苏 宋）；先祖：杨畿鹤（明）、

杨畿凤（明）

【提要】一世祖千五公讳伯昌，南宋末居金沙（金坛）。五世孙畿鹤、畿凤，於明初迁居武进，各为港顶、贝庄始迁之祖。是为二派之合修谱。卷一序、溯源记、祠堂记、坟记、祭义引、祖墓祭文、宗规条约等，卷二诰敕、像赞、建祠捐资芳名、谥议、奏建书院疏、谢恩表、墓志铭、诗集等，卷三文靖公年谱，卷四世系图，卷五至十一世系表，卷十二人物传、官荡分杨家村遗产记、跋等。谱内存宋杨时史料颇多，有清赵翼撰序传。

【题名】弘农杨氏家乘
【堂号】硐坪谢文轩
【纂修者】杨义茂等纂修
【版本】木活字本，民国三年（1914年），江西广丰
【先祖/名人】始祖：杨眠风（江西 明）；始迁祖：杨志隆（清）
【行辈】子以正道德、仁义礼垂家
【字辈】清廉兼智信、善庆肇新嘉
【表字】世泽绵珂里、文光掞藻华
【提要】始祖眠风，明万历进士，世籍福建漳州。始迁祖志隆，清康熙十三年避乱由闽迁江西广丰，卜居廿四都东山。存卷载序文、凡例、目录、派行、阳基图、像图、行实、墓图、世系等。

【题名】遂安杨氏宗谱
【堂号】八行堂
【纂修者】（清）杨昌周等纂修
【版本】木活字本，清咸丰七年（1857年），浙江遂安
【先祖/名人】始迁祖：杨公弼（浙江 宋）
【提要】参见清杨光何修《杨氏宗谱》条目。卷首新序，卷一旧序、凡例、家规、谱论、八行堂原记、宗祠祭文、里居八景等，卷二至四世系，卷五杨氏文传，卷六庆祝艺文、墓志、坟图，卷末跋。

【题名】暨阳城南倪杨氏宗谱

【堂号】翼善堂

【纂修者】杨鸿暲总纂

【版本】木活字本，民国十七年（1928年），浙江暨阳

【先祖/名人】始祖：倪顺（浙江 宋）、倪杨顷（宋）；名人：倪瘤（宋）；始迁祖：倪杨宾

【提要】一世祖顷，本姓倪，名顺，父瘤因抗拒王安石新法而流新州，为防不测，遂改从母姓杨，改名顷，移居浦江金沙。始迁祖宾，顷六世孙，南宋时迁诸暨城南。卷首像赞、祖训、传记、行状、祀产、谱序、仕宦、墓铭、寿序，卷一至八系图，卷九至二十行传。有宋真德秀、明翁誏文。

【题名】衡湘杨氏五修支谱

【堂号】四知堂

【纂修者】（清）杨竹溪等纂修

【版本】木活字本，清光绪三十四年（1908年），湖南衡山

【先祖/名人】始祖：杨于旭（湖南）；始迁祖：杨昊（明）

【字辈】肇修逢泰运、振采应时芳、先绪积祥远、嗣征裕后长。

【提要】鼻祖于旭，原籍南昌府丰城县。其孙昊，明洪武元年奉钦命镇理长沙卫，遂卜居湘潭花市九十七都大分冲下屯，为迁湘始祖。后裔散居衡山、湘潭各地。卷首载叙、世系纪，卷一叙、凡例、家训、祠规、族禁、会典、律例等，卷二宗祠图、四礼辑略，卷三祠图、墓图等，卷五垂丝图，卷六至十二齿录，卷末长生录、姻缘录、归真籍、跋等。

【题名】杨氏三修族谱

【堂号】清白堂

【纂修者】（清）杨才焕纂修

【版本】木活字本，清光绪十九年（1893年），湖南武陵

【先祖/名人】始祖：杨伟（湖南 明）；始迁祖：杨腾凤（明）

【字辈】第六世起国、朝、正、应、运、才、学、显

【提要】始祖伟，明永乐时由吉水徙辰州。三世祖腾凤，明中叶

再徙武陵，为始迁祖。卷首中载序、传、凡例、服制图考、茔图、领谱字号等，馀卷为世纪。

【题名】上湘草萝杨氏三修族谱

【堂号】清白堂

【纂修者】杨丕灼纂修

【版本】木活字本，民国七年（1918年），湖南湘乡

【先祖/名人】始迁祖：杨大郎（湖南 宋）；先祖：杨惟砲（明）

【提要】老祖大郎，宋末归籍湘乡。始迁祖惟砲，明代徙居县治草萝巷，后世或分迁湘潭。卷首家训、艺文，卷一至二十三齿录，卷二十四补录，卷末墓图、宗祠契据、公屋契据、捐田契据、寺碑记、坟山禁约、竹山园评释字一纸，续修捐项名目、跋等。

【题名】杨氏续修族谱

【堂号】关西堂

【纂修者】（清）杨秉渊等纂修

【版本】木活字本，清同治二年（1863年），湖南茶陵

【先祖/名人】始迁祖：杨起昌（湖南 明）

【提要】始迁祖起昌，明初自泰和徙茶陵走马陇。卷首序，卷一凡例、杨氏五谥、历代登科履历、仕宦、历代女德等，卷二、三世系、齿录，卷四祠堂图、祠堂记、家礼、家训、传文、坟山记、扫坟记、跋等。

【题名】杨氏续修族谱

【堂号】四知堂

【纂修者】（清）杨活渠等纂修

【版本】木活字本，清同治二年（1863年），湖南宁乡

【先祖/名人】始迁祖：杨性常（湖南 明）

【提要】始迁祖性常，明永乐间自江西万载县迁居宁乡菁华铺牛角湾。后世分居本邑之木山冲、西湖冲、朱家冲、新屋冲，或徙居湘邑、益邑、沅邑。卷首载叙、祠规、服制图、时祭仪注、先贤格言

引、家规等，卷一垂丝图，卷二至七派表，卷八任事人名等，卷九传，卷末墓图、契据等。

【题名】长沙水矶口杨氏家谱

【堂号】宏农堂

【纂修者】杨科长纂修

【版本】木活字本，民国三十六年（1947 年），湖南长沙

【先祖/名人】始迁祖：杨克明（湖南 明）

【字辈表】克世子宗万、楚立振以惟、永绍昭先德、诗书启俊奇、贤嗣承吉泽、中道守芳赀、修订征文献、兴隆应凤仪、盛朝开景运、本大日蕃枝

【提要】始迁祖克明，明洪武二年自江西金？县定籍湖南长沙县水矶口。卷首一谱序、凡例、前贤箴言、宗器录序、四礼辑略、祠堂公业、祠堂八景疏等，卷末一、二墓图、墓表、字约，馀卷均为派系。

【题名】广东南关杨氏族谱

【堂号】敬思堂

【纂修者】（清）杨荫光纂修

【版本】铅印本，清光绪二十五年（1899 年），广东香山

【先祖/名人】始迁祖：杨元规（广东 宋）

【提要】始迁祖元规，宋绍兴中由广陵仕广州提举，遂家於香山。卷一祖祠谱、世次，卷二至十世次，卷十一科甲、贡监、例荐、仕宦，卷十二、十三家传，卷十四、十五艺文，卷十六墓山记，卷十七杂述，卷十八祖训、家训、祭仪、蒸尝。

【题名】龙山杨氏宗谱

【堂号】不详

【纂修者】不详

【版本】木活字本，清光绪二十二年（1896 年），浙江金华

【先祖/名人】始迁祖：杨学云（浙江 宋）、杨献裕（宋）

【字辈】千、泽、斐、琬、玉、满、迪、成、远、万、年、春、英、俊、杰、鋐、宪

【提要】始迁祖献裕、学云，南宋时由金华紫严山迁十二都龙山泉里。卷一序文、辨姓氏、谱远祖、谱近祖、科第、东晴墓林、东晴墓跋、世系图等，卷二世系，卷三至五行传，卷六、七传文、行实、墓图等。

【题名】醴南台上杨氏三修族谱

【堂号】道南堂

【纂修者】杨晋等纂修

【版本】木活字本，民国十一年（1922年），湖南醴陵

【先祖/名人】始迁祖：杨邦钦（湖南 明）

【字辈】邦、国、必、际、明、良、传、家、世、迪、吉、康、高、大、光、昌、鼎、建、原

【提要】始迁祖邦钦，明初自江西吉水殷塘迁醴陵南乡之台上。存卷载墓志铭、宗谱附录、世系、跋等。

【题名】南关杨公镇东支谱

【堂号】不详

【纂修者】于溶总编辑

【版本】宋版铅印本，民国二十三年（1934年），上海

【先祖/名人】始祖：杨元规（上海 宋）；始迁祖：杨岳（清）

【提要】始祖元规，宋绍兴间由广陵宦居于香山之南。迁沪支祖二十一世岳昭，号镇东，清中叶因贸易而来。谱载祖训、家法、家训、世次、家传、艺文、忌辰一览表、遗像等。

【题名】盐城杨氏宗谱

【堂号】得心斋

【纂修者】杨同瘅等纂修

【版本】木活字本，民国十二年（1923年），江苏盐城

【先祖/名人】始迁祖：杨青（江苏 元）

【提要】始迁祖青，元明之际自无锡洛社迁淮郡之盐城。卷首序、目录、像赞等，卷二、八世表，卷十一礼律，卷十二建置、墓图等，卷十四职官，卷十五选举，卷十六列传。

【题名】漕桥杨氏宗谱
【堂号】四知堂
【纂修者】刘瑾等纂修
【版本】木活字本，民国二十四年（1935年），江苏武进
【先祖/名人】始迁祖：杨林（江苏 明）
【字辈】第四世起：明、国、修、胤、天、思、科、士、学、新、其、德、成
【提要】如迁祖林，明代自常州府西郭迁漕桥镇。卷一序、目次、像赞等，卷二祠堂记、谱跋、诗等，卷三、四世表，卷五余庆录等，卷六传文等。

【题名】新溪杨氏显承续录
【堂号】不详
【纂修者】不详
【版本】木活字本，清光绪二十九年（1903年），江苏溧阳
【先祖/名人】始迁祖：杨公简（江苏 宋）
【提要】始迁祖公简，南宋时由临安弃官卜居于溧之新溪。卷首载序、总目、历代徙居记、续修宗谱约章等，卷一谱例、总祠说、中厅侧楼合记、重建世锦堂记、新置起塘公祠墓志、世系等，卷二至十三世系图、世表图，卷十四列传。

【题名】杨氏三修族谱
【堂号】清白堂
【纂修者】不详
【版本】木活字本，清（年份不详），江西吉水
【先祖/名人】始祖：杨辂（江西 南唐）
【字辈】第七世起：崇、德、时、奇、仁、日、锡、泽、达、贤、

镕、汰

【提要】始祖辂，世居陕西华阴，五代南唐时官吉州刺史，遂定居吉水殿塘。卷五四礼、辑略、服制图、祠堂图记、祠规、契据，卷八上湘长江桥德宾公房派世系，卷十一时长房双枧湾派世系。

【题名】金邑杨氏宗谱

【堂号】不详

【纂修者】（清）杨赏文等纂修

【版本】木活字本，清光绪六年（1880年），浙江金华

【先祖/名人】始祖：杨翱（浙江 宋）；先祖：杨存中（宋）、杨焕（宋）；始迁祖：杨春芳

【提要】始祖翱，宋杨存中幼子，南渡后居江西临川，宋淳熙间登进士第，后仕婺州治中。长子焕，官至文部尚书，后隐居浦阳桃溪。十七世孙春芳，徙金华里赵，为始迁之祖。卷一目录、谱序、原姓氏、辨姓氏、源流序、敕命、像图、墓图等，卷二系图，卷三行传。

【题名】来室［杨氏］家乘

【堂号】不详

【纂修者】杨锺羲纂修

【版本】铅印本，民国（年份不详），北京

【先祖/名人】杨讨塞、杨恒桂（北京）；名人：杨钟羲

【提要】先世居辽阳，后金天聪二年，始祖讨塞（八旗满洲氏族通谱作陶色），从皇太极入关，任职内务府正黄旗头班管领。"来室"乃六世孙恒桂斋室名。是谱以年谱形式载讨塞以下杨氏历代行迹，记事至民国间。钟羲，讨塞九世孙，恒桂曾孙，光绪十五年进士。谱内记钟羲生平行实尤详，涉及清末民初遗闻佚事颇多。（附注：谱内标题曰尼堪杨氏家世纪略）

◆ 辨姓联宗

所谓"辨姓联宗"，就是通过对姓氏文献和家谱等资料分析，梳

Yangxing Qiming Tongdian

理出同一姓氏或各个姓氏相互间的血缘关系或历史渊源，以此加强联络交往，扩大族人亲和力。在中华姓氏发展过程中，有的姓氏确系由同一位先祖衍生而来，有的只是某个家族因故分别使用不同的姓氏，有的仅仅是个人"入赘"（俗称"招女婿"）改姓，所以，同姓未必具有同一血缘，异姓也未必没有血缘关系，即同姓异源或异姓同源的情况十分复杂，对联宗要做具体分析，未必都是同祖同宗。

同姓不同宗——杨飞龙（养父）、杨茂搜（养子）

东汉建安年间，氏人杨腾率领部众迁至仇池定居下来。三国时曾联合凉州马超、韩遂、杨秋和占据今甘肃一带的兴国氏王阿贵汇合共同反抗曹操。后因战败率少数将领投奔蜀汉，其余部众被曹操迁至扶风、天水一带。司马昭当政时，氏人杨飞龙受封号，以假征西将军名义，率部落"还居略阳"。杨飞龙以外甥令狐茂搜为养子。晋惠帝元康六年（公元296年），杨茂搜自号辅国将军，右贤王，氏族部众拥戴称王，始建前仇池国，称仇池公，其辖地有武都、阴平二郡。公元317年前仇池分裂，杨茂搜长子杨难敌继位，号左贤王，屯下辨。其弟杨坚头号右贤王，屯河池（今徽县），今陇南地区大部都在其控制范围之内。其后兄弟内斗，国力日弱，公元371年，前秦皇帝苻坚遣将杨安攻仇池，城破之后，将氏族人迁徙到关中一带，前仇池国灭亡。杨茂搜和他的后人与杨飞龙还同宗。

同姓不同宗——苗族少数民族改姓的杨氏，苗姓不同，不同宗

苗族同姓或异姓同宗不婚，主要是同宗不婚。黄平苗族婚姻在姓氏上有限制，这指的是苗姓同姓不婚，只有苗姓不同的才能通婚。苗族有苗姓苗名、汉姓汉名之分，在日常生活中多用苗名交际。"这种苗族家族苗姓，黄平多一地名命名，如加巴潘姓称'喀嘎杷'，苗陇龙姓称'喀柳'，都是地名通婚都以原有苗姓为准，不受汉姓的限制。"（《苗族简史》321页），汉姓相同而苗姓不同可以通婚；反之汉姓不同而苗姓相同则不能通婚。如山凯杨姓（Khat Xangb Kad，喀香卡）黄飘新庄杨姓（Khat Jeex Nex，喀简柳）和翁坪杨姓（Khatfees，喀菲），这三支家族汉姓都称"杨"，但苗姓不同，视为不同宗，可互相通婚。

风 俗 篇

中国自古就有重视风俗的传统，风俗是特定社会文化区域内历代人们共同遵守的行为模式或规范。本篇主要介绍与姓氏有关的风俗，是我们定姓命名的依据，分以下几部分介绍：辈字入名、亲子连名、生肖星座、名魂相通和避讳国姓。旨在增强读者对姓氏风俗的宏观了解，引导读者进入微妙的姓名世界，使我们能够较清晰地认识在人物命名时需要注意的一些问题。

◆ 辈字入名

辈字，又称昭穆、派字、行派、派序、派语、班次（班列的次序），用来表明同宗家族世系血缘远近以及辈分关系。家谱中的辈字对于理顺整个家族或家庭的血缘关系，具有十分奇妙的无可替代的作用。按辈字入名，又叫谱名。宋以后，尤其明清，辈分字命名法最盛行。

◆ 辈分字命名源于何时？

辈分字起名法萌芽于汉朝末期，形成于南北朝时代，唐朝以后就逐渐盛行起来。汉末刘表有两个儿子，分别叫刘琦和刘琮，兄弟二人的名字都以"玉"字为偏旁，体现了两者的统一性。这是中国早期的带有辈分特征的名字。在南北朝时代，一些帝王家族普遍使用辈分字起名，如：宋武帝刘裕有七个儿子，名字分别是义符、义隆、义真、义康、义恭、义宣、义季，把"义"字作为共用字，表示辈分；梁武帝有八个儿子，名字分别是续、综、统、纲、绩、纶、绎、纪，都含有偏旁"纟"。到宋朝，制订辈分字习俗已成为制度，此时，辈分字不再是由父辈临时为儿辈确定，而是规范了家族辈分字，即由家族统一为后来的世世代代规定好辈分字，当家族的一代新生儿出世后，就对号入座按照规定的辈分字起名。如宋太祖赵匡胤为家族后人规定了十三代辈分字：德、惟、从、世、令、子、伯、师、希、与、孟、由、宜，也就是说，赵匡胤儿子辈的姓名中必须含有"德"字，孙子辈的姓名中必须含有"惟"字，依次类推。赵匡胤的用意是从他这一代人开始，以"匡"为辈，加上上面的 13 个辈分字，恰好是一幅字辈对联：

匡德惟从世令子

伯师希与孟由宜

可见，字辈谱并非随意编写的，它们或由一首诗组成，或是一句含义深刻的话，或是一副对仗工巧的对联，每个字代表一代人，表达了一个家族或家庭的理念，以寄托先祖对本家族的愿望。

字辈谱最完整、最有代表性的就是被历代帝王奉为"圣人"的孔子家族。孔子后代的字辈谱是中国历史上辈分延续时间最长、包罗内容最丰富的字谱，以一首五言诗表述如下：

希言公彦承，

宏闻贞尚衍。

兴毓传继广，

昭先庆繁祥。

令德雏垂佑，

钦绍念显扬。

建道敦安定，

懋修肇益常，

裕文焕景瑞，

永锡世绪昌。

宋太祖赵匡胤首先给孔子后代钦赐辈字："希言公彦承，宏闻贞尚衍"。明代万历神宗朱翊钧钦赐"兴毓传继广，昭先庆繁祥"

这十代辈字。清朝咸丰皇帝钦赐"令德雒垂佑，钦绍念显扬"。1774年，乾隆皇帝非常尊敬孔子，又给孔子后裔重赐了从66代到85代的三十字辈：希言公彦承，宏闻贞尚衍。兴毓传继广，昭先庆繁祥。1920年，孔子的第76代人孔令贻又在这三十个字后续修了二十个辈字，并经北洋军阀政府内务部加盖印章批准遵照执行：建道敦安定，懋修肇益常，裕文焕景瑞，永锡世绪昌。

根据以上排列辈分，如果我们看到孔子的后裔的姓名中间的字，就可推算出其辈分。如全国政协委员中有孔祥祯、孔令明、孔德懋，看其族谱辈字就可以知道前2人是孔子的75、76代孙，后一人是孔子77代孙子。

清王朝从康熙皇帝开始皇室成员采用辈谱字取名。清朝皇室成员姓氏都是"爱新觉罗"，在满语里，"爱新"是"金"的意思。满族人入主中原建立清朝后，他们的姓氏并没有改，但名字起的全是汉名。比如康熙皇帝的姓名：爱新觉罗·玄烨，玄烨就是他的名字，"玄烨"在汉语里是非常宏大光辉的意思。康熙皇帝开始按字辈命名，不仅规定了必用字，而且规定了第二字的偏旁，雍正皇帝是康熙的第四子，起名叫胤禛。雍正这辈兄弟的第一字皆用"胤"字，第二字必须是带"示"旁的字，如胤禛、胤祺、胤祯等。乾隆皇帝起名叫弘历，乾隆这辈兄弟的第一字皆用"弘"字，第二字必须用"日"旁的汉字。乾隆规定在"弘"辈以下选用"永、绵、奕、载"四字作为取名辈字。道光皇帝的名字为旻宁，道光又在"载"之后亲定"溥、毓、恒、启"四代辈字。咸丰皇帝又在"启"字辈下补充"焘、屺、增、祺"四字为辈字。因此清朝皇室从雍正辈起，取名用字的顺序是：胤、弘、永、绵、奕、载、溥、毓、恒、启、焘、增、祺。到了末代皇帝溥仪的"溥"字辈，清王朝就被推翻了，但爱新觉罗氏以后取名有的还使用这些辈字。

以辈字起名，有的家族把辈分字放在姓名中间，也有的把辈分字放在姓名的最后；还有的家族上代辈字在前，下代辈字在后，再下代人起名又把辈字放前。如某家族"万"字辈下是"民"字辈，万字辈的人起名：万明、万全、万方等；民字辈的人起名：维民、海民、兴民等。还有的一代双名，一代单名，单名以偏旁相连，循环反复，延续下去。

用表示排行的辈分字起名是中国历史上影响之大、范围之广、时间之久的民俗，上从皇室家族，下至黎民百姓，甚至和尚道士都有此讲究。宋以后，尤其明清，辈分字命名法最盛行。至今，从农村族谱中可看出这一现象。

杨姓字辈汇编

杨姓百家姓中的辈分排行有序，用字讲究，现将各省杨姓字辈分别列举如下：

北京

北京一支杨氏字辈：绍常书镜。

北京怀柔杨氏字辈：万士同春福。

天津

天津静海杨氏字辈：葆衍嗣绪，裕益承先，克绍贤业，树德培元，万家建国，茂广长连，海恩兆庆，贵继永传"。

天津静海杨氏字辈：玉依成仙 。

天津一支杨氏辈分：文学世家。

天津武清区（祖籍南京）杨氏字辈：世冬贡民天，成永声万贯。

上海

上海浦东区杨氏字辈：勤俭忠厚。

上海虹口区（祖籍四川绵阳）杨氏字辈：昌盛进，再正通，光葆先，令德守，天方顺，道茂是，乃荫长，献遇安，定荣锡，邦彦俊汝加国。

辽宁

辽宁兴城（满族）杨氏字辈：九守印国朝，成忠四永宏，景贤德乃大，文武庆乾隆。

辽宁抚顺杨氏字辈：万金法庆常，树立永吉祥，兴家助为本，盛世久安康，清天应朝盛，国运保隆昌，源远培厚泽，继绪兆贤良。

辽宁辽阳县杨氏族谱：成德希占秀，振兴启太昌、祖泽宗少素、万代显明方。

辽宁铁岭开原/辽中/通辽（祖籍山东登州杨家庄）杨氏字辈：万国培成广，忠春济华翔，殿军玉和志，永世德光昌。白天青国文，永德殿万春，恩守仁志信，忠义振家丰。

吉林

吉林九台杨氏字辈：好天修尚国，亿万肇基光，瑞蔼承宗荫，嘉庆泽世长，华贵永延广，雨润耀春芳，守志鹏云显，洪德溥育昌。

吉林一支杨氏字辈：国玉伟新颜，天宝继胜德。

黑龙江

黑龙江哈尔滨（祖籍山东章丘）杨氏字辈：凤秉维世祖，玉庆再武仁，孝友延书信，宗贤西国恩。

黑龙江一支（祖籍辽宁喀左县）杨氏字辈：继永树忠义，志广立孝贤，金龙兆瑞福，玉凤庆繁祥，文生明清秀，武杰兴盛全，仁德传百世，智慧续万年。

黑龙江一支杨氏字辈：国玉传加宝，红士继中昌。

黑龙江大庆（祖籍河北安国）杨氏字辈是：有凤明文振，光华万国传，长朝永显世，保本庆云连。

陕西

陕西一支杨氏字辈：传宗祖世昌。

陕西洋县新民里（祖籍重庆合川市明月里）杨氏字辈：天必思整永，舟万正方有，庭德应如仕，承绍培荣光，家玄首清白，国泰显忠良，明凤朝金殿，飞龙启遇堂，文通福禄寿，毓远志祺昌。

河南

清光绪二十四年杨文瀚修《宏农杨氏家谱》钞本，河南嵩县杨姓一支字辈：用瞻廷文元，永世彰业堂。

河南一支杨氏字辈：振起家声，敬思祖德，万年继业。

河南固始（祖籍江西）杨氏字辈：自言其心，如立本元，履廷传绪，孝有克敦，家法宜首，世泽永存，锡光肇庆，昌运隆恩，道在君相，定国安邦，祖德贤良，万代端详。

河南信阳（四知堂，来自山西）杨氏字辈：光宗耀祖，培正佳音，雨思伟穗，国泰民安。

河南唐河县城郊乡（祖籍山西）杨氏字辈：光照普群绣，永安定长寿，平太坏祖恩，宗延昌兰胜。

甘肃

甘肃皋兰县杨氏字辈：国正天心顺，官青民自安。

甘肃永登县（祖籍南京应天府洪乐巷，始祖杨始荣）杨氏字辈：承文顺万安，树世全三得，师法守先宗，元魁生继作。

新疆

新疆乌鲁木齐/四川中江县（祖籍湖南衡阳）杨氏字辈：三仕文昌国，万开永定清，登朝显相福，乾泰见元亨。

新疆新源县杨氏字辈：伏宣子廷杨，仲元启秀长，景荣宗德远，清白永蠲芳。

内蒙古

内蒙古（祖籍山西五台县上王全庄）一支杨氏字辈：梅玉成林秀，麒中恩王厚。

内蒙古一支杨氏字辈：振凤学国忠。

内蒙古一支（祖籍辽宁庄河县）杨氏字辈：殿三生绩庆玉善，富贵荣华维。

内蒙古赤峰（祖籍山东）杨氏字辈：玉庆子雪天。

四川

四川安岳县鱼龙/协和/石板/新建乡/湖南泸溪县杨氏"清白传家"（祖籍湖南泸溪县一都阳）字辈：伏宣子廷杨，仲元启秀长，景荣宗德远，清白永触芳。

四川安岳县杨家湾杨氏字辈：仁义礼智信，天道成其德，忠和玉大元，明星光上国。

四川仁寿县杨柳杨氏字辈：继先才俊英，升大锦隆庆，云清侯伯赞，太慰翱翔。

四川犍为县龙孔乡/凡香坳/大田湾/闵家湾（祖籍湖北麻城市孝感乡，始祖杨君臣）杨氏字辈：君子有道，正大光明，钟良毓俊，标奇秉英，安邦定国，显相互卿，长绵文运，克继忠贞，丕承宏绪，永振家声。

重庆

重庆合川市杨氏字派：天必思整永，舟万正方有，庭德应如仕，承绍培荣光，家玄首清白，国泰显忠良，明凤朝金殿，飞龙启遇堂，文通福禄寿，毓远志祺昌。

重庆璧山县杨氏字辈：兴登国文学，永文天星顺，家帮乾坤大，富贵荣华昌。

重庆江津市鹅公镇（祖籍河北）杨氏字辈：德三功庆泽长春，清白传家永世存。

重庆江津杜市广兴场（始祖杨瑛）杨氏字辈：仁义礼智信，国正天星顺。

重庆荣昌县原油菜乡油菜村杨氏字辈：国正天心顺，时志家道成，友起洪文运，四到永昌荣。

重庆武隆杨氏字辈：再正通光昌盛秀，世代文武永兴隆，连科及第登金榜，富贵荣华显朝中。

云南

云南巧家县新店乡杨氏字辈：朝廷国宗氏，永远自立科，顺正安才治，言明福寿多。

云南盐津县柿子乡（祖籍江西吉安府）杨氏字辈：文维国运，永镇家声。

云南永善县杨氏字辈：昌盛玉国，明德文兴，家传万世，创宇开疆，代朝载天，恩泽鸿贵。

云南文山县（祖籍江西）杨氏字辈：世长林居，再正通光，明显敬昌，顺志兴虎，保安德康。

云南丽江市（祖籍重庆武隆县西里四甲）杨氏字辈："登通和

明昌太秀，德盛联芳永光宗。

云南威信县天池杨氏字辈：天君荣华碧，世思光永吉，春国在化祥，昌明正道义。

贵州

贵州遵义市杨氏字辈：士正朝宗昌盛秀，永先祖训顺天长，文章华国照书香。

贵州桐梓县杨氏字辈：三知承俊杰，荣华泽祥祯，汉隋相尉才，盛德怀仁君，文武科举锦，唐宋建奇勋，太师奉旨令，侯州忆雄英，沧海波涛涌，虎跃起龙腾，满门忠烈鼎，丰功壮凌云，慎思传清白，后裔靖康宁，兰桂照辉映，福禄显家声，昭著千秋范，源远伟业兴，廉洁行孝顺，继发晋乾坤。

贵州遵义杨氏字辈：在政通光昌盛秀，承先宗绪顺天长，世代常怀弘农远，文章华国绍书香。

贵州一支杨氏字辈：再政通光昌胜秀，承先宗序顺天长，世代常存宏作远，文章华国绍书香。

湖南

湖南长沙市杨氏字辈：惟大祈光，以承先志，玉树崇荣，声华克继，文学昌明，道德农裕，国献家猷，达人善士，祖泽永延，植基有自。

湖南衡阳县沙岭杨氏（清白堂）字辈：应代兴朝廷，国正天心顺，家齐伦纪修，大才为世用，光显庆宏猷。

湖南耒阳东十里合桥杨氏字辈：秀启乾元懋，熙时俊彦荣，锡光同上达，济美会群英，湘楚炎基丙，鸿材煦坧钧，澍棠熏梼录，清业炽堪钦。

湖南道县分水坳（祖籍江西泰和，先迁零陵梅溪，再迁道州分水坳，始迁祖杨闻喜）杨氏字辈：闻光灿斗星，惠道福让教，旺期源燃筹，崧宥荷桂馥，闿升镕绣璆。

湖北

湖北襄樊保康杨氏字派：世上国正，维德龙兴，治家登清，永远富生，承显继恒，盛大光明。

湖北通城县杨氏字辈：新汉立法，诗书作则，祖得永敦，宗功悠克，孝友传家，贤良定国，诚正先修，齐治后业，金玉宝真，灵端来格，道学耀南，万载遗译。

湖北武汉汉阳（四知堂）杨氏字辈：元辅纯中道，鼎望振英才，茂治勤康济，贤良启万邦。

湖北荆门杨氏字辈：国正天星顺，官清民自安，永长承祖德，世代庆家宽，孝友为根本，仁义必昌隆，敦厚以崇礼，靖邦向大冈，诗书教子贤，禄俸在其中，勤俭生富贵，英勇可立功。

江西

江西新建县象山镇立新南阳村（祖籍陕西华阴）杨氏字辈：文成必达，德立光荣，宏开世业，永绍洪中。

江西一支杨氏字辈：秀起华封应圣贤，桂馥兰芳震甲地。

江西信丰杨氏字辈：禄位大贤士，朝中秉国成，志在安世远，文献自天申。

江西九江杨氏字辈：邦家守正法，万方德太和，礼义传世学，永照吉祥君。

江西都昌杨氏字辈：林常清白守，传家经学昌。

安徽

安徽合肥（弘农）杨氏字辈：慈家刻训，孝友延传，继本思左，成源守宗。

安徽萧县/定远县老西门杨氏字辈：仁义礼智信，忠厚传家远。

安徽萧县杨水洼（祖籍山东）杨氏字辈：永世树庆昌，正大光明理，道德传家远。

安徽定远县杨家字辈：尚守永德，治家保国。

安徽寿县九门杨氏字辈：克开新典则，伦纪允昭明，礼乐徽文献，诗书裕哲英。

安徽枞阳杨氏字辈：中孚鼎振，大有咸临，益谦丰豫，履泰升恒，克昌厥后，长发其祥，世德作求，载锡之光。

江苏

江苏南京杨氏字辈：堂秀名叶福，万象有根生。

江苏暨阳杨氏字辈：成感昭满，冲友文敬，通儒韶书，岳镇海然，聪道宗绍，继洽根燧，基锌泉梁，烈垂镕洁，棠炬奎锦，滋树炳均。

江苏一支杨氏字辈：忠孝明仪，笔墨传家。

江苏高邮杨氏字辈：祥龙兆玉高，瑞凤必梅远。

江苏泗阳杨氏字辈：安邦定国，競业传家。

江苏一支杨氏字辈：焕继广承家，召明子尚敬，玉庆建中华，晋怀守德宗。

江苏泰州杨氏字辈：宗培世德，文运永昌，连科及第，家道辉煌。

江苏溧水县（祖籍山东枣庄）杨氏字辈：正茂能继延，宗德金家声。

浙江

浙江乐清市乐成镇樟北村杨氏字辈：建宣化行，仁义忠良，礼乐明备，敦本兴文，百世春朝庆，日逢保合天，久大须从信，成功福德全，清字登圣位，家国毓英贤。

浙江嘉兴杨氏字辈：世大光明显，德隆永荣昌，久远一枝梅，万代定贤良。

浙江平阳县闹村乡中兴村杨氏字辈：世应公元国承启，其昌永臣振家声，立志方思光祖德，正心乃克绍圣明。

山东

山东济南历城区杨家屯杨氏字辈：士学风宝（景），鸿庆钦思，安德允，可和万邦。

山东莱芜杨氏字辈：聚平田守广，永继自东来，相处清和里，明辉照上台。

山东淄博杨氏字辈：昆仑山峰，登云成龙。

山东菏泽/聊城市沙镇区大张乡朱庄村杨氏字辈：万世发纲常，光增前明堂，永承恩泽远，照代延庆祥，忠效安守本，经纶通善良，道德全才仕，修齐振家邦。

山东肥城杨氏字辈：光玉根鸿丰，联仁泽翰清，宗昌安会运，式序冠邦东。

山东滕州（祖籍山西洪桐）杨氏字辈：家凛四知，位列三清，觉府绵延，永葆遗训，德恒政固，承启宏昌，钟毓秀美，品尚端方。

山东青岛杨家洼杨氏字辈：宗尚秉可有文世道存，瑞学进德照洪吉祥茂。

山东济阳钦天监（祖籍安徽歙县，先祖杨光先）杨氏字辈：儒立西堂建，发松照元明，志应奉圣舜，俊美吉康宁，忍让邦本睦，升平四时春，山河永久固，大地庆洪恩。

山东定陶杨氏字辈：儒雅冠中国，金技超群伦。

山东阳谷张秋/莘县（祖籍山西洪洞县大槐树老鸹窝）杨氏字辈：恒绍汉朝庆连震，永宗明世俊伟荣。

山西

山西一支（四知堂）杨氏字辈：光宗耀祖，培正佳音，雨思伟穗，国泰民安。

广东

广东汕尾杨氏字辈：梅，宏石耆纯绍，世耀维与源。天宜继畴本，允捷位永其。明德克开宗，道占来初为。可贵必广聚，居肇毓培立。礼宅仁作嘉，瑞垂守有成。量益大济美，集祥长锡萃。

广东汕尾杨氏（弘农堂，祖籍福建莆田猪仔街）字辈：庆俊标振，相仕生钦，兰桂腾芳。

广东吴川杨氏字辈：万宗有福，端兴和睦。

广东潮安县庵埠镇文里村（始祖杨迪，祖籍福建莆田涵头乡石咬卵巷三厅）杨氏字辈：茂天之世，必其永昌，元文秀启，应时英贤，华光尚彩，奕开泰祥，弘农嘉庆，传芳万年。

广东一支杨氏字辈：元亨利贞，福贤善庆。

广西

广西南宁邕宁区那楼镇罗马村杨来坡/河池金城江杨氏字辈：朝手发尚，愈德宗辉，文超品正，家人大有，志一为方，培茂敬收，纯亦乃可，学求达岸，科上高峰。

广西一支杨氏字辈：金成红景象化龙，克照之笔一变通，自殊千刻传祖策，全家富贵要忠功。

广西贵港市杨氏字辈：德翠宗家立，世贤耀祖先，贻谋联燕奕，经营策万安，水源宜自有，木本胜华元，祥云游日月，瑞气集天年。

广西凌云县逻楼镇陇朗村（祖辈江西）杨氏字辈：维宏兴芝华，宗俊永朝廷，国正天心顺，官清民自安。

广西钦州地区（祖籍南宁）杨氏字辈：喜成世凤，学耀明朝，国大宗基，士新永春。

海南

海南一支杨氏字辈：有统昌家业，大盛兴朝时，文明开世泽，武略定王功。

海南琼海市杨氏字辈：公可永家祚，维善庆全昌，克昭先世德，作用国之光。

福建

福建泉州杨氏字辈：天长地久，积厚流公，乾元兴建。

福建漳浦县（世隆衍系四房）杨氏字辈：世大伯景文，恺正廷国嘉，义维良齐圣，广渊明允笃，诚忠肃恭懿，宣慈惠和载，高履厚根本，顾深积善行，仁荣华发达。

福建福鼎杨氏字辈："敬承祖永希。

福建长汀腊溪杨氏字辈：志永贵，俊成俨，乔世春，万允时名，奇人美士，源远绵长，承先启厚，生义流芳。

台湾

台湾台北市/桃园（祖籍福建漳浦县石溪堡林地社浮南桥17都，入台始祖杨广成、杨广应）杨氏字辈：大伯景文恺正延，国家义维良齐圣，广渊明允笃诚忠，肃恭懿宜慈惠和。

台湾高雄市（祖籍安徽怀远县，始祖杨汝柏）杨氏字辈：廷兰荣宝，启立宏长，惟思祖德，永锡尔光。

台湾高雄县旗山镇（祖籍山西洪洞县）杨氏字辈：长国世后玉，东恩传广存。

台湾鲫仔潭（祖籍福建漳州）杨氏字辈："源宗震鸿烈，丕建裕文孙，弈世嘉允德，锺毓秀仍云。

近代杨氏百字谱：

初定：弘农俊杰英荣华泽祥祯文武科举锦福禄宁康兴太师忠书令唐宋才嘉兵汉隋相尉权崇德怀仁君兰桂照辉映侯州尽雄伟盛海波涛涌觉理冲凌云启后继乾坤慎思贵富民树以成良言勋著永绵传严洁孝顺模喜庆辅龙腾昌发山西籍源远承家业；

后改：三知承俊杰荣华泽祥祯汉隋相尉才盛德怀仁君文武科举锦唐宋建奇勋太师奉旨令侯州忆雄英沧海波涛涌虎跃起龙腾满门忠烈鼎丰功壮凌云慎思传清白后裔靖康宁兰桂照辉映福禄显家声昭著千秋范源远伟业兴廉洁行孝顺继发晋乾坤。

◆ 亲子连名

一个家族内不同代的人名中都含有一个共同的字，这就是亲子连名。

旧时对当朝皇帝及其祖先的名字都要避讳，既不能写，又不能叫，万不得已遇到它，都要用另字替代，或是读成别音，这就是"国讳"，比如：司马迁写《史记·宋微子世家》时，开头就这样记："微子开者，殷帝乙之首子而帝纣之庶兄也。"微子的名本来叫启，司马迁把"启"写作"开"的原因，是避讳汉景帝刘启的名。再如中秋节时大家必会想起的美女嫦娥，其名本叫姮娥，因汉文帝名叫刘恒，便避讳成现在的叫法了。受此"国讳"影响，也出现了"家讳"，晚辈不能用长辈的名字。但是"家讳"没有那么严格，古今都有子孙的名字含有爷爷或父亲的名字中的一个字，如周厉王名"胡"，其后周僖王名"胡齐"；周穆王名"满"，到周襄王时，《国语·周语》和《通志·氏族略》记载周襄王的儿子、周顷王之孙的名也叫满，被称为王孙满；中国前任总理李鹏，其子李小鹏；毛泽东的外孙女孔东梅（其母亲是毛泽东长女李敏，父亲是孔从洲将军之子孔令华）和他一样下巴长了一颗痣。1972年毛泽东看到李敏刚生的孩子照片，给她取名"东梅"，"东"是他名字里的一个字，

"梅"又是他的平生最爱的植物。

中国人取名字不讲避讳的例子也很多,东晋书法家王羲之家族就采用父子孙连名方式命名,儿孙们的名字中大都含有"之"字,如五个儿子分别叫王玄之、王凝之、王徽之、王操之、王献之;孙子中有王桢之、王静之、王桢之,曾孙王翼之,直至王羲之的 10 世孙王熊之。进一步查证,琅琊(今山东临沂)王氏至少在十代内都有含"之"的人名,根本不讲避讳。不只如此,在魏晋南北朝时期,除了王氏几代共用"之"字入名,当时琅琊的颜氏、范阳的祖氏、东海的徐氏、山东的孔氏、河间的褚氏、陈留的阮氏、南阳的范氏等有名的家族,也都出现了父子名字共用"之"、祖孙名字同用"之"、兄弟名字同用"之"的现象。可见,"之"在名字中特别受青睐,地位高者,权力大者,特别是当时的显贵士人,名字里往往都带一个"之"字,似乎是当时精英人士的标志和荣耀。如为《三国志》作注的南朝宋人裴松之、东晋时著名将领刘牢之、北魏著名道士寇谦之,这些人的名字里都未离开"之"。晋代的皇族对"之"字也情有独钟,如晋宣帝的弟弟、安平献王叫司马孚之,儿子、汝南王叫司马亮之,后代还有司马景之、司马昙之等。

喜欢在名字中用"之"字,成为魏晋时期人名的最大特色,此风气影响到了后世的起名,甚至在今天,效尤者亦多。

不但汉族有亲子连名的习俗,我国少数民族如蒙古族、苗族、彝族、高山族、彝族、哈尼族、景颇族、纳西族、佤族也流传着比较原始的"口传亲子连名"习俗,这种亲子连名制也能表示辈分,据张联芳主编《中国人的姓名》介绍,景颇族的父子连名就是在子辈的名字上冠以父名的末一个或两个字,如景颇族荣姓某家 33 代的姓名分别是:毛母伦→母伦贡→贡麻布→布阿昌→昌佐标→佐标得→得木荣→木荣飘→飘碧央→央伦勒→勒等遮→遮刚佑→刚佑九→九冲车→冲车约→约奥钉→钉洛峨→洛峨张→张鲍→鲍奴→奴佣→佣登→登陆→陆格→格程→程六→六仲→仲崩→崩昌→吕克→克姜→姜宗→宗烧。景颇族的连名制是把父名作为子名的首字放在前面,还有相反的情况,即把父名放在子名的后面,佤族即采取这种方式，如西盟马散艾拉特家人的连名谱系是：普依其司岗→良普依其→康良→希勒里连姆康→尼希勒→格罗姆尼→怪格罗姆→格洛怪→勒格洛→坎勒→孟坎→苦特孟→克勒苦特→炎克勒……。维吾尔族也采取这种方式，如卡迪尔·艾山→吐尔逊·卡迪尔→马木提·吐尔逊……。学术界称前一种方式为前连型亲子名，后一种方式为后连型亲子名。由于口传连名谱中的字数是有限的，因此，随着人口的增加，就不可避免地会出现重名现象。高山族的人们为解决这一问题，就根据重名者的一些显著特征给他们加上不同的外号，如"舒拉"（大地之意思），加上外号就有了胖子舒拉、大个儿舒拉、黑舒拉等等，这也给高山族的姓名增添了不少情趣。

◆ 生肖星座

十二生肖，是由十一种源于自然界的动物即鼠、牛、虎、兔、蛇、马、羊、猴、鸡、狗、猪以及传说中的龙所组成，用于记年，顺序排列为子鼠、丑牛、寅虎、卯兔、辰龙、巳蛇、午马、未羊、申猴、酉鸡、戌狗、亥猪。虽然十二生肖是中国传统的民俗，但在越南、印度、埃及、墨西哥及欧洲多个国家和民族也广泛使用十二生肖。中国有许多诗人写有描绘十二生肖的诗词。中国人往往以十二生肖中的动物来比喻人的性格、特征、习性等。

中国古代星座的成就要比西方早，中国人说三垣二十八宿，把天上星座分成3大块28类，而不是只有西方的12星座。本文介绍的是占星学中的12星座。十二星座即黄道十二宫，是占星学描述太阳在天球上经过黄道的十二个区域，包括白羊座、金牛座、双子座、巨蟹座、狮子座、处女座、天秤座、天蝎座、射手座、摩羯座、水瓶座、双鱼座，虽然蛇夫座也被黄道经过，但不属占星学所使用的黄道十二宫之列。占星学的黄道十二宫定义只是指在黄道带上十二个均分的区域，不同于天文学上的黄道星座。而经国际天文学联合会在1928年规范星座边界后，黄道中共有13个星座。十二星座代表了12种基本性格原型，一个人出生时，各星体落入黄道上的位置，正是反映一个人的先天性格、天赋及行为的表现的方式。

根据占星学说，各个星座与人的各方面有对应关系如下：

星座	人生阶段	人体部位	性格特征
白羊座	婴儿	头	勇气、斗志 好胜
金牛座	幼儿	颈 喉咙	谨慎、温和 务实
双子座	儿童	手 臂 肩肺	机智、善变 好奇心旺盛
巨蟹座	少年	胸胃	敏感、情绪化、外刚内柔
狮子座	青年	脊椎 心脏	慷慨、霸气 自尊心强
处女座	青年	肠 神经系统	镇静、善辩 完美主义
天秤座	成年	下背 臀 肾脏	自恋、追求公平
天蝎座	成年	生殖器官	神秘、爱恨分明、占有欲强
射手座	壮年	大腿	乐观、诚实 爱冒险
摩羯座	老年	骨头 关节	膝盖、意志坚强、专注力高、勇敢
水瓶座	重生	小腿	睿智、独立 叛逆
双鱼座	灵魂	足踝 脚掌	浪漫、富同情心、不切实际、优柔寡断

　　12 星座的时间每年都有 1～2 天的差异，划分星座的关键是节气。比如，水瓶星座与双鱼星座的分界是雨水，只要使用精确的万年历，查到雨水的时刻就可以区分了。

　　占星学中的星座如下：

摩羯座	12 月 22 日—1 月 19 日
水瓶座	1 月 20 日—2 月 18 日
双鱼座	2 月 19 日—3 月 20 日
白羊座	3 月 21 日—4 月 19 日
金牛座	4 月 20 日—5 月 20 日
双子座	5 月 21 日—6 月 21 日
巨蟹座	6 月 22 日—7 月 22 日
狮子座	7 月 23 日—8 月 22 日
处女座	8 月 23 日—9 月 22 日
天秤座	9 月 23 日—10 月 23 日
天蝎座	10 月 24 日—11 月 22 日
射手座	11 月 23 日—12 月 21 日

生肖与星座组合反映的人生信息如下：

摩羯座（山羊座）：12月22日—1月19日出生的人

鼠：性格上显得犹豫不决，经常自我怀疑；感情丰富，思考能力很强，好幻想，事业上需要与一位十分亲近的人合作。

牛：本性纯良，易与人相处。对演艺音乐兴趣浓厚，可出成就。请注意把握方向，人生若无目标，便是浪迹天涯。

虎：性格敏感，情绪不稳，刚愎自用，是一个自我主义者。对家庭尽心尽职，在工作上聪明又勤奋，勇于面对各种困难。

兔：生性活泼，充满精力又相当时髦。喜欢缠绵的爱并极富爱心，在事业上颇具野心，适合从事文学、律师、经济等职业。

龙：性情漂浮不定，对于可能发生的失败及错误过分忧虑，在交际方面极舍得花钱。应注意自觉地多训练自己的戒备之心。

蛇：本性宽容对人，人缘极佳，是个利他主义者。在生活和工作上做事较啰唆，害怕孤独，任何情况下总喜欢找个伴儿。

马：具有克服困难的超然能力，将使其取得一般人不敢想象的成就，具有改造世界的强烈欲望，说话尖刻很难与他人相处。

羊：虽缺少领导才能，但是一个极棒的合作伙伴或下属，做事需要得到周围人的经常激励，否则会突然松懈下来而功败垂成。

猴：个性风趣、幽默，模仿能力强，常在生活中孤芳自赏，难以承受失败的打击。特别适合从事演员、作家或老师的工作。

鸡：并非最可信，却是最可爱的人。为人慷慨大方，善于恭维别人，尤其是其倾慕的异性，很会掩饰，要求别人绝对的坦诚。

狗：表面冷淡而高傲，善于掩饰内心的痛苦，交际广泛并一表人才，易招致他人妒忌，能言善道，适合从政、做律师。人生追求自由独立，喜欢旅游。

猪：善于安排生活，精于享受，社交活跃。有时固执己见，竞争感强，十分自信，在事业方面会有伟大的成就。

水瓶座：1月20日—2月18日出生的人

鼠：个性敏感、活力无穷，对困难的承受能力强。为人稍显粗暴，不易与朋友相处，对爱情喜欢坦诚相待，有时表现得热情大方，有时却冷若冰霜。

牛：耐性较差，活泼好动。常因控制不住自己的购买欲望而欠债甚多，为人慷慨且乐于助人。

虎：助人、开导是其最大的优点，懂得为自己选择一条正确的人生道路，喜欢思考，做事有条不紊，能给他人以绝对安全感。

兔：生性乐天无忧，好自我炫耀。寻求稳定的婚姻。喜欢结交新的朋友，但在交往时又较保守。为了乐趣而积聚众多的知识。

龙：个性柔顺、唠叨，处理事情有极高的技巧。男性会用毕生的精力去争取社会地位，女性则可能把时间都花在交际上。

蛇：喜欢恶语伤人，时常与人对立，人缘较差。做事追求利益，否则会半途而废。婚姻上大多数较晚。渴望在法律上有所成就。

马：人生以事业第一，但较为缺乏耐性，不太善以言辞来表达自己的想法，看待事情十分固执，在受到太大压力时易退缩。

羊：志向远大，直觉强，有灵感，能够预测未来。在事业上靠汲取别人的经验和运气取得成功。

猴：行动敏捷，有哲学家的思想，善于享受，大多数不喜欢勤劳的工作。性情比较反复无常，做事有计划且精于理财。

鸡：积极致力于事业，如能自律，则会获益无穷，能吸取教训，适合外交、演说及文字工作等职业。注意保持自己情绪稳定。

狗：做事谨慎而稳健，行动积极，但太过于苛求别人，为人讲信誉，身边有许多患难与共的知心朋友。

猪：性格孤僻，文人气浓厚，任性且又反复无常，依赖心较重，对困难的承受能力弱，虽有无比的潜力。但不知怎样去发挥。

双鱼座：2月19日—3月20日出生的人

鼠：性格聪慧、谨慎并且有良好的口才，喜欢物质享受，对人情义理比较看重，爱情观比较自私、任性，工作上依赖性强，是个好的合作者。

牛：有勇气、想象丰富并且善良。好冲动而使远大计划招致破坏；在情感上颇为执着，在艺术方面有相当成就。

虎：生性善良、敏感及富有冒险精神，善于解决矛盾。追求炽热、刺激的爱，对爱情充满好奇心。工作上注意不要恃才自傲而导致失败。

兔：生性谨慎、沉默、内向。追求理智与秩序，不善社交，远离时尚与流行。在爱情上是天生的浪漫者，要求伴侣太过于完美，以致结婚较晚。

龙：性格敏感，为人亲切、活泼，做事勤奋。在爱情上很易被他人的温柔所感动，以至全心投入。工作上因拥有很高的天赋，会有较大成就。

蛇：性格善良、敏感、有礼貌，爱情上缺乏实际行动，往往错过许多机会而遗憾不止。在工作上是个机会主义者。

马：有一颗善良的心，有着天性仅存的纯真。在爱情上是个完美主义者，奢求永恒不变的爱情。在工作上虽具才华，但因行动不力而无大成。

羊：性格内向、善良并多愁善感。在感情上表现出神秘感，不愿受到情感的约束。工作思想不稳定，如能得到长辈的辅助，则可能有一定的成就。

猴：对人友善，有礼，颇具创造力，适应能力非常强，故常常能败中求胜。爱情观比较独立，喜欢被人依赖，对家庭绝对认真负责。

鸡：诚恳、友善及富有冒险精神。在工作上极有自信心。对爱情不太主动，往往因此失去时机，不过对每段感情都极其真诚。

狗：温柔有礼，乐于助人，值得依赖，对恋人体贴、细致而宽容。工作时认真严谨，但娱乐时则十分尽情。

猪：为人友善，好奇心重，喜欢受到外界的关怀。在爱情上因为不主动出击，而痛失良机，但在工作上敏捷地抓住机会，取得辉煌的成果。

白羊座（牧羊座）：3月21日—4月19日出生的人

鼠：性格倔强、固执，乐于助人，对事业、爱情十分执着。但自满使其事业进展迟缓，行动不力会使在爱情上错失机会。

牛：性格积极、聪敏及观察力强，表现沉默、内向，但亦不失机灵幽默，极为异性所吸引。搞好人际关系，能帮助其事业有成。

虎：心性善良，乃性情中人。对爱异常的投入，亦非常的真诚。在工作上极有才华及勇气，对事情如能冷静处理则事业有成。

兔：性格优雅，充满智慧，一生中追求优雅美丽与文化气息浓厚的事物，在感情中并非绝对诚实，从不愿卷人情感纠纷之中。

龙：性格善良，为人敏感并颇勇气，在生活中如能改掉脾气暴躁的缺点，人缘就会好转。爱情上可谓好事多磨，工作上勇于克服困难。

蛇：具有双重性格，行为颇令人费解。一方面追求此生不渝的爱，另一方面又害怕被婚姻的枷锁管束，让恋人无所适从。工作上如能与同事处理好关系，就会在商界中创造出一番事业。

马：性格较为暴躁，对爱情太过投入会使结果适得其反。虽具有领导者的才华，但请注意自己形象的树立，否则会功亏一篑。

羊：性格善良、礼貌、柔顺、文雅。因不善于表达情感而使恋人觉得其太平乏，因拿不定主意易出现三角恋。工作上倒是十分地沉着、冷静。

猴：性格坚强、有勇气，是个善用心计、城府较深的人。因善解人意而使恋爱历程总是一帆风顺。工作上只要做到谦虚为好，成就往往是很大的。

鸡：机智、敏捷、伶俐、口才极佳。喜爱忙碌、自由的生活，渴望受到重视与信任，结婚比较晚。

狗：处事冷静，能在逆境中保持不败之身，爱情上懂得适当的给予和接受，故颇得恋人的倾心。

猪：性格固执、善良，喜欢冒险，虽才华横溢，但处事好武断。在爱情上因极要脸面而痛失良机。在艺术上有非凡的成就。

金牛座（牧牛座）：4月20日—5月20日出生的人

鼠：性格和善有礼，善于投机取巧，能言善辩，人缘极好，心理承受能力强，助人为乐，是个十分懂得享受的人。

牛：性格冲动、任性，但具热情。在爱情上是个强者，工作上很适合与他人合作。

虎：性格敏捷、诚实、固执，对恋情非常执着，对恋人关怀备至，在工作上权欲极大，如注意多采纳他人意见，则成就不小。

兔：天生具有想象力，喜爱享受舒适的生活。在爱情上喜爱单纯的感情关系。在工作上沉着冷静，在艺术上有非凡的成就。

龙：任性、固执、喜好孤独，人缘较差，偏爱至死不渝的情感。工作上才能非常惊人，只要能找到好的合作者，成就亦是非常惊人的。

蛇：生性谨慎、暴躁，善于掩饰自己的情绪。在爱情上处事犹豫，不善于表露自己的情感而使恋情不顺，但婚后对家庭责任心强，具有艺术家的天分。

马：本性纯洁，毫不自私。对爱情认真投入，对工作有高度的热忱，但应多训练如何加强自己的决心与勇气，是个值得依赖的人。

羊：性格善良、勤奋、诚实。对爱情缺乏勇气，但是个工作狂，无论有多大困难，其总会想方设法去解决，心理承受能力极强。

猴：性格冷静，乐观而又幽默，在爱情上颇得恋人的倾心，在工作上要注意收敛自己的锋芒，以免他人嫉妒。

鸡：聪明、谨慎并富有同情心。既渴望爱情的到来，又害怕受到伤害，结婚较晚，工作能力很强，人缘颇佳。

狗：性格坚定、勇敢、敏感。对感情相当投入，但一旦察觉恋人不忠，便会马上施以报复。对工作有坚强的毅力，并且天分较高。

猪：性格固执，心地纯洁，不善言辞，极有内才，爱情方面言行不力。健康方面切勿暴食。在艺术、设计及文字工作等方面有特别才能。

双子座：5月21日—6月21日出生的人

鼠：性格机灵、活泼、友善并且固执，常有怀才不遇的感叹，忽视对知识的追求。天生易变的性格使他令别人无所适从。

牛：性格稳重、友善、冷静及能言善辩，社交广泛使其朋友众多。在情场上无往而不利，在商场上亦能逢凶化吉。

虎：性格多变、懒散、聪明又善良。在爱情上从不喜受约束。工作上若能更加努力勤奋，事业必能有成。

兔：自我意识感与自我表现欲十分强烈。有着传统性格，注重

隐私并心地善良，厌恶商界中的狡猾与欺瞒。

龙：性格友善，机敏。在爱情上不大专情，只喜欢短暂的恋情。在工作上宜收敛锋芒，生活中很爱护、关心比其弱小的人。

蛇：性格积极、机智、和善。善于化解困难，爱情观稳定、专一。因思维敏捷，极适合从事外交、写作等职业。

马：性格优柔寡断，聪明友善。对爱情的目的性不强，不喜欢受束缚。工作上才华横溢，在艺术方面往往有较大的成就。

羊：性格反复无常，好幻想而导致对现实抱怨多，由于活泼而幽默，故人缘较好。在工作和爱情上变化多而快，多数成就很小。

猴：性格飘忽不定、任性，讨厌在爱情上受到管束，极易见异思迁，工作上往往能标新立异，博得上司及同事的惊奇与侧目。

鸡：性格复杂善变。在爱情及生活中易失去伴侣或朋友，人虽聪明但耐性不足。比较适合外交或演艺行业。

狗：性格善变、友善并富于同情心。恋爱方式较稳定，是个多情的人，对工作上的失败和错误过于担忧，以致难成大业。

猪：具有出众的口才，挺拔的外表，对恋人能倾其情感。天赋的才智使其在工作上成就颇佳，化解矛盾的能力特别强。

巨蟹座：6 月 22 日—7 月 22 日出生的人

鼠：善于社交，想象力丰富，讲原则，有爱心，家庭观念重。工作上善于把握时机，尤其适合在贸易或艺术方面发展。

牛：为人正直，对工作锲而不舍。对感情十分敏感，如得知恋人有私情，会决然与对方分手。

虎：爱好宁静、安详的家庭生活，对家庭负有很强的责任感。对伴侣体贴入微但拙于言辞。生活及工作上最需别人的劝告。

兔：生性诚实可靠，善于款待朋友，他们是热情温柔的情人，追求美好的生活享受，是典型的爱家之人。

龙：好助人为乐，对感情不存幻想，选择伴侣时十分客观、实际，善于持家。稳重、慎重的性格使其工作颇有成绩。

蛇：十分重视家庭生活，不论婚前婚后对爱人都温柔体贴。善于从失败中汲取教训，乐于助人，经常留心情绪及精神压力带来的影响。

马：性格沉静、敏感。对恋人体贴细致，对家庭责任感很强。在工作上虽热衷权力，但正直不阿，尝试接纳他人的意见有百利而无一害。

羊：性格较沉静、内向，感情较脆弱。在工作上极具领导才能。朋友很少但大多数都能倾心而交。

猴：本性善良、乐于助人并富于同情心，对爱情倾其真心，痛恨虚情假意。工作上易受外界影响而分散精力。

鸡：性格沉稳、含蓄。工作能力不错，但要学会借助外力来提高自己，在爱情上有点拖拉和过分小心，是个值得信任的人。

狗：情感丰富、敏感。在爱情上可称为大情圣，对家庭极其负责。在工作上如能面对困难并解决它，事业必有成就。

猪：本性善良、敏感、乐于助人。爱情方面过度犹豫保守。工作上要注意人际关系的处理。呼吸系统方面的保健要多加留意。

狮子座：7月23日—8月22日出生的人

鼠：具有非常旺盛的精力，权力欲较强，为达到目的而不择手段，喜好专制，具有优良的表达能力，是一个成功的领导者。

牛：任性、放纵、对人快意恩仇。天生具有领导才能，但自视过高，应常以"骄兵必败"来警戒自己。

虎：生性热情、急躁，主观意识特浓。在爱情、工作上如不能注意好好接受亲戚朋友、长辈、同事的善言及劝告，则会一事无成。

兔：生性灵活机智，庄严而独立，文雅高尚加上为人慷慨，使其具有成就伟业的必要条件。

龙：有充沛的活力，具有领导人物的条件，善将情感藏于内心，给人以面冷心慈的感觉。人生中事业高于一切：勇于克服困难，成就非凡。

蛇：性格内向、固执，自尊心强，人缘较劣，不太受别人的尊重，生活和工作上有诸多磨难，是有后福之人。

马：对爱情执着，但缺乏趣味，是一个自我主义者，在遭受挫败后能很快恢复自信，但不要因一时的坏脾气而自毁前程。

羊：性格沉着、冷静、对人和善友好，耐性强，人缘颇佳，具有领导者的气质。

猴：乐观，充满活力，处事不够严谨，喜爱并精于享受。为人具有强烈的反抗意志，是个天生的强者，个性谦逊，极少自夸。

鸡：极具魅力，性格开朗、乐观，不易被困难、挫折所击倒，是个天生的强者。爱情上极投入并有情趣，对家庭绝对负责。在生活中极爱结交朋友，为人慷慨，重情理，讲原则。

狗：善于关怀别人，强烈的主权意识使其在人生中要么升官进爵，要么导致忠言逆耳，反对别人，怀疑别人，造成不良后果。

猪：性格开朗、热情，富有进取心，才能极佳，自我意识强烈，应经常反省，不要太狂妄自大。

处女座：8月23日—9月22日出生的人

鼠：积极追求事业的成功，富有信心，敢于尝试新事物，但处理事情能力较弱，在生活中如受到别人的恭维，就会不顾一切地帮别人。

牛：生性心直口快，观察能力强，但请谨防小人之言行。耐寂寞，独立生活能力强，但千万记住家仍是其最佳慰藉。

虎：性格温婉动人，对朋友非常慷慨，以至自己常常经济拮据。对爱情及生活非常讲究优雅的情调，是个懂得享受的人。

兔：生性谨慎，极少抱怨，喜欢孤独，外人很难与其沟通；寻求稳定的家庭生活，并相当负责任。生活中对人宽容。

龙：性格稳重，善解人意，对恋人来说是个好伴侣，对家庭来说是个好家长，有购物癖。

蛇：独立能力强，对侵犯其利益的人具有强烈的报复心理，但又碍于本性善良，故常使自己陷于矛盾之中。对人生的伴侣不惜花费毕生精力去追寻。

马：个性自私，缺乏幽默感，害怕面对现实和失败。工作上头脑清醒，效率高，颇得上司的垂青，但要注意虚心好学。

羊：性格沉着、安静、内向，做事我行我素，不啰嗦，不挑剔，是个极随和的人，但有时过分殷勤与慷慨易使人产生疑虑。

猴：喜爱浪漫的情调，亦是一个浪漫的情人。具有过分的自信心，极少产生自卑心理，所以在生活中是一个非常乐观的人。

鸡：情绪变化多端，自我解决矛盾的能力非常强，喜欢受到外界的重视与鼓励，喜爱逛商场，有购物癖。

狗：天生警觉多疑，尤其是女性，使人感觉有老人般的固执，但只要得到真心的关怀与鼓励，他们则会愉快地与人相处。

猪：极富艺术气质，凡事自作主张，有时显得武断，令人难以与之相处，应尝试接受忠告，以弥补自己的粗心，必能在艺术上有相当成绩。

天秤座：9 月 23 日—10 月 23 日出生的人

鼠：与人交往时带有极强的激情，追求戏剧性的浪漫，在生活及工作上颇有敢做敢当的魄力。

牛：情绪不太稳定，不善言辞，好幻想，易走极端，对文学艺术兴趣浓厚，可有极大成就。

虎：在生活中遇到困境时，表现出急躁不安的性格。善于交际，喜好锦衣美食，天生是一个享乐主义者。

兔：生性多疑，有洁癖，带点神经质，拒绝任何人或事做草率的决定，但亦因此失去许多机会。喜爱娱乐，但又害怕刺激。

龙：具有丰富的想象力，为人敏捷，善良而好客。在商业与艺术方面可能有极大的成就。善于持家理财，是一个享受主义者，谨记克制自己的波动情绪。

蛇：生性活泼、好强、挑剔，常自己使自己不快乐。审美眼光高，是个唯美主义者，选择恋人时亦注重对方的长相和外表。喜欢舒适的环境，但自己不好整理家居。

马：富有纯真的本性与善心，但过于挑剔使其很难与他人相处。喜欢高雅的服饰及舒适的生活，注意不要太沉迷于幻想。

羊：善于表达，可成为一名优秀的教师，碰到困难时反复找人诉说，以调解自己的矛盾，但过于啰嗦。

猴：思想敏锐，脾气乖戾，对任何事均喜欢寻根究底。丰富的想象力使其对人或事情具有很强的预见力。

鸡：富于理想与智慧，但缺少一点机智，心胸广阔，善于及喜欢表现自己。生性固执，是墨守成规的典型。

狗：具有敏锐的观察力，对生活细节不太注意，在其心目中永远是事业第一，家庭第二，在爱情上对别人付出的情感回报太少。

猪：男性多情、有魅力，但较好色，女性则较自信，忠贞而坚毅，乐于助人。他们与人交往时特别讲究真情。

天蝎座：10 月 24 日—11 月 22 日出生的人

鼠：具有内才但不善言辞，如能从小好好引导，将来成就一定非凡。在从事重大决策时犹豫不决，进而痛失良机。生活不善自理。

牛：目光敏锐，看待世事比较冷漠，在自己的生活圈中性情开朗幽默。

虎：个性强，在受到他人鼓励时做事有极大的魄力，富有审美眼光，思想敏锐，心细如发，但有时对人生易产生悲观念头。

兔：生性谨慎，口才颇佳，具有丰富的幽默感。会在稳定的婚姻中来点越轨行为，但无伤大雅；适合做心理医生。

龙：善于谋略，是一个在安舒中有力量，在和平中有阴谋的人。崇尚理想主义，中年之后可望有成就。爱情上因太过于幻想而常常失败。

蛇：生性平和，为人正直，工作勤奋，有时给人以固执、专横的感觉，行事较冒进，应注意在挫折中坚定信心。

马：生性乐观多疑。与人交往只作表面上的接触。不会深交，故知心朋友较少，为人诚实，反对欺骗行为。

羊：性格沉默、内向、善良。在工作上精力充沛，主观意识强，做事不容别人侵犯自己的权益。

猴：个性倔强，勇气颇佳，心胸宽广，在工作上能够成为一位非常好的合作者，乐于给他人以无私的帮助。

鸡：极善言辞，是个讲故事的天才。天生乐观的性格使其颇具社交能力。对待工作正直、充满权力欲并有锲而不舍的精神。

狗：是天生的领导人物，善于抓住机会，但容易自我膨胀。对给予别人的帮助讲究回报，致使人缘较差。

猪：人生中挫折较多，感情丰富，过于敏感，崇尚人道的施予，情感自我压抑，非常注重自己和别人隐私的保密。

射手座（人马座）：11 月 23 日—12 月 21 日出生的人

鼠：自我意识很强，冲力不可阻挡，无论在权势或财产方面都渴望获得成功，但应多结交朋友，使自己胸襟更为广阔。

牛：生性沉默寡言，喜欢待在家中，害怕困难。不喜接受别人忠告，对权势过分追求，却高估自身能力，以致结果不佳。

虎：自我意识太强，有抗拒别人的心理障碍。非凡的辨析能力，高格调的品位，使其在工作上无往而不利，但不要狂妄自大。

兔：性格飘忽不定，似乎能在创伤、遗落与伤痛中获得进步的力量，常出入于层出不穷的情感关系中。

龙：心思缜密，创造力强，善于引导别人，不喜受到束缚，却善于讽刺及伤害他人。过于封闭于自我构想的世界之中，虽有助于从事文学创作，但亦使其陷于现实的泥塘之中不能自拔。

蛇：具有很大的野心及对环境的适应能力，特别热衷于社会改革运动，敢于冒险，但缺乏自信心。

马：重视手足之情，却又是一个拜金主义者。在三十岁之前可望事业顺利，但应注意克制自我的冒险精神，以免酿成大错。

羊：天生精力充沛，不畏艰辛，在艺术上颇有成就，内心世界极其丰富，乐于助人使其人缘较好。

猴：天生灵敏，善于保护自己。迷恋家庭，但有时出去疯狂地购物以求心理平衡，行为有时不够磊落。

鸡：个性较稳重，城府较深，一生中能自强不息，属大器晚成之辈，但必须谨记做事的诀窍：耐心。

狗：生性沉着，富于进取心。作为以自我为中心的典型，深知耐心与韧性的重要性，自视颇高，使其外表冷傲，较难与人相处。

猪：性格冲动、不羁，应在幼时就接受良好教育，磨炼性格，将来才能成就一番事业。对待婚姻小心谨慎。

◆ 避讳国姓

"国姓"是中国封建社会的一种"特产"，当了皇帝的人以国为家，号称"家天下"，于是皇帝本人的姓氏就成为"国姓"了。所谓"国姓"，顾名思义，就是王朝皇室的姓氏。夏朝的姒姓、商朝的子姓、周朝的姬姓、汉朝的刘姓、宋朝的赵姓等都是。在唐朝，李姓不仅是国姓，更是被唐太宗钦定为天下第一等姓。从秦始皇统一中国算起，中国历史上大大小小的封建王朝有五六十个，省略异朝同姓（如唐朝与五代十国的后唐、南唐都是李姓人建立的帝国）不计，约有 36 个"国姓"。既然是"国姓"，其地位自然非同一般了，"国姓"比一般姓氏更加尊过荣耀，且由此带来许多政治上、经济上的实惠。如西汉时，"刘"是汉朝的"国姓"，汉朝政府明文规定，凡刘姓人家可以免除连许多下级官员也逃避不了的徭役，用不着为官府去出公差，也用不着缴纳军粮。往后，随着人口的快速增长，这种特惠不可能再普及四海了，但是凡与皇家牵丝攀藤打通血脉的"国姓"人家，仍旧是一种身份特殊的户口类别，享有各种特权。王莽当新朝皇帝时，"王"是那时的"国姓"，王莽下令免除天下王姓人家的赋税。

在封建社会里，因"国姓"的尊贵，还惹出许多匪夷所思的禁忌。唐朝以"李"为"国姓"，当时的法律居然明文规定不准吃与"李"同音的鲤鱼，违反者要用板子打 60 下屁股，食"鲤"就等于食"李"，自然在避讳之列。因为鲤鱼的"鲤"与皇帝的姓"李"同音，所以鲤鱼成为鱼中之贵，从皇帝、官吏、贵族到平民百姓，都崇尚鲤鱼。不仅如此，唐人说鲤鱼时还不直接称其名，要说"赤X（鱼＋军）公"，晚唐著名的小说家和诗人段成式的著作《西阳杂俎》记载：唐朝法律规定，鲤鱼不能叫鲤鱼，不许吃，捕获后必须放回水中；出售鲤鱼者要挨 60 板子。以此表示对李姓的尊敬。再如明武宗朱厚照曾发出过一个不许养猪和杀猪的布告，因为"猪"与"朱"同音。当然，这种不许吃鲤鱼和不许杀猪、养猪的规定不可能真正得到长期实行，否则猪早就绝种了。晋恭帝司马德文做藩王时，常命令下属用箭射马取乐，后来有人说"马是国姓，您却用箭射杀，太不吉利了"，吓得他寝食不安，再也不敢玩此娱乐了。

文 化 篇

　　本篇主要介绍，姓氏文化常识以及杨姓的郡望、宗祠楹联和家训等。使读者对姓氏常识有初步的了解，使得杨姓子孙对自己姓氏的望族、楹联及家训有深入的认识。加冠命字主要介绍"冠礼"的习俗和"字"的命成方法；贵姓郡望主要介绍了杨姓的贵族、望族曾居住的主要郡地：弘农郡、天水郡等；贵姓堂号，是杨姓祠堂名称的列举，著名的有"四知堂"、"关西堂"等等；贵姓楹联乃是各地杨姓的专用于祠堂、大门、神龛、祖宗坟墓左右两侧的对联；贵姓家训部分是非常值得大家阅读和学习的，它是我们祖先对后辈们的勉励与告诫，有着很重要的教育意义。

◆ 加冠命字

　　很久以前，古人对于各个重要的人生阶段，举行不同的仪式，就称谓来讲，人出生三月后举行"命名礼"，二十岁则举行成年"加冠礼"即"成人礼"，在"加冠礼"仪式上请人取"表字"，即"命字"，也就是命取成年后的另一个称呼，"表字"作为加冠礼中宣告的一项重要信息，表明个人不再是小孩子了，而是成年人，可以参与社会活动及

杨性图腾

家族事务了。

举行冠礼仪式既有特别的讲究又很慎重。据《仪礼·士冠礼》上所载，贵族男子到了 20 岁，由父亲或兄长在宗庙里主持冠礼。行加冠礼首先要挑选吉日，选定加冠的来宾，并准备祭祀天地、祖先的供品，然后由父兄引领进太庙，祭告天地、祖先。冠礼进行时，将头发盘起来，由来宾依次加冠，即依次戴上三顶礼帽。首先加用黑色布或帛做的缁布冠，表示从此有参政的资格，能担负起社会责任；接着再加用白鹿皮做的皮弁，就是军帽，表示从此要服兵役以保卫社稷疆土；最后加上红中带黑的素冠，是古代通行的礼帽，表示从此可以参加祭祀大典。戴上礼帽即素冠，然后再由父亲或其他长辈、宾客给取一个"表字"（通常事先就取好表字，当庭取字仅是形式，便于宣布使用），代表今后自己在社会上有其尊严。古人认为成年后，只有长辈才可称其"名"，一般人或平辈只可称其"字"，因此取"字"还便于别人称呼。三次加冠完后，主人必须设酒宴招待宾赞等人（赞是宾的助手），叫"礼宾"。受冠的人接着再依次拜见兄弟，拜见赞者，并入室拜见姑姊。之后，受冠者脱下最后一次加冠时所戴的帽子和衣服，穿上玄色的礼帽、礼服，带着礼品，去拜见君、卿大夫（在乡有官位者）和乡先生（退休乡居的官员）。根据周公旦的《周礼》，女子的成年冠礼叫"加笄礼"，也是把头发盘结起来，加上一根簪子，周代女子"加笄礼"一般在 15 岁时举行，所以人们常用"及笄之年"代指女孩从 14 岁到 16 岁这个年龄阶段；而用"弱冠之年"代指男子 20 岁左右。《礼记·曲礼上》载有："二十曰弱，冠。"唐代经学家孔颖达《五经正义》："二十成人，初加冠，体犹未壮，故曰弱也。"是说古代时二十岁的贵族男子，要举行加冠礼以示成年，但身体还未发育强壮，所以称弱，而弱是年少之意。

这种冠礼的仪式，从周朝开始持续到清朝，直到新中国成立前期，由于西风东渐，冠礼也就

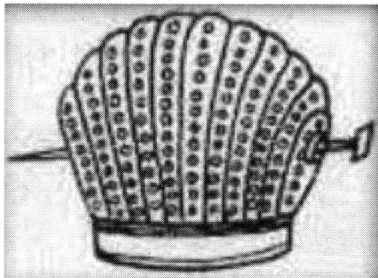

汉代皮弁

逐渐没落而消失了。

在先秦礼义纲常初建时期，冠礼有着积极的文化建设意义。秦至汉魏时期，冠礼存在于社会生活之中，人们遵循先冠后婚的礼义原则，但冠礼的文化地位并不突出。隋唐时代，由于南朝开始文化大变动，以倡导礼义为宗旨的儒家文化处于中衰局面，古代礼制也处在恢复之中，因此除了朝廷礼典中有冠礼的礼仪外，一般社会生活中未见冠礼踪影。冠礼的失落与隋唐统治者的民族文化成分与礼学修养有一定的关系，当然根本的原因是当时处在旧的社会结构被打破而新的社会结构尚未形成的特殊历史时期。这一时期社会价值观多样，文化多元发展，人们更重视世俗生活情趣，重视在外的建功立业，对于礼制社会所要求的传统人格的心性修养没有特别的需求。因此重在"养人"的冠礼，受到社会的漠视。宋明时期庶族社会逐渐成为社会主体，为了确定新的社会秩序，重建文化权威，他们将中唐开始的儒学复古运动推进到新的阶段，南宋时期还形成了儒学的新形态——理学。理学的核心是建立一套自然社会合一的伦理道德秩序。强调修身养性齐家治国。因此作为"礼义之始"的冠礼受到朝野上下的广泛推崇，冠礼重新回到家族社会生活当中，并激活了民间固有的成人仪式。明代社会生活中冠礼有相当的影响，当然这时的冠礼与先秦相比无论是程式还是服务性质已有明显的差异。清代受满族政治文化的影响，冠礼明显衰落，民间将冠礼与婚礼结合，冠礼成为婚礼的前奏，并且一般只有"命字"这一项内容，"命字"成为冠礼的代称。清末民国时期冠礼有复兴的趋势，但最终没有大的影响。

当今，现代成人礼逐渐受到人们的重视，成人仪式是教育青年，塑造社会新人的绝妙时机。新时期的成年礼是适应社会新需求的人生仪式，当代社会人们已经或正在走出传统家族文化的局限，人们的社会联系广泛增强，社会责任与义务明显扩大，社会需要有一大批具有公众责任感的社会成员，青年的养成与塑造是人类社会健康延续的重要工作之一。传统的成年仪式在通过内容与形式的更新之后，有重新服务社会的文化功能，如果我们对传统成人仪式进行深入研究并进行合理继承发展的话，我们就会得到一个充分有效的文化资源，为我们的新社会的良性运行提供源头活水。

1929年春天，中国国内出现"蒋桂战争"，冯玉祥帮蒋介石打李宗仁，冯玉祥的部将韩复榘用兵神速，直接打到武汉。捷报传出，蒋介石和宋美龄亲自接见，左一声"向方兄战绩卓著"，右一声"常胜将军劳苦功高"，而且蒋介石赠送给韩复榘二十万军饷，还送了好多礼物。此后蒋介石手下的特使刘光见了韩复榘也说："感谢向方兄鼎力相助，小弟回去后定会将向方兄的深情厚谊及时禀报委座！"事后，韩复榘常把蒋介石对他的称呼跟直接上司冯玉祥做比较：老蒋从不直呼我的名，可冯将军见了我，连名带姓呼叫我，从没有叫过"向方"！就这样一个称呼上的差别，居然促使韩复榘叛冯投蒋。

"向方"是韩复榘的表字。对于人的称谓而言，"表字"，简称"字"，亦即一个人的另一称谓。在中国传统姓名文化里，名与字是一个人的两个称谓，"名以正体，字以表德"（《颜氏家训·风操》），师长、前辈、上司称呼学生、后辈、属下的表字时，都是一种特别看得起的表示，倘若皇帝称臣下表字，更算优礼。如刘邦当皇帝后，自言"运筹帷幄之中，决胜千里之外，吾不如子房"，这就是对张良的极其尊重了。因此称人用字是表示尊重的意思，而直接呼其名则表示轻慢，难怪韩复榘听到蒋介石以"向方"称他，便有些受宠若惊了。

以前一个人幼年时由父亲或长辈起名，等到成年（男20岁、女15岁）时则取字，人的"字"是为了便于他人称谓，对平辈或长辈称"字"出于礼貌和尊敬。如屈平的"字"叫原，司马迁的"字"叫子长，陶渊明的"字"叫元亮，李白的"字"叫太白，杜甫的"字"叫子美，韩愈的"字"叫退之，柳宗元的"字"叫子厚，欧阳修的"字"叫永叔，司马光的"字"叫君实，苏轼的"字"叫子瞻，苏辙的"字"叫子由，沈德鸿的"字"叫雁冰，鲁迅的"字"叫育才等。直称姓名，大致有三种情况：（1）自称用名，表示谦虚。如"五步之内，相如请得以颈血溅大王矣"，"庐陵文天祥自序其诗"。（2）用于介绍或作传。如"遂与鲁肃俱诣孙权"，"柳敬亭者，扬之泰州人"。（3）称所厌恶、所轻视的人。如

"不幸吕师孟构恶于前，贾余庆献谄于后"。

"字"和"名"有意义上或语句上的联系。"字"之所以加"表"而叫"表字"，因其与本名互相表里的意思，所以东汉班固的《白虎通·姓名》言："闻名即知其字，闻字即知其名。"如屈原，名平字原，《尔雅》释"地"："广平曰原"，平与原是同义。"唐宋八大家"之一的曾巩，字子固，巩与固同义。周瑜，字公瑾；诸葛瑾，字子瑜，瑾和瑜都是美玉，是近义字。韩愈，字退之，愈有胜、越之意，所以要"退之"，以求适度。白居易，字乐天，因为乐天知命，才能居之容易。朱熹，字元晦，熹明晦暗，含义正相反。赵云，字子龙，出自《易经》"云从龙"；《新唐书》中有人姓元，名亨，字利贞，出自《周易》"元亨利贞"。

历史上，以表字著称于世而本名反鲜为人知的情况很普遍。比如屈原，知道他名叫"平"的人不多；又如蔡文姬，知道她本名称"琰"者更少。近代称谓风气，一些人行事干脆以其"字"代"名"，如创办张裕葡萄酒公司的张弼士，本名叫振勋；语言学家刘半农，本名复；金融家钱新之，本名叫永铭，等等。今天许多人读人物传记时，常常对"某某，原名某，字某，以字行"的文句有困惑，所谓"以字行"，是指某某人以其字代替原名著称于世，他的行事风格用字不用名。"冠而字之，敬其名也"，容纳了人们用表字互称的全部涵义。

字与名除了称法上有区别外，落实到具体写法上，也有讲究。字与名写法上的讲究，有一个先字后名到先名后字的过程。先秦写法习惯大概是字在名前，如春秋时期秦国三将孟明视、西乞术、白乙丙，"孟明"、"西乞"和"白乙"都是表字，"视"、"术"和"丙"才是本名，又如孔父嘉，"嘉"是名，"孔父"是表字。汉以后，改为名在字前，如曹丕《典论·论文》写到"建安七子"，称："今之文人，鲁国孔融文举，广陵陈琳孔璋，山阳王粲仲宣，北海徐幹伟长，陈留阮瑀元瑜，汝南应玚德琏，东平刘桢公幹"，都先写名后写字。但到了近代，又有变化，如1925年2月北京国民政府公布《善后会议会员录》，即依"孙中山先生·文；黎宋卿先生·元洪；张雨亭先生·作霖；卢子嘉先生·永祥……"式排列。此外，姓氏带官职再连表字的称法，也是一种书写格式，如西安事变后《张、杨致阎锡山、傅作义及绥远抗日将士电》，起头写到"太原阎副委员长百公赐鉴、归绥傅主席宜生兄赐鉴"，其中将阎锡山表字"百川"省称为"百"而加"公"字，又是一种书写他人表字的格式，表示特别尊敬的意思。傅作义，字宜生，山西荣河（今山西省临猗）人，是一位抗日名将、追求进步的国民党员。1949 年 1 月，他响应中国共产党提出的"停止内战，和平统一"的主张，毅然率部举行北平和平起义，使古老的文化故都完好地归回人民，200 万市民的生命财产免遭兵燹。这一义举对中国人民革命事业的胜利，作出了重大贡献。

贵姓郡望

"郡望"一词，是"郡"与"望"的合称。"郡"本来是中国最早的行政区划单位，"望"是名门望族，即在郡里某地居住的社会地位很高、名望很大的一个大家族，不仅族众繁衍昌盛，而且先后出现了众多为时人所景仰、被后人所推崇的杰出人物。郡望是指郡里的望族，表示某一地域范围内的名门家族，后来指某一姓氏家族的开基地或发祥地。反过来讲，在姓氏古籍中，某姓氏望族的显耀地或发祥地常用郡名表示，如南北朝到隋唐时代，中国北方地区有四大郡望：范阳卢氏、清河崔氏、太原王氏、荥阳郑氏，其中太原王氏是太原郡的大姓望族。

秦汉以后，随着家族的繁衍迁徙，姓氏原有的以血缘论亲疏的文化内涵逐渐淡化，而以郡望明贵贱的内涵成了姓氏文化最为突出的特点。由于郡望总是与某个姓氏联系在一起，所以它往往成为人们追寻祖根、联族认亲的重要线索，某个郡所对应的当今地名，也就成为该姓氏后世子孙仰望和缅怀先祖的地方。

杨姓是中华民族重要的姓氏群体，杨姓子孙撒播在华夏大地的各个角落。杨姓得姓于西周，从周成王姬诵"剪桐封弟"时开始。杨姓曾三次受封：一是周康王六年姬钊封堂弟姬杼为杨侯，世称杨侯国，以杨为氏，故姬杼为杨氏肇姓始祖；二是周宣王十九年，姬静再封少子尚父，即杨氏第8世祖杨涧为杨侯；三是周安王5年，姬骄又封杨伯侨为杨侯。自此，杨氏子孙昌盛发展。与其他姓不同，杨姓在秦汉时期就形成了望族——弘农杨氏，这表明杨姓聚族时间非常久远。杨姓在长期的繁衍播迁过程中形成的郡望主要有：弘农郡、天水郡、河内郡。

弘农郡：中国汉朝至唐朝时设置的弘农郡。该郡始建于汉武帝元鼎四年（公元前113年），弘农郡的行政办公地设在秦国函谷关边的弘农县，故址在今天河南省灵宝市东北部。郡境包括黄河以南、宜阳以西一带。在历史上，弘农郡因避讳皇帝的姓名几度改名恒农郡，隋朝时又恢复了弘农郡，但郡所移到今河南省灵宝市中心，失去了黄河沿岸的辖地。唐朝时，弘农郡均名不再使用，设陕州、虢州。陕州治地是现在的桃林县，虢州仍治弘农县（今灵宝市）。北宋后，弘农县改名为常农，后以州名改为虢略。从此弘农不再作为地名使用。弘农杨氏，乃天下杨姓第一望族，据《通志·氏族略》记载，弘农杨氏，当是春秋羊舌氏后裔。

天水郡：汉武帝元鼎三年（公元前441年）置郡，郡治在平襄县（今甘肃通渭县平襄镇），所辖16县，平襄、冀县（今甘谷县东）、成纪（今静宁县西南）、獂道（今陇西县东南）、望垣（今天水市西）、罕开（今天水市北道区南）、绵诸（今清水县西南）、陇县（今张家川县）、街泉（今庄浪县东南）、戎邑道（今清水县北）、略阳道（今秦安县东北）、清水、阿阳（今静宁县西南）、勇士（今榆中县东北）、兰干（今陇西县东北）、奉捷。东汉永平十七年（公元74年）改为汉阳郡。三国时期曹魏恢复天水郡。隋唐时期，曾撤郡设州，名秦州。天宝元年恢复天水郡，郡治在成纪县（今天水市区），领成纪、上邽（今秦安县西北）、陇城（今秦安县）、清水、伏羌（今甘谷县东）、长道（今礼县东北）6县。乾元元年（公元758年），取消郡建制，一律置州。至此天水郡消失。氏族杨氏建立的仇池国，本为山名，亦名仇维山，又名瞿堆，在今甘肃省成县西北（一说即甘肃西和县西南洛峪），在汉代仇池属天水郡清水县，以后分别属略阳郡、汉阳郡、永阳郡、广魏郡管辖。后人沿袭旧称，称他们是天水杨氏或略阳杨氏、永阳杨氏、氏族杨氏、仇池杨氏和百顷杨氏。

河内郡：古以黄河以北为河内，以南、以西为河外。战国时候，河内地方属于魏国的领地。汉高祖刘邦即位后设河内郡，位于太行山东南与黄河以北。河内郡的行政办公地设在怀县（今河南武涉），辖地汲县、共县、林虑县、获嘉县、修武县、野王县、州县、怀县（郡治）、平皋县、河阳县、沁水县、轵县、山阳县、温县、朝歌县、武德县。魏文帝黄初年间中，河内郡析置朝歌郡（今河南淇县）改属冀州（今河北冀县），四县随之改属、后又回归河内郡。属司州河南尹的有卷（今河南原阳）、原武、阳武三县。属兖州（州治廪丘，今山东鄄县）陈留国的有封丘、酸枣、平丘、长垣四县，属兖州东郡的有燕。西晋时期移治野王（今河南沁阳）。隋朝时期于野王为河内县，隋、唐两朝的河内郡即怀州。元朝时期设为怀庆路。明、清两朝为怀庆府，河内县之名不变，常为治所。民国政府时，改河内县为沁阳县。此支杨氏，其开基始祖为韩襄王将领杨苞。

◆ 贵姓堂号

祠堂又称家庙，是某姓家族供放自己祖宗的牌位、祭祀祖先神灵的厅堂，其目的是维护宗族团结、便于同一姓氏寻根认祖。

中国人的家族观念很强，祭祀祖先成为中国传统社会的民间信仰。祠堂反映着我国人民对先祖的崇敬与怀念。

早在周朝，中国的宗族制度就已经很完善了，按照那时的祭祀规定，只有士大夫以上的人才能建庙祭祖，庶人是没有这个权力的。能建庙祭祖的这些特权阶层，也根据他们的身份划分成五个等级：周代天子、诸侯、大夫、士、庶人，分别对应不同的祭祖礼制。这一时期被称为宗庙制。

隋唐时期，官员祭祖的家庙祭祀制度盛行，官员按照官职大小划分祭祀享用的级别，规定："凡文武官二品以上，祠四庙；五品以上，祠三庙；六品以下达于庶人祭祖称于寝。"从这句话我们可以看出，下层官员和庶人祭祖只能在"寝"祭祀祖先，也就是生活的房子里进行祭祀活动，而无权建庙祭祖，依然充斥着严格的等级制度。

宋代以后，官方不再垄断建祠祭祖的权利，民间立祠成风，凡聚族而居的同姓家族，都设立祠堂作为家族的象征和中心。如果成员太多，则建立数所祠堂，故祠堂又有总祠、支祠之分。总祠是全族人祭祀同一个祖先的场所，支祠是供分支分房祭祀本支的祖宗用的。

由于统治阶级的提倡，建立宗祠祭祀祖先的风气在清朝康、雍、乾三朝达到了顶峰，成为一种普遍的现象，祭祀由专门的家庙制度转变成庶人祭祖的宗祠制度。

凡是祠堂都有"XX堂"的称号，这便是"堂号"。堂号是一个同姓家族或家族中某一支派祠堂的名号，是某一同姓家族祭祀祖宗共用家庙的称号，也是寻根认祖的重要依据，又是寻根问祖的文化符号。

祠堂一般分为家祠和宗祠。家祠是家人祭祀近代祖先的场所，一般不出五服（指高祖父、曾祖父、祖父、父亲、自身五代）。而宗祠则是族人祭祀先祖的地方。

堂号可分为两大类：地域性堂号和非地域性堂号。地域性堂号又分两类：一类与姓氏的地望有关，或以其姓氏的发祥祖地，或以其声名显赫的郡望所在，作为堂号，也称"郡号"或总堂号；一类与姓氏的郡望无关，是姓氏支系以所居地或祖先所居地的地名作为堂号。非地域性堂号又可分为两种：一种为具有姓氏特征的堂号，这种堂号是家族的"身份证"，一种证明自己家族归属的身份证明，通常以各姓先人之德望、功业、科第、文字或祥瑞、典故等命名；另一种是没有姓氏特征，主要起教化作用的堂号。

"堂号"是家族门户的代称，是家族文化重要的组成部分。它的宗旨大致有三：一是彰显祖先的功业道德，二是表明家族宗亲的特点，三是训诫子弟继承发扬先祖之余烈。由于历史文化习俗的影响，人们在谈到和自己同姓氏的历史名人时，往往流露出一种尊崇、自豪之情。

从功能上说，祠堂的基本功能是祭祀祖先，延伸功能主要是奖惩、教化族人，族人聚会、议事，藏谱等。

同姓的堂号虽然多，但也不是随便取名，根据堂号取名依据和其用意不同，堂号的取名大致有以下几类：

（1）根据血缘关系命名堂号。中国的姓氏文化，首先表现出来的社会心态就是对血缘关系的高度重视，不仅同一姓氏使用相同的一个（或若干）堂号，而且有血缘关系的不同姓氏，也会使用同一堂号。如著名的"六桂堂"，是福建、台湾等地的洪、江、汪、龚、翁、方六个姓氏共用的一个堂号。据文献记载，这六个南方家族，虽然姓氏不同，但却是一个先祖所流传下来的同一家族，追本溯源都是翁姓的后裔。据史志和台湾《翁氏族谱》记载，在五代后晋高祖天福年间（公元936年）福建兴化府莆田县有福建泉州人翁乾度（公元898—951年），在闽国担任补阙郎中官职，他娶妻陈氏，生六子，为避闽国国乱，携眷归隐莆田竹啸庄，并将六子依次改为洪、江、翁、方、龚、汪六姓。至北宋王朝建立，长子处厚，字伯起，宋太祖建隆元年进士，特授承议郎，兼殿中丞上柱国（丞相）赐绯鱼袋。次子处恭，字伯虔，宋太宗雍熙二年灏榜进士，官拜泉州法曹。三子处易，字伯简，宋太宗建隆元年，与长兄同榜进士，官至剑南少尉。四子处朴，字伯谆，宋太祖开宝六年进士，官拜泉州法曹。五子处廉，字伯约，宋太祖开宝六年考中进士，官大理司直，监察御史。六子处休，字伯容，宋太宗雍熙二年，与二兄同榜进士，官拜朝散郎，韶州通判。按我国科举取士时代、读书登科、美称为"折桂"。自唐代以来，凡父子或兄弟叔侄联登科甲的家族，有的称"双桂"、有的称"五桂"不少，六兄弟皆登进士第，号称"六桂"，可谓是中国历史上罕见的美事。当时六子齐荣，被人誉为"满朝翁六桂联芳"。在五代乱世时期，翁氏家族在朝中当大官，处在改朝换代关键时刻，为了防止断子绝孙，把自己或子女分为异姓寄养作为掩护，待国家统一、政局稳定之后，各子女被接回，恢复原来身份姓翁，或许有个别子女长年失踪或迁移在台湾、新加坡、马来西亚等地，未能恢复原姓翁，繁衍生息，形成了六姓原一宗的传闻，并共用一个堂号——六桂堂。除此之外，坊间亦存在另一有关"六桂联芳"的说法。话说唐朝叔公生子殷符，殷符三子廷范衍生六子，分别为仁逸、仁岳、仁瑞、仁逊、仁载、仁远，兄弟六人均中进士，时称"六桂联芳"，因而该支方氏的不少外迁支派亦以"六桂堂"为堂号，如福清方氏，东莞方氏等。

再如，溯源堂，这是因为雷、方、邝三姓同出一源，三姓宗族祠堂名叫"溯源堂"。最早于清道光二十六年（1846年）在广东开平市水中镇兴建的溯源家塾，门联曰：源同一派，衍以三宗。该联肯定了雷、方、邝三姓根同枝分、同源分流的关系。相传炎帝神农氏八世孙帝榆罔的公长子雷公，因协助轩辕氏伐蚩尤有功，并拥轩辕氏为黄帝，官拜左相，赐封于禹州方山，其子孙分别以封地"方"与雷公名字"雷"为姓氏，自此世代相传。方氏一支，计有夏朝相公、周朝淑公、秦朝覆公，世居河南固始县；汉朝宏公，遭王莽之乱，举家迁徙至江南；至唐朝叔公，公元854年中举甲戌进士，任都督府长史，官拜二品，因官入闽，后居莆田，乃福建莆田方氏始祖。至第九世宗元公因官由闽入粤，为南海、番禺、中山、开平、新会等县方氏始祖。至于殷符五子廷英所生之长子以平，则改取邝姓，宋高宗年间（1129年）迁居广东南海大镇乡，乃广东邝氏始祖。

（2）根据本宗姓氏或本族姓氏的发祥地取名。如福建、台湾等地的庄姓堂号多用"凤田堂"。因为凤田是该族的发祥地。

（3）根据本宗祖先的嘉言懿行命名。例如：范氏"麦舟堂"是来自北宋名臣范仲淹济危扶困的典故。有一次范仲淹遣子纯仁，至姑苏运麦，舟至丹阳，遇石曼卿无资葬亲，纯仁即以麦船相赠。纯仁回家后告知其父，深得范仲淹嘉许。故后世以此为典，以"麦舟堂"为堂号。

（4）根据祖先的官称、爵号或别号等取名。如陶姓有"五柳堂"，因先祖陶渊明号"五柳先生"。白姓有"香山堂"，因先祖白居易号"香山居士"。

根据祖先的德育故事命名。孟姓的堂号"三迁堂"，取材于孟母三迁的故事。孟子年幼时，他的母亲很重视周围环境对人的影响，为让孟子从小能受到好的环境熏陶，就多次搬家，择邻而居。"昔孟母，择邻处"，作为一则著名的育子故事，自古至今，一直代代相传。

（5）根据祖先的功业勋绩命名堂号。在中华民族五千年的历史长河中，各个姓氏在不同历史时期，都涌现出一批功勋卓著，名垂青史的历史人物，后人往往以此作为堂号。如东汉名将马援，战功卓著，名闻遐迩，"马革裹尸"便是脍炙人口的历史典故。后因功封"伏波将军"，马氏后人中有一支便以"伏波堂"为堂号。楚大夫屈原曾任三闾大夫，屈氏后人就以"三闾堂"为堂号。

（6）根据传统伦理规范和美德命名堂号。例如：吴姓的祖先是周朝时吴国始祖太伯，太伯有让位给兄弟的美德，故吴姓堂号叫"让德堂"。唐代郓州寿张人张公芝，九世同居，麟德年间唐高宗祭祀泰山，路过郓州，至其家，问何以能九世同居，安然相处。张公芝于纸上连书百余"忍"字，道出其中诀窍，全在于百事忍让。故堂号名之为"百忍堂"。还有李氏"敦伦堂"、任氏"五知堂"、刘氏"百忍堂"、朱氏"格言堂"、刘氏"重德堂"、郑氏"务本堂"、周氏"忠信堂"、蔡氏"克慎堂"、许氏"居廉堂"等，都体现了传统的伦理道德观念。

（7）以垂戒训勉后人的格言礼教为堂号。此类堂号在各姓氏自立堂号中较为普遍。如"承志堂"、"务本堂"、"孝思堂"、"孝义堂"、"世耕堂"、"笃信堂"、"敦伦堂"、"克勤堂"等等。

（8）以良好祝愿命名家族堂号。此类堂号也较为常见。如"安乐堂"、"安庆堂"、"绍先堂"、"垂裕堂"、"启后堂"等。

杨姓弘农堂：此堂号是根据杨氏发祥地取名的。

杨姓关西堂：东汉杨震，博览明经且为人通达，因杨震属弘农杨氏，而古时候弘农地属函谷关以西地段，所以时人称他是"关西孔子杨伯起"。"关西堂"由此而来。

杨姓四知堂、"清白堂"：弘农郡杨氏"四知堂"、"清白堂"是以东汉太尉杨震的美德作为堂号。据文献记载，杨震不仅博学，而且为官清正，人称"关西夫子"。杨震去东莱任太守，途经昌邑县，昌邑县令王密为讨好上司，怀揣金银，深夜求见，偷偷地奉送杨震。杨震不接受金银，他说："作为故人知交，我对您是了解的，而您怎么对我的人品不了解呢？"王密再三请求说："您老就收下吧，反正深更半夜也没有人知道。"可杨震却义正词严地回答："此事天知、地知、你知、我知，怎么能说没有人知道呢？你还是快拿回去吧！"王密只好羞愧而走。杨震"暮夜却金"的事影响很大，其后人因此称杨震为"四知先生"。杨氏后代子孙为尊崇和怀念这位拒腐蚀、不受贿的先祖杨震，便以"四知堂"，"清白堂"为堂号。

此外，杨姓的主要堂号还有："光裕堂"、"赐书堂"、"崇本堂"、"清白堂"、"务本堂"、"绍兴堂"、"瑞本堂"、"绍先堂"、"河东堂"、"栖霞堂"、"秦和堂"、"鸿仪堂"、"安阳堂"、"鸿山堂"、"新杨堂"、"道南堂"、"信海堂"、"北山堂"等。

◆ 贵姓楹联

楹联是古人为某一姓氏宗族书写的对联，专用于祠堂、支祠、家庙、大门、神龛、祖先牌位、祖宗坟墓左右两侧。在郯子庙大殿前精雕石柱上的楹联："居郯子故墉纵千载犹沾帝德，近圣人倾盖虽万年如座春风"，至今仍为人们咏颂。

祠堂门口两边贴着或悬挂着的对联或家中神龛上祖宗牌位两侧的对联，叫祠联，又称堂联，祠联内容多和姓氏的起源发展、兴旺变迁等有关。但祠联又不完全是堂联，堂联是祠联中的一类。

祠联有通用祠联与专用祠联之分。通用祠联是各姓祠堂都可以通用的楹联。通用的性质，决定其内容不会和某个具体姓氏的特征产生关联，而是从一种普遍意义上的、对各姓都适用的内容上着手，比如对祖先的崇拜及承继祖风、光耀门楣等都可以入联。"祖德流芳思木本；宗功浩大想水源"、"树发千枝根共本；江水源同流万派"、"祖德振千秋大业；宗功启百代文明"都是比较典型的姓氏通用楹联。与通用祠联不同，专用祠联只能用于某个姓氏家族的祠堂，其内容和该姓氏的历史渊源、姓氏名人等紧密相关，打上了该姓氏强烈的姓氏特征，它具有"专一性"，比如："道德犹龙，名起柱下；文章倚马，系出陇西"，上联谈的是老子李耳，下联指的是李白。我们一看就知道这是李氏专用对联，不可以挪作其他姓氏的楹联，否则就是产生张冠李戴的效果，贻笑大方。根据祠联可以寻根，有的"寻根联"会一直追踪到上古的始祖甚至中华民族的共同祖先炎黄二帝。如王姓堂联："迁史前槽杆笑由来遵远祖；明图可按姬王自昔证同宗"，出自姬姓的王氏，尊太子晋为得姓始祖，而其祖根一直可上溯至黄帝轩辕氏。

杨姓宗祠门楣题辞

门楣题辞，俗称"门榜"，具有标识使用者姓氏的作用，其规制略同匾额，横书在住宅大门或厅堂的门楣上。由于"门榜"内容常常与使用者所属祠堂的堂匾相一致，因此，也有人把"门榜"称作堂匾或姓匾。

门楣题辞一曰：

清白传家

四知家风

关西世第

这三条门楣题辞均出自东汉杨震的故事。杨震为人好学，通晓经传，博览群书，对各种学问无不深钻细研，当时儒士称其"关西夫子"；为官清正廉明，可谓是廉政模范，百姓称"清白吏"；"天知，神知，我知，子知。何谓无知！"深夜却金的典故，被称"四知先生"。"清白传家"、"四知家风"、"关西世第"体现了后世子孙对杨震的美德和作风的赞赏。

门楣题辞二曰：

四杰传芳

此门楣题辞为杨、王、骆、卢四姓的共同门楣题辞。"初唐四杰"是杨炯、王勃、骆宾王、卢照邻。他们官小而才大、名高而位卑，心中充满了博取功名的幻想和激情，郁积着不甘居人下的雄杰之气。他们以才子齐名出现于文坛，提倡刚健骨气。"初唐四杰"在创作上的不同个性特点。其中，杨炯的《从军行》、王勃的《送杜少府之任蜀州》长于律诗，骆宾王的《帝京篇》、卢照邻的《长安古意》长于歌行。"四杰传芳"盛赞初唐的这四位杰出人物，美名传扬，留芳于世。

杨姓宗祠四言通用联

> 三公世泽；
>
> 四知家声。

全联描述了东汉杨震的故事。杨震，字伯起，弘农华阴人，少年时好学，博览群经，教书二十年，弟子千余人，当时被称为"关西孔子"。曾有冠雀衔三鳝鱼飞集讲堂前，生徒认为是吉兆，先生要至"三公"（中国古代朝廷中最尊显的三个官职的合称，各个朝代的三公官职名称不同）之位。后历官荆州刺史、涿郡太守、司徒、太尉，果然达三公。他做高官后，全家人生活都很俭朴，有人劝他置、产业，他说："让后代被人称清白吏的子孙，把这留给他们，不也很厚吗？"后来，杨氏多以"四知堂"、"三鳝堂"、"关西堂"等作堂号。

> 四知堪懔；
>
> 三喜足荣。

上联典指东汉朝时期的杨震。下联典指唐朝时期的杨敬之，字茂孝，元和年间进士，擢为太常少卿之日，他两个儿子杨戎、杨戴同时登科，时号"杨家三喜"。

> 四知足畏；
>
> 三喜同时。

上联典指东汉朝时期的杨震。下联典指唐朝时期的杨敬之。

> 才称敏捷；
>
> 世济经纶。

上联典出汉末文学家杨修，字德祖，弘农华阴人，世代显贵，好学能文，才思敏捷。建安年间举孝廉，任丞相曹操主簿，曹植把他当成自己的羽翼，交往很密。后来，曹植在曹操那里失宠，而杨修有计谋，又是袁术的外甥，曹操为免除后患，借故把他杀了。下联典出明朝大臣杨士奇，名寓，江西泰和人，曾在湖广各地塾师多年。建文初年被荐入翰林，充编纂官，修《太宗实录》。成祖时，入内阁典机务，成祖北巡，常让他留下辅佐太子。仁宗时，官礼悦侍郎兼华盖殿大学士（宰相）。宣宗即位后，任《仁宗实录》总载。历四朝内阁。长期辅政，与杨溥、杨荣并称"三杨"。著有《东里

176

全集》。

　　　　　　　四家称秀；

　　　　　　　三喜同时。

　　上联典出南宋诗人杨万里，字廷秀，因光宗曾为他书写"诚斋"二字，学者称他为"诚斋先生"，吉水人。绍兴年间进士，历官零陵丞、奉新知县、国子监博士等，主张抗金。诗与尤袤、范成大、陆游齐名，称"南宋四家"，以构思新巧、语言通俗而自成一家，当时被称为杨诚斋体；对理学也有关注。著有《诚斋易传》、《诚斋集》。下联典出唐朝弘农人杨敬之。

　　　　　　　关西世泽；

　　　　　　　江东家声。

　　全联典指东汉朝时期的杨震，人称"关西孔子"。

　　　　　　　家传清白；

　　　　　　　世济经纶。

　　上联典指东汉朝时期的杨震。下联典指明朝时期的杨士奇。

　　　　　　　摘星见志；

　　　　　　　立雪表恭。

　　上联典出北宋文学家杨亿，字大年，建州蒲城人，淳化年间进士，任翰林学士兼史馆修撰，参加《册府元龟》、《宋太宗实录》的纂修，官至工部侍郎。曾与刘筠、钱惟演等诗歌唱和，编为《西昆酬唱集》，当时号称"西昆体"；又以骈文著名。他幼时几岁了还不能说话，一天家人抱他登楼，不小心碰了头，他忽然吟道："危楼高百尺，手可摘星辰。"人们大为惊奇。下联典出北宋学者杨时，字中立，南剑州将乐人，熙宁年间进士，历官右谏议大夫、工部侍郎、龙图阁直学士。晚年隐居龟山，学者称龟山先生。先后跟从程颢、程颐学习，与游酢、吕大临、谢良佐并称程门四大弟子，又与罗从彦、李侗并称南剑三先生。著作有《二程粹言》、《龟山集》。一次，他和游酢去洛阳见程颐，程颐正瞑目而坐，二人站着不离开。程颐睁开眼时，门外的雪已一尺多深了。后来，便以"程门立雪"作为尊师重道的典故。

　　　　　　　系承尚父；

望出弘农。

全联典指周宣王少子名尚父，封于杨邑（今湖北襄阳），号杨侯。下联典指东汉朝时期的杨震为弘农华阳人。

鳣堂集庆；
雀馆呈祥。

上联典指东汉朝时期的杨震讲堂前，有冠雀衔三鳣鱼至。下联典指东汉朝时期的杨宝，尝救一黄雀，传为西王母使者。

杨姓宗祠五言通用联

神童列四杰；
进士第一名。

上联典出唐朝诗人杨炯，"唐初四杰"之一。下联典出明朝文学家杨慎，正德年间试进士第一。

四知传家永；
三公世泽长。

全联典出东汉杨震。

佳气生朝夕；
清言见古今。

采用清朝书法家杨宾撰书联。杨宾，浙江山阴人。著有《大标偶笔》等。

杨姓宗祠六言通用联

痴姨不贪荣利；
贵妃可壮门楣。

上联典出北魏文明太后宠爱的太监苻承祖的姨母杨氏，家庭贫穷，苻承祖送给她衣服、奴仆，她都不收。她曾对她的姐姐说："姐虽有一时的荣耀，不如妹有无忧无虑的快乐。"苻家笑她为"痴姨"。后来，苻承祖因罪被杀，株连到亲戚，只有杨氏因贫穷得免祸。下联典出唐朝蒲州永乐人杨太真，小名玉环，通晓音律。初为玄宗的儿子寿王李瑁的妃子，唐天宝初年入宫，得玄宗宠爱，被封为贵妃。姊妹都显贵，堂兄杨国忠也操纵朝政。当时民谣说："生男勿喜女勿悲，生女也能壮门楣。"白居易《长恨歌》也有句："遂令天下父母心，不重生男重生女。"

杨姓宗祠七言通用联

> 文体擅西昆之美；
>
> 图书生东壁之光。

全联典出宋朝时期的杨亿，与钱惟演、刘筠等多有唱和，成《西昆酬唱集》，号"西昆体"。又与王钦若领修《册府元龟》一千卷。

> 凤律更新占四始；
>
> 雀环依旧卜三分。

上联典指东汉朝时期的杨震。下联典指其父杨宝。

> 三相贤名齐凤阙；
>
> 千金诗价重钟山。

此联为周师廉题浙江省诸暨金堂村杨氏宗祠联。上联典出明朝杨士奇、杨荣、杨溥三宰相。下联典出明初诸暨人杨廉夫，能诗，太祖朱元璋曾称赞他的《钟山》诗"值千金，姑且赏赐五百。"

> 祠开苕左新门第；
>
> 村纪关西旧世家。

此联为浙江省湖州杨氏宗祠联。上联典出宗祠的地理位置，在苕溪东岸湖州城内；下联典出本支杨氏源于东汉杨震家族。

> 四知清操惭贪吏；
>
> 千古文坛重草玄。

上联概述了东汉朝时期的杨震的故事。下联典指西汉朝时期的杨雄（后改名为扬雄），字子云，汉族，西汉蜀郡成都（今四川成都郫县友爱镇）人。扬雄是西汉大学者，少年时候很喜欢学习，博览群书，尤其喜欢辞赋。因口吃而不善言谈，但深于思考。年四十余，始游京师，因为文才出众被大司马王音召为门下史，推荐为待诏。扬雄早年极其崇拜司马相如，曾模仿司马相如的《子虚赋》、《上林赋》，作《甘泉赋》、《羽猎赋》、《长杨赋》，为处于崩溃前夕的汉王朝粉饰太平、歌功颂德。故后世有"扬马"之称。扬雄晚年对赋有了新的认识，在《法言·吾子》中认为作赋乃是"童子雕虫篆刻"，"壮夫不为"；并认为自己早年的赋和司马相如的赋一样，都是似讽而实劝。这种认识对后世关于赋的文学批评有一定的影响。

> 载福勋名垂宇宙；
>
> 云中旭日吊英贤。

采用清朝抗日名将杨载云庙联。

> 忌我何尝非赏识；
>
> 欺人毕竟不英雄。

采用清朝名将杨芳自题联。

> 是何意态雄且杰；
>
> 不露文章世已惊。

上面的对联采用明朝时期的杨继盛自题联。杨继盛（1516—1555 年）明代著名谏臣。字仲芳，号椒山，直隶容城（今河北容城县北河照村）人。嘉靖二十六年进士，官兵部员外郎。坐论马市，贬狄道典史。事白，入为户部员外，调兵部。疏劾严嵩而死，赠太常少卿，谥忠愍。后人以继盛故宅，改庙以奉，尊为城隍。著有《杨忠愍文集》。

杨姓宗祠七言以上通用联

> 河洛传真，程门立雪；
>
> 章坛华胄，清白传家。

上联典指北宋哲学家杨时，有"程门立雪"传说。下联典指东汉朝时期的杨震。

> 祖德恢弘，属守鳝堂旧则；
>
> 孙枝繁衍，别开鸠水名门。

此联为安徽省芜湖县杨家渡杨氏宗祠联。上联典指东汉朝时期的杨震；下联典指本支杨氏居于芜湖，"鸠水"，在芜湖东。

> 业炳关西，继世簪缨留旧泽；
>
> 学源河北，传家诗礼焕新声。

全联典指东汉朝时期的杨震事。

> 系出弘农，俎豆馨香绵百世；
>
> 家传清白，箕裘继述振千秋。

全联典指东汉朝时期的杨震事。

> 眼里有余闲，登山临水觞咏；

身外无长物，布衣素食琴书。

采用清朝书法家杨沂孙自题联。杨沂孙，字舆，清道光举人。善篆书。

关西孔夫子，英雄人物宗风范；

北宋杨家将，文武衣冠祖庙光。

此联为江西省上犹县杨氏宗祠联。上联典指东汉朝时期的杨震的故事。下联典指家喻户晓的宋朝杨家将。

溯昌邑辞金作宦，廉明名臣自昔关西重；

忆程门立雪帅事，诚敬理学于今海内宗。

此联为江西省上犹县杨氏宗祠联。上联典指东汉时期杨震的故事。下联典指宋朝杨时的故事。"程门立雪"，是有名的尊师重教的典故。

忍人、让人、莫去害人，行一片公道增福增寿；

修己、克己、安分守己，存半点天理积子积孙。

广东省兴宁县大坪镇布路村杨氏宗祠善庆围堂联。兴宁杨氏客家人在长期的迁徙过程中，总是以"客人"的身份入主异地，为了自己的生存和发展，除顽强斗争的一面外，还有仁爱处世、以礼待人的另一面。客家人的处世哲学，尊崇孔子"己所不欲，勿施于人"，"己欲立而立人，己欲达而达人"的"忠恕"之道，以"仁"为本，以"礼"待人。在客家族群中，具有敬老爱幼、知上知下的良好风尚。我们进入客家村寨调查，主人们总是热情地招呼喝茶，捧出他们认为最好的食物招待客人。他们处理人际关系的准则，体现在此联的主张，劝人"以和为贵"，处世更为直截了当。

◆ 贵姓家训

家训，是中国传统文化的重要组成部分，也是家谱中的重要组成部分，它在中国历史上对个人的修身、齐家、治国发挥着重要的作用。中国各姓氏的家训都是要求后代继承家族优良传统，发扬先祖艰苦奋斗精神，振我家业，兴我中华，顾大局、识大体，千家万户教育培养子孙后一代，热爱祖国，热爱人民，热爱家乡，构建和谐社会，创造更加美好的明天。

一般家谱、族谱上都有"族规、家训或者祖训"。浙江大学教授、著名史学家、方志学家仓修良说，研究家谱，最值得关注的是"家训"。他说："我读了那么多'家训'，没有一个'家训'不是叫子弟踏实做人、认真做事、好好读书的。"比如南北朝时期记述个人经历、思想、学识以告诫子孙的《颜氏家训》中就有"一粥一饭，当思来之不易；半丝半缕，恒念物力维艰"的话，至今读来还是有教育意义；另外备受王安石推崇的《钱氏家训》中有一条为："子孙虽愚，诗书须读。"因此钱氏后裔英才辈出，仅近现代文化名人便数不胜数，如钱基博、钱穆、钱临照、钱钟书、钱伟长、钱鸣商、钱树根、钱绍武等等。值得一提的还有曾国藩的《曾文正公家书》、朱柏庐的《治家格言》（世称《朱子家训》），这些都已经成为中华民族传统的家教经典。

同样，杨氏家训也是杨姓人治族治家的道德规范和行为准则。记录详实的有以下几例：

《诚斋文节公家训》

诚斋，是南宋大诗人杨万里的号，此号源于宋光宗为其书"诚斋"二字，因而学者称为"诚斋先生"。他曾于庆元已未（1199年）六月初一，为重修杨氏族谱作序，他所作的《家训》亦刊于此时。其具体内容为：

吾今老矣，虚度时光。终日奔波，为衣食而不足；随时高下，度寒暑以无穷。片瓦条椽，皆非容易；寸田尺地，毋使抛荒。懒惰乃败家之源；勤劳是立身之本。大富由命，小富由勤。男子以血汗为营，女子以灯花为运。夜坐三更一点，尚不思眠；枕听晓鸡一声，，全家早起。门户多事，并力支持。栽苎种麻，助办四时之衣食耕田凿井，安排一岁之种储。育养牺牲，追陪亲友，看蚕织绢，了纳官租。日用有余，全家快活。世间破荡之辈，懒惰之家，天明日晏，尚不开门，及至日中，何尝早食。居尝爱说大话，说得成、做不成；少年专好闲游，只好吃、不好做。男长女大，家大难当。用度日日如常，吃着朝朝相似。欠米将衣出当，无衣出首卖田。岂知浅水易干，真实穷坑难填。不思实效，专好虚花。万顷良田，坐食亦难保守。光阴迅速，一年又过一年。早宜竭力向前，庶免饥寒在后。吾今训尔，莫效迩遭，因示后生，各宜体悉。

忠：上而事君，下而交友，此心不亏，终能长久；

孝：敬父如天，敬母如地，汝之子孙，亦复如是；

勤：日出而作，日入而息。凿井而饮，耕田而食；

俭：量其所入，度其所出，若不节用，俯仰何益。

杨万里家训的核心乃是"忠孝勤俭"，这并非是专属杨氏一姓该遵守的道德和操守，当为全体姓氏和民族所牢记。

《慎修公家训》

慎修公，即汉寿花园杨氏的明迁始祖杨昌敬。他出身劳动人民家庭，一生以务农为业。由于勤劳节俭，家训有方，子孙才繁荣昌盛起来。他的《家训》的总纲领是："勤耕务读，敦伦孝亲，卑无犯上，富莫骄贫，居仁由义，睦族和宗，布衣菲食，气忍家宁。"其具体内容，以"五言六韵"表述为：

勤耕务读　祖训依然在，常怀读与耕。惟勤堪致富，能务亦梯荣。牛背催三月，鳌头占五更。荷蓑皆主伯，释菜调先生。仓廪如云积，功名指日争。后嗣敦本业，家训妙兼并。

敦伦孝亲　彝伦垂禹范，爱日在双亲。怀桔情宜笃，遗羹孝始纯。彩衣披莱子，春酒介芳辰。顺矣原因翕，伤哉岂在贫。鸭鸠恩及尔，鸰羽咏凄人。莫谓行无悉，须听祖命申。

卑无犯上　达尊何可犯，逊顺最为宜。莫谓人堪上，须知我自卑。望中收白眼，让处有黄眉。进履真谦也，阋墙且戒之。割牲侬莫倦，裃臂尔宁施。祖训谆谆在，从兹慎幼仪。

富莫骄贫　同是苍天命，贫人独寂寥。纵然推我富，绝莫向他骄。絮拥寒风透，庐斜细雨飘。何人怜魄落，有客为魂销。得意曾扬气，产情且折腰。昌黎穷可送，转瞬又扬锟。

居仁由义　吾性从天降，存存岂外求。须知仁是宅，便觉义堪由。爱勿分秦楚，行宜学孔周。广居高许许，正路遇头头。善长功符夏，辞严道叶秋。大人征事备，此诣尔思不？

睦族和宗　莫以源流远，而忘梓里恭。敦伦须睦族，饬纪在和宗。葛（　　）情宜笃，凫鹥咏可从。支分休妒忌，缺陷应弥缝。好戒忘争讼，还期共吉凶。扪心思一本，祖训即晨钟。

布衣菲食节俭人堪效，须防习俗移。衣兮布足尚，食也菲为宜。菲厌昭其质，还思训以时。缊袍原不耻，菽水自无饥。寒恤王章卧，鄙贻曹刿嗤。唐风真足美，蟋蟀一篇诗。

气忍家宁不识宁家术，休云产荡然。谁言气可暴，我道忍为先。物至经三反，心平养十年。一朝惩小忿，此境即中天。福萃华堂五，仓储宝稻千。张公殊可法，壮士应拳拳。

《椒山忠愍公赴义先夕遗嘱》

椒山是明代著名谏臣杨继盛的号，字仲芳。明嘉靖进士出身。累官至南京兵部右侍郎。他不畏强权，不与奸邪同道。得罪了大将军仇鸾被降职。后奸相严想提拔他作为心腹，调升为兵部武选司。但是，他不仅不巴结严嵩，反而弹劾严嵩十大罪状。后背陷害入狱，折磨致死。穆宗即位（1567 年），追赐谥曰"忠愍"。这份遗嘱，亦是他临刑前夕写给应尾、应箕两儿的，虽是遗嘱，但实属家训。杨家作为传家宝刻在家谱的最顶端，亦为天下所传诵。遗嘱较长，有 3800 余字，现撮要如下：

父椒山，谕应尾、应箕两儿人须要立志。初时立志为君子，后来多有变为小人的。若初时不先立了个定志，则中无定向，便无所不为，便为天下之小人，众人皆贱恶。我希望你们发愤，立志要做个君子，即使不做官，人人也都敬重你们。故我要你们第一先立起志气来。心为人一身之主，如树之根，如果之蒂，最不可先坏了心。心里若是有天理，存公道，则行出来便都是好事，便是君子这边的人。心里若存的是人欲，是私意，虽欲行好事，也有始无终，虽欲外面做好人，也会被人看破你。如根朽则树枯，蒂坏则果落，故要你们休把心坏了。心以思为职，或独坐时，或夜深时，念头一起，则自思曰：这是好念，是恶念？若是好念，便扩充起来，必见之行；若是恶念，便禁止勿思。方行一事则思之，以为此事合天理不合天理？若是合天理便行，若是不合天理便止而勿行。不可为分毫违心害理之事，则上天必保护你，鬼神必加佑你，否则，天地鬼神必不容你。你读书，若中举中进士，思我之苦，不做官也可。若是做官，必须正直忠厚赤心，随分报国，固不可效我之狂愚，亦不可因我为忠受祸，遂改心易行，懒了为善之志，惹人父贤子不肖之诮。

……你们两个年幼，恐油滑人见了，便要哄诱你们，或请你们吃饭，或诱你们赌博，或以心爱之物送你们，或以美色诱你们，你们一入圈套，便吃他亏，不惟荡尽家业，且使你们成为不好的人。若是有这样人哄你们，便想我的话来识破他。合你们好，若不好使远了他。拣着老成忠厚肯读书肯好学的人，与他肝胆相交，语言必信，逐日与他相处，自然成一个好人，不入下流也。

见一件好事，则便思量，我将来必定要行；见一件不好的事，则便思量，我将来必定要戒；见一个好人，则思量我将来必要学他一般；见一个不好的人，则思量我将来切休要学他，则心地自然光明正大，行事自然不会苟且，便为天下第一等人矣。

习举业，只是要多记多作。四书、五经、记文一千篇，谈论一百篇，策一百问，表五十道，判语八十条。有余功，则读五经白文，好古文读一百篇。每日作文一篇，每月作论三篇，策三问，切记不可一日无师傅。无师傅，则无严惮、无稽考，虽十分用功，终是疏散，以自在故也。又必须择好师，如一师不惬意，即辞了另寻，不可因循迁延，致误学业。又必择好朋友，日日会讲切磋，则举业不患其不成矣。

……与人相处之道：第一要谦下诚实，同干事则勿避劳苦，同饮食则勿贪甘美，同行走则勿择好路，同寝睡则勿占席。宁让人，勿使人让我，宁容人，勿使人容我，宁吃人亏，勿使人吃我亏，宁受人气，勿使人受我气。人有恩于我，则终身不忘，人有恶于我，则即时丢过。见人之善，则对人称扬不已，闻人之过，则绝口不对人言。人有向你说某人感你之恩，则云他有恩于我，我无恩于他，则感恩者闻之，其感益深；有人向你说某人恼你谤你，则云他与我平日最相好，岂有恼我谤我之理，则恼我谤我者闻之，其怨即解。人之胜似你，则敬重之，不可有忌刻之心；人之不如你，则谦待之，不可有轻贱之意。又与人相交，久而益密，则行之邦家，可无怨矣。……

称号大观

中国人除了姓、名、字外，还有"号"。"号"分为自号、别号；封号、谥（shì）号；古代封建帝王有庙号、年号、尊号、国号。

《史记·五帝本纪》记载："自黄帝至舜、禹，皆同姓而异其国号，以章明德。故黄帝为有熊、帝颛顼为高阳、帝喾为高辛、帝尧为陶唐、帝舜为有虞，帝禹为夏后而别氏。"可见，"号"的起源可以推到五帝时期，黄帝号有熊，帝尧号陶唐，帝舜号有虞，帝禹号夏后这是最早的号。号除了指部族或部族联盟的标记以外，还可以用来表示部族联盟首领的个人标记。《白虎通·号》云："帝王者何？号也。号者，功之表也，所以表功明德号令臣下也。"可见部族首领的"号"具有表明仁德的作用。早期的"号"是在人名前冠以"后"字，如后羿；或在官职前冠以"后"字，如后稷；或者在人名前冠以"帝"字，《史记》保存了这样的个人称号，如：帝喾、帝挚、帝尧、帝舜、帝禹、帝武丁、帝祖庚、帝甲、帝纣。比较特殊的是黄帝。《史记·五帝本纪》认为"有土德之瑞，故号黄帝"。

别号由别人给自己取的号叫别号。别号实际上是别人对你的又一称呼。别号的来源可分为：

①以地望当别号

地望一般指原籍，这里还包括居住和做官的地方。后人对唐代以后的人用此法称呼的比较多。西汉贾谊曾为长沙王太傅，故后人为其起别号叫贾长沙，唐朝柳宗元（山西河东人）的别号叫柳河东、唐代韦应物因曾任苏州刺史故得别号叫韦苏州、宋朝王安石（江西临川人）的别号叫王临川、明朝严嵩（江西分宜人）的别号叫严分宜、清朝顾炎武（江苏昆山亭林镇人）的别号叫顾亭林等。

②以官职当别号

以官职当称号，如王右军（东晋王羲之，曾任右军将军）、王右丞（唐代王维，曾任尚书右丞）、杜工部、杜拾遗（唐代杜甫，曾任左拾遗和工部员外郎）等。

③以排行当别号

中国人以排行起别号，即以序数当称号。唐朝人有此风气，如白居易有一篇著名的文章《与元九书》，元九即元稹，九是他的排行；又有一首小诗《问刘十九》："绿蚁新醅酒，红泥小火炉。晚来天欲雪，能饮一杯无?"刘十九即刘禹锡，十九是他的排行。其他如白居易称白二十二舍人，韩愈称韩十八侍御，张籍称张二十八员外等。

④以人的典型特点当别号（即外号）

外号起源很早，据记载，夏朝末代君主桀的外号是"推移大牺"（因其力大可推得动牛），可以说外号已有三千多年的历史，但外号的真正流行是在唐，特别是宋以后。刘备因长着两个很显眼的大耳朵，于是得外号"大耳朵"。

早期的外号大多是用来赞美当事人的，文人学士用跟诗文有关的外号来称呼对方，是一种风雅，如张先和宋祁分别被称为"云破月来花弄影郎中"和"红杏枝头春意闹尚书"，张先因其词作中有二三句带"影"字的名句又被称为"张三影"，温庭筠因思路敏捷、八叉手而成诗，得了很雅的外号"温八叉"。而下层百姓也用外号来赞美同行和朋友。研究中国的外号不可不读《水浒》，在《水浒》里，多数外号都是赞美性的，如"呼保义"、"玉麒麟"、"智多星"、"入云龙"、"浪里白条"、"圣手书生"、"轰天雷"等，有的听起来不啻就是"尊号"，还有的干脆就像官职或爵号，如"双枪将"、"百胜将"、"天目将"、"神机军师"、"神火将军"、"圣水将"等。

但现今的外号绝大多数是由人的外貌、性格、特长、嗜好、生理特征、行为活动等特点而起的。当今真正让人感觉有意思的称呼就是别号。但现在使用的含有褒义的外号，称为"雅号"，例如：王医生手术高超，被人称为"王一刀"，这就是人们对他医术的赞美。

自号 自己给自己取的号叫自号。

自号是古代知识分子名称的一个重要组成部分，也是中国文化的一个重要特色。魏晋南北朝时代是中国文学史上"自觉的时代"，文人们发现了自我，因此自号始于晋。第一个以自号著称的名人是不为五斗米折腰的陶渊明，他家门前有五棵柳树，因此自号"五柳先生"。唐代以后，取自号就成了风气，贺知章自号"四明狂客"，李白自号"青莲居士"，杜甫自号"少陵野老"，白居易自号"香山居士"，欧阳修自号"醉翁"、"六一居士"，黄庭坚自号"山谷道人"，苏轼自号"东坡居士"，李清照自号"易安居士"，姜夔自号"白石道人"，朱耷自号"八大山人"，秋瑾自号"鉴湖女侠"，梁启超自号"引冰室主人"等，都是著名的例子。连皇帝也为自己取自号，如乾隆晚年自号"十全老人"、"古稀天子"等。

自号往往由两个部分组成，前部分起识别作用，后一部分是常用的通用名，如"居士"、"山人"、"道人"、"老人"、"翁"、"散人"等，居士多见于唐宋，与佛教有关，道人多见于元、清，与道教有关。

封号 旧时皇帝对凡活着的曾祖父母、祖父母、父母、妻妾、儿女以及功臣加号者为"封号"。如果皇帝的儿子没有封地，则在"王"前冠以美称。例如汉明帝三儿子刘恭、五儿子刘党最初的封号是灵寿王、重熹王。李贤注《后汉书》云"取其美名也"，并指出因为他们"未有国邑也"。后来，刘恭、刘党有了封地，他们的封号便改为钜鹿王、乐成王。皇帝的女儿的封号一般称为"××公主"，在"公主"前都冠以所居之地名。例如唐太宗有21个女儿，如：襄城公主、汝南公主、南平公主、新城公主等。

古代统治者对一些在世有功的大臣加封号"××侯"、"××公"。例如：张良的封号叫留侯、诸葛亮的封号叫武乡侯、王莽未称帝前的封号叫安汉公。

谥号 古代王侯将相、高级官吏、著名文士等死后被追加的称号叫谥号。所谓谥号，就是根据死者的生前事迹，选用一个或几个字加以总结概括，作为死者的称号。《白虎通·谥》云："谥者何也？谥之为言引也，引列行之迹也，所以进劝成德，使上务节也。"可见谥号的作用就是总结死者，勉励生者。如称陶渊明的谥号为靖节征士，欧阳修的谥号为欧阳文忠公，王安石的谥号为王文公，范仲淹的谥号为范文正公，王翱的谥号为王忠肃公，左光斗的谥号为左忠毅公，史可法的谥号为史忠烈公，林则徐的谥号为林文忠公。

古代帝王生前有号，死后也有谥号。谥号产生于周代，秦代废除谥法，汉代又恢复了谥法，并一直沿用至清末。

周代的谥号有专用字，这些字一般是事先规定并加以定义的。例如西周王朝开国者姬发的谥号"武王"，史称"周武王"，其中"周"是国号，"王"是生前的号，"武"是谥号，谥法规定：威强睿德曰武。

《左传》以鲁国国君的号来纪年，总计有以下 12 个国君：

鲁隐公	鲁桓公	鲁庄公
鲁闵公	鲁僖公	鲁文公
鲁宣公	鲁成公	鲁襄公
鲁昭公	鲁定公	鲁哀公

其中"鲁"是氏，也是封地的名称；"公"则是对诸侯的尊号；中间带点的字是谥号。

从战国时期开始，又盛行双字的谥号。例如：秦孝文王、楚考烈王、赵武灵王等等。

庙号这是帝王的特权。中国古代朝廷设立太庙祭祀死亡的帝王，为供奉在太庙里的帝王所起之号，称为庙号。庙号通常以"××祖""××宗"相称。大凡一个朝代开国的一二代帝王称"××祖"，如：唐高祖（李渊）、宋太祖（赵匡胤）、元世祖（忽必烈）、明太祖（朱元璋）、清太祖（努尔哈赤），以后的皇帝则称"××宗"（太宗、世宗、高宗）。例如：唐太宗（李世民）、宋仁宗（赵祯）、明神宗（朱翊钧）、清高宗（爱新觉罗·弘历）等。也有特殊情况，如爱新觉罗·福临称世祖，爱新觉罗·玄烨称圣祖，这是因为福临是入关定都的皇帝，玄烨有拓疆定域之功，故采用变通的办法。

帝王的庙号和谥号合在一起叫庙谥，庙号在前，谥号在后。如汉高祖刘邦的全号是太祖高皇帝（太祖是庙号，"高"是谥号），汉武帝刘彻的全号是世宗孝武皇帝，唐太宗李世民的全号是太宗文武大圣大广孝帝，宋太祖赵匡胤的全号是太祖启运立极英武睿文神德圣功至明大孝帝，等等。

这样，一个皇帝死后，他的全称就得由国号、庙号、尊号、谥号、号等几部分组成了。我们用（ ）表示国号、_____表示庙号、～～～表示尊号、____表示谥号、〈 〉表示号，现在以清代几个皇帝为例分析如下：

努尔哈赤——（清）太祖承天广运圣德神功肇纪立及仁孝睿武端毅钦安弘文定业高〈皇帝〉

皇太极——（清）太宗应天兴国弘德彰武宽温仁圣睿孝敬敏昭顶隆道显功文〈皇帝〉

福临——（清）世祖体天隆运定统建极英睿钦文显武大德弘功至仁纯孝章〈皇帝〉

玄烨——（清）圣祖合天弘运文武睿哲恭俭宽裕孝敬诚信功德大成仁〈皇帝〉

其中努尔哈赤、福临、玄烨没有尊号，因此，他们的全称就少了一个内容。这样长的称呼，根本无法使用，人们只能使用简称。

年号封建帝王即位后为纪年而设置的称号叫年号，如公元 1736 年弘历继位当皇帝，定年号为"乾隆"，人们称之乾隆皇帝。由于有的皇帝在位期间多次更改年号，如：汉武帝就用过 11 个年号：建元、元光、元朔、元狩、元鼎、元封、太初、天汉、太始、征和、后元。唐高宗用过 14 个年号。北宋的太祖和南宋的理宗分别用了 3 个（建隆、乾德、开宝）和 8 个年号。所以，史书上对唐代到元末的帝王多以庙号称呼他们，如"唐太宗"、"唐玄宗"等。自明代开始，实行一个皇帝只用一个年号，故而史书上多用年号称呼他们，如"嘉靖皇帝"、"乾隆皇帝"、"光绪皇帝"。事实上，对明清两代的皇帝，我们习惯上既不称他的谥号（如称隋以前的皇帝），也不称他的庙号（庙号用于称唐、宋、元的皇帝），而是称他的年号，如洪武、嘉靖、康熙、乾隆、道光、光绪等，成了个颇有特色的称法。

尊号帝王生前被朝廷大臣们尊奉的称号叫尊号。尊号始于唐朝唐中宗和武则天，唐中宗尊号为"应天神龙"皇帝，武则天尊号为"圣神"皇帝。尊号由于是生前被奉上的，因此，难免成为虚假的光环，如害死岳飞的罪魁祸首宋高宗居然被尊为"光尧寿圣宪天体道性仁诚德经武纬文绍业兴统明谟盛烈太上皇帝"。给皇帝起尊号是小人们阿谀奉承和吹牛拍马的最佳工具，如慈禧太后的尊号起初只有"慈禧"二字，到最后变成"慈禧端佑康颐昭穆庄诚寿恭钦献崇熙皇太后"，堆砌了十六个最漂亮的字眼！

尊号一般是在皇帝生前臣下向他奉上的，也有皇帝敕封给特定人物的，如：唐宋时期有不少皇帝信奉道教，因此，给老子追赐了尊号。唐玄宗给他的尊号是"大圣祖高上大道金阙玄元天皇大帝"，宋真宗追封他是"太上老君混元上德皇帝"。

尊号分有官尊和私尊。私尊主要是门人对老师的尊称，当然也是生前的称呼，南宋以后比较流行。如南宋理学家吕祖谦，人称"东莱先生"；著名词人陈亮，人称"龙川先生"；明代文学家归有光，人称"震川先生"；清初思想家黄宗羲，人称"梨洲先生"，等等。

人 物 篇

　　我国人口众多，按当代姓氏人口数量排列，杨姓居第六位。纵观古今杨姓人，可谓是人才济济，有记载的杨姓帝王国君就有好几位，如杨坚（隋文帝）、杨广（隋炀帝）、杨行密（五代十国吴国太祖）等等。此外，杨姓人在文学、理学、军事等诸多领域都有突出贡献。现将杨姓名人列举在此，方便读者客观体会姓名给人的命运带来的诱导功效；更有助于我们效法前人事迹，学习继承他们的优良品质。

中国人民解放军杨姓开国将军集纳

中国人民解放军杨姓开国将军目前已有 39 人。

杨至成上将（公元 1903—1967 年）：贵州省三穗县人。1926 年入黄埔军校学习，1927 年转入中国共产党。曾参加南昌起义和湘南起义。抗日战争时期，任中国人民抗日军政大学校务部部长。解放战争时期，任东北民主联军总后勤部政治委员等职务。中华人民共和国成立后，任中南财经委员会委员，中南军政委员会轻工业部部长，中南军区后勤部部长等职务。1955 年被授予上将军衔。荣获一级八一勋章、一级独立自由勋章、一级解放勋章。1967 年 2 月 3 日因病在北京逝世，终年 64 岁。

杨得志上将（公元 1910—1994 年）：湖南省醴陵县人。1928 年加入中国共产党。抗日战争时期，任八路军 115 师 343 旅 685 团团长等。解放战争时期，任晋察冀野战军、冀鲁豫军区第一纵队司令员等。中华人民共和国成立后，任第十九兵团司令员兼陕西军区司令员，济南军区司令员，国防部副部长，中国人民解放军总参谋长，中共中央军委副秘书长等。1955 年被授予上将军衔。荣获一级八一勋章、一级独立自由勋章、一级解放勋章。曾荣获朝鲜民主主义人民共和国一级国旗勋章一枚、一级自由独立勋章二枚。1988 年 7 月被授予中国人民解放军一级红星功勋荣誉章。1994 年 10 月 25 日因病在北京逝世，享年 84 岁。

杨勇上将（公元 1912—1983 年）：原名杨世竣，湖南省浏阳市人。1927 年加入中国共产主义青年团。1930 年参加中国工农红军，同年由团转入中国共产党。新中国成立前，曾参与土地革命战争、抗日战争、解放战争等；中华人民共和国成立后，任贵州省人民政府主席，省军区司令员、中共中央军委副秘书长等职务。1955 年被授予上将军衔。荣获一级八一勋章、一级独立自由勋章、一级解放勋章。1983 年 1 月 6 日逝世，终年 71 岁。

杨成武上将（公元 1914—2004 年）：福建省长汀县人。1929 年参加中国工农红军。1930 年加入中国共产党。抗日战争时期，任八路军 115 师独立团团长，独立第一师师长，晋察冀军区第一军分区司令员兼政治委员，冀中军区司令员等。中华人民共和国成立后，任华北军区参谋长，副司令员兼参谋长，中国人民解放军防空军司令员，中国人民解放军副总参谋长，中共中央军委副秘书长等。1955 年被授予上将军衔。荣获一级八一勋章、一级独立自由勋章、一级解放勋章。1988 年 7 月获一级红星功勋奖章。2004 年 2 月 14 日因病在北京逝世，享年 90 岁。

杨国夫中将（公元 1905—1982 年）：安徽省霍邱县人。1930 年加入中国共产党。参加过土地革命。抗日战争时期，任八路军山东人民抗日游击第三支队副司令员、司令员，渤海军区司令员兼第七师师长。解放战争时期，任第四野战军 43 军副军长等。中华人民共和国成立后，任中南军区第一文化速成中学副校长、校长，济南军区副司令员、顾问。1955 年被授予中将军衔。荣获二级八一勋章，一级独立自由勋章、一级解放勋章。1982 年 2 月 4 日因病在北京逝世，终年 77 岁。

　　杨梅生中将（公元 1905—1978 年）：原名杨勋梅，湖南省湘潭县人。1926 年参加国民革命军武汉警卫团。1927 年参加湘赣边界秋收起义。1928 年加入中国共产党。抗日战争时期，任新四军竹沟留守处参谋长，江北指挥部副参谋长等。解放战争时期，任晋察冀军区第一纵队副司令员。中华人民共和国成立后，任中国人民解放军第 20 兵团军长，湖南军区司令员，广州军区副司令员。1955 年被授予中将军衔。荣获一级八一勋章、一级独立自由勋章、一级解放勋章。1978 年 1 月 9 日因病在广州逝世，终年 73 岁。

　　杨秀山中将（公元 1914—2002 年）：原名杨木森，湖北省沔阳县人。1930 年参加中国工农红军。1934 年由团转入中国共产党。曾参加抗日战争、解放战争。中华人民共和国成立后，任中国人民解放军训练总监部院校部副部长，总参谋部军校部副部长等。1955 年被授予中将军衔。荣获一级八一勋章、二级独立自由勋章、一级解放勋章。1988 年 7 月被授予中国人民解放军一级红星功勋荣誉章。2002 年 11 月 27 日因病在北京逝世，享年 89 岁。

　　杨尚儒少将（公元 1903—1986 年）：福建省连城县人。1929 年参加闽西农民起义，1930 年参加中国工农红军，同年加入中国共产党。土地革命战争时期，参加了中央苏区五次反"围剿"作战和二万五千里长征。到达陕北后，参加了直罗镇、东征和山城堡战役。抗日战争时期，参加了平型关战斗。解放战争时期，与马仁兴、左叶、邓忠仁、杨骥等人组成四平城内作战指挥部，马仁兴为指挥。后参加了辽沈、平津等战役。中华人民共和国成立后，任中国人民解放军空军后勤部政治委员。1955 年被授予少将军衔。荣获二级八一勋章，一级独立自由勋章，一级解放勋章。荣获朝鲜民主主义人民共和国二级自由独立勋章。1986 年 1 月 2 日因病逝世，终年 83 岁。

　　杨植亭少将（公元 1905—1982 年）：安徽省六安县人。1929 年参加中国工农红军，1932 年加入中国共产党。土地革命战争时期，任安徽省六安县赤卫队连长、独立团连长，参加了长征。抗日战争时期，任晋察冀军区供给部军实科科长，军区直属供给处处长，晋察冀军区供给部副部长。解放战争时期，任晋察冀军区供给部副部长，华北军区后勤部太原办事处主任。1955 年被授予少将军衔，荣获二级八一勋章、二级独立自由勋章、一级解放勋章。1982 年 11 月 30 日逝世，终年 77 岁。

杨家瑞少将（公元 1905—1989 年）：陕西省兴平市（原兴平县）人。1923 年参加国民军。1927 年在西安参加中国共产党。1930 年参加中国工农红军。1930 年，杨家瑞所在的部队移防监利县城，杨家瑞本是连长，因威信很高，其下属一个班长为维护他一枪打死营长。得悉贺龙要攻打监利县城，于是杨家瑞指挥两个连，调转枪口，举行了战场起义，这一仗歼敌 1000 余人，配合贺龙顺利攻城。1955 年被授予少将军衔。荣获二级八一勋章、二级独立自由勋章、一级解放勋章。1988 年 5 月 6 日因病逝世，终年 84 岁。

杨有山少将（公元 1906—1983 年）：辽宁省辽阳县人。1925 年参加东北军，历任班长、排长。1928 年入东北陆军讲武堂学习，毕业后任东北军 4 旅 25 团排长、连长。1937 年加入中国共产党。抗日战争时期参加了百团大战。解放战争时期，参加了平津、太原等战役。中华人民共和国成立后，1950 年参加抗美援朝战争，任中国人民志愿军 66 军 196 师长。1954 年毕业于军事学院，历任北京军区司令部军事训练处处长，河北省军区副司令员兼参谋长。1955 年被授予大校军衔，1964 年晋升为少将军衔。荣获二级独立自由勋章、二级解放勋章。1983 年 4 月 2 日因病在保定逝世，终年 77 岁。

杨明山少将（公元 1906—1995 年）：河南省光山县人。1929 年参加中国工农红军，同年加入中国共产党。土地革命战争时期，参加了鄂豫皖苏区第一、二、三、四次反"围剿"斗争和长征。1955 年被授予大校军衔，1964 年晋升为少将军衔。荣获二级八一勋章、二级独立自由勋章、二级解放勋章。1988 年 7 月被中央军委授予中国人民解放军一级红星功勋荣誉章。1995 年 11 月 10 日因病在保定逝世，终年 89 岁。

杨世明少将（公元 1907—1986 年）：湖南省浏阳市人。1927 年参加湘赣边界秋收起义。1930 年参加中国工农红军，1931 年加入中国共产党。1943 年参加北岳区反"扫荡"，获"晋察冀边区第一等战斗英雄"称号。1955 年被授予少将军衔。荣获三级八一勋章、二级独立自由勋章、二级解放勋章。1986 年 6 月 29 日逝世，终年 79 岁。

杨尚高少将（公元 1908—1983 年）：原名杨向高，湖南省平江县嘉义镇人。1928 年加入中国共产主义青年团。1930 年转入中国共产党。同年参加中国工农红军。土地革命战争时期，参加了湘赣、湘鄂川黔苏区反"围剿"和长征。解放战争时期，参加了青化砭、羊马河、蟠龙等战役。中华人民共和国成立后，任西南军区后勤部政治委员，总后勤部科技部部长等职。1955 年被授予少将军衔。荣获二级八一勋章、二级独立自由勋章、一级解放勋章。1983 年 1 月 2 日因病逝世，终年 75 岁。

杨介人少将（公元 1909—1999 年）：山东省蓬莱市人。1939 年参加中国共产党。解放战争时期，任胶东军区南海军分区参谋长、副司令员、司令员。中华人民共和国成立后，任胶东军区东海军分区司令员、华东军政大学山东分校副校长、山东军区长山列岛水警区司令员等职。1965 年担任山东省计划委员会主任、副省长。1977 年担任山东省政协副主席。是中国人民政治协商会议第六届全国委员会委员。1955 年被授予大校军衔，1964 年晋升为少将军衔。1999 年 1 月 17 日因病在济南逝世，终年 90 岁。

杨中行少将（公元 1910—1987 年）：安徽省六安县人。1930 年参加中国工农红军。1935 年加入中国共产党。土地革命战争时期，参加了鄂豫皖、川陕苏区反"围剿"和长征。解放战争时期，参加了辽沈、平津、宜沙等战役。1955 年被授予少将军衔。荣获二级八一勋章、二级独立自由勋章、一级解放勋章。荣获朝鲜民主主义人民共和国二级国旗勋章、二级自由独立勋章。1988 年 7 月被中央军委授予中国人民解放军一级红星功勋荣誉章。1988 年 10 月 26 日因病逝世，终年 77 岁。

杨怀珠少将（公元 1910—1999 年）：江西省吉安县人，1930 年参加中国工农红军，1932 年加入中国共产党。土地革命战争时期，参加了中央苏区一至四次反"围剿"战斗和二万五千里长征。抗日战争时期，参加了太行山粉碎日寇四路围攻和百团大战等战斗。解放战争时期，参加了辽沈战役、平津战役。中华人民共和国成立后，任中国人民解放军海军政治部保卫部副部长，海军军事法院院长，海军技术部政治委员等职。1955 年被授予大校军衔，1961 年晋升为海军少将军衔。荣获二级八一勋章、二级独立自由勋章、二级解放勋章。1988 年 7 月被中央军委授予中国人民解放军一级红星功勋荣誉章。1999 年 10 月 6 日因病在北京逝世，享年 89 岁。

杨辉图少将（公元 1911—1987 年）：广东省大埔县人。1932 年参加中国工农红军。次年加入中国共产党。曾在土地革命战争时期，参加了中央苏区反"围剿"和长征。解放战争时期，任晋冀鲁豫军区 4 纵后勤部供给部政治委员，豫西军区第 1 军分区副政治委员兼政治部主任。参加了豫西、吕梁、洛阳等战役。1955 年被授予大校军衔，1961 年晋升为少将军衔。荣获三级八一勋章、二级独立自由勋章、二级解放勋章。1987 年 1 月 24 日逝世，终年 76 岁。

杨斯德少将（公元 1912—　　）：山东省滕州市（原滕县）人。1938 年参加八路军，同年加入中国共产党。曾参加抗日战争、解放战争。曾是第八届全国政协台、港、澳、侨联络委员会副主任。还担任了全国政协副秘书长。1955 年被授予大校军衔，1964 年晋升为少将军衔。荣获二级独立自由勋章、二级解放勋章。

杨文安少将（公元 1912—1967 年）：原名杨辂，山西省芮城县人。1936 年考入晋绥军军官教导团学兵队，1937 年加入中国共产党。1938 年率部在马村设伏毙伤日军 90 余人。1939 年参加山西新军。1940 年在大聚会与日军激战一天，日军伤亡 150 人。1945 年杨文安任晋绥军区第 8 军分区参谋长。1955 年被授予大校军衔，1961 年晋升为少将军衔。荣获二级独立自由勋章、一级解放勋章。"文革"中遭迫害，于 1967 年 6 月在北京含冤自尽，年仅 55 岁。1979 年中国人民解放军总政治部为他平反，给予革命烈士待遇。

杨焕民少将（公元 1912—1994 年）：湖北省孝感市人。1929 年参加中国工农红军，1934 年加入中国共产党。土地革命战争时期，参加了鄂豫皖苏区反"围剿"、长征以及直罗镇战役。1936 年入陕北红军大学学习。抗日战争时期，任新四军豫鄂挺进纵队第 1 团副团长，第5团政治委员，第5师特务旅副旅长兼参谋长等职。解放战争时期，曾任第四野战军第51军副军长。新中国成立后，1979年任南京军区空军司令员。1955年被授予少将军衔。荣获二级八一勋章、一级独立自由勋章、一级解放勋章。1988年7月被中央军委授予中国人民解放军一级红星功勋荣誉章。1994年1月10日因病逝世，终年82岁。

杨卓少将（公元1914—1995年）：原名杨德财，江西省兴国县人。1930年参加兴国县乡赤卫队。1931年参加中国工农红军。1935年转入中国共产党。曾参加抗日战争、解放战争。1960年毕业于解放军政治学院。后任中国人民解放军总参谋部警备部干部部副部长，总参谋部三部顾问。1955年被授予大校军衔，1961年晋升为少将军衔。荣获二级八一勋章，二级独立自由勋章、二级解放勋章。1988年7月被中央军委授予中国人民解放军一级红星功勋荣誉章。1995年2月2日因病在北京逝世，终年81岁。

杨虎臣少将（公元1914—2006年）：湖北省天门市人。1931年参加中国工农红军。1934年加入中国共产党。土地革命战争时期，参加了湘鄂西、湘鄂川黔苏区反"围剿"和长征。中华人民共和国成立后，任西北军区后勤部西安办事处处长，西北军区后勤部营房部部长，企业部副部长，军需部副部长等职。1964年晋升为少将军衔。荣获三级八一勋章、二级独立自由勋章。1988年7月被中央军委授予中国人民解放军一级红星功勋荣誉章。

杨国宇少将（公元1914—2000年）：四川省仪陇县人，1933年参加中国工农红军，1935年加入中国共产主义青年团，同年转入中国共产党。土地革命战争时期，任红四方面军总政治部宣传员等职，参加了川陕苏区反"围攻"作战，田水堡、山城堡等战役和二万五千里长征。抗日战争时期，"七七事变"爆发后，任八路军129师司令部机要科科长，随部队参加了七亘村、马山村、神头岭、百团大战等战斗。解放战争时期，任第二野战军第11军参谋长等职，参加了蒙城、侯马等战斗和进军大别山、淮海、渡江等战役。中华人民共和国成立后，任中国人民解放军海军青岛基地参谋长等职。1955年被授予大校军衔，1961年晋升为海军少将军衔。荣获三级八一勋章、二级独立自由勋章、一级解放勋章。1988 年 7 月被中央军委授予中国人民解放军一级红星功勋荣誉章。2000 年 4 月 27 日因病在北京逝世，享年 86 岁。

杨家保少将（公元 1914—1981 年）：原名欧阳家保，江西省吉水县人。1930 年参加中国工农红军。1933 年转入中国共产党。西安事变时，随周恩来去西安做保卫工作。1944 年，到华中局党校学习。1948 年担任华东野战军先遣纵队副政治委员，进入大别山开展游击战争。1949 年任第三野 20 军 59 师副政治委员、政治委员。1955 年被授予大校军衔，1964 年晋升为少将军衔。获二级八一勋章、二级独立自由勋章、二级解放勋章。荣获朝鲜民主主义人民共和国二级自由独立勋章。1981 年 7 月 25 日逝世，终年 67 岁。

杨树根少将（公元 1915—1998 年）：江西省樟树市（原清江县）人。1930 年参加中国工农红军，1931 年加入中国共产主义青年团，1932 年转入中国共产党。土地革命战争时期，参加了央苏区第一至第五次反"围剿"和二万五千里长征。抗日战争时期，任山西省委军事部干部、中共晋中地委书记，新编第 9 旅 27 团政治委员等职，指挥所部参加了百团大战，组织军民开展破袭战、麻雀战，粉碎日伪军多次围攻和"扫荡"。解放战争时期，先后率部参加了淮海等战役战斗。1955 年被授予少将军衔。荣获二级八一勋章、一级独立自由勋章、一级解放勋章。1988 年 7 月被中央军委授予中国人民解放军一级红星功勋荣誉章。1998 年 9 月 30 日因病在广州逝世，终年 83 岁。

杨汉林少将（公元 1915—1985 年）：江西省兴国县东村乡人。1930 年参加中国工农红军，1931 年加入中国共产主义青年团，1934 年转入中国共产党。曾参加抗日战争、解放战争。中华人民共和国成立后，任华东野战军高炮师政治委员，华东军区政治部组织部副部长，干部部副部长、部长，南京军区政治部副主任。1955 年被授予少将军衔。荣获三级八一勋章、二级独立自由勋章、二级解放勋章。1985 年 2 月 9 日逝世，终年 70 岁。

杨克武少将（公元 1915—2001 年）：原名杨瑞祯，安徽省金寨县人。1929 年参加中国工农红军。1931 年转入中国共产党。土地革命战争时期，参加了鄂豫皖苏区反"围剿"和长征。1955 年被授予大校军衔，1964 年晋为少将军衔。荣获二级八一勋章、二级独立自由勋章、二级解放勋章。1988 年 7 月被中央军委授予中国人民解放军一级红星功勋荣誉章。2001 年 1 月 30 日因病在武汉逝世，享年 86 岁。

杨森少将（公元 1916—2004 年）：河南省固始县人，1930 年参加中国工农红军，1936 年加入中国共产党，参加了鄂豫皖根据地反"围剿"斗争和红军长征。抗日战争时期，参加了平型关战役和收复张家口、宣化等战斗，还参加了绥远、、平津、太原、兰州等战役。解放战争时期，任晋察冀军区第 19 兵团 65 军 193 师副师长兼参谋长。中华人民共和国成立后，任中国人民解放军第 65 军 193 师师长，第 65 军军长等职。为中国社会主义建设和部队现代化建设做出了贡献。1955 年被授予大校军衔，1964 年晋升为少将军衔。二级八一勋章、二级独立自由勋章、二级解放勋章。1988 年 7 月被中央军委授予中国人民解放军一级红星功勋荣誉章。2004 年 7 月 20 日因病在北京逝世，享年 88 岁。

杨俊生少将（公元 1916—1998 年）：江西省瑞金市（原县）叶坪乡合龙下吴坊人。1932 年加入共产主义青年团，1934 年参加中国工农红军。1935 年由团转入中国共产党。中华人民共和国成立后，任中国人民志愿军副军长兼参谋长。炮兵指挥所司令员，中国人民解放军军长等职。1955 年被予少将军衔。荣获三级八一勋章、二级独立自由勋章、一级解放勋章。1988 年 7 月被中央军委授予中国人民解放军一级红星功勋荣誉章。1998 年 2 月 15 日在北京逝世，终年 82 岁。

杨世荣少将（公元 1917—1987 年）：四川省营山县人。1933 年参加中国工农红军。1936 年加入中国共产主义青年团，同年转入中国共产党，是第五届全国人民代表大会代表。1955 年被授予大校军衔，1961 年晋升为少将军衔。荣获三级八一勋章、二级独立自由勋章、二级解放勋章。1987 年 11 月 27 日因患心肌梗死不幸逝世，终年 79 岁。

杨思禄少将（公元 1917—　）：曾用名张友、方力。江西省于都县人。1930年加入中国共产主义青年团。1933年参加中国工农红军，同年由团转入中国共产党。解放战争时期，任冀东军区第12军分区副司令员，华北军区教导第3师师长，第二野战军直属教导第2师师长。中华人民共和国成立后，任中国人民解放军空军第五航空学校参谋长、副校长等职。1955年被授予大校军衔，1961年晋升为少将军衔。荣获三级八一勋章、二级独立自由勋章、二级解放勋章。1988年7月被中央军委授予中国人民解放军一级红星功勋荣誉章。

杨力少将（公元1918—1999年）：江西省瑞金县人。1931年参加瑞金县中国工农红军游击大队。1932年加入中国共产主义青年团，1933年转为中国共产党党员。曾参加了中央苏区第四、五次反"围剿"战斗和二万五千里长征。抗日战争时期，参加了"百团大战"，带领部队在正太路东段坚持敌后抗日根据地斗争。解放战争时期，先后参加了内蒙古多伦战斗、承德保卫战、热河省古北口平古线战斗和平津战役。中华人民共和国成立后，任海军北海舰队航空兵部司令员等。致力于军事训练改革，注重加强部队后勤设施建设和国防工程建设，为海军舰队的革命化、现代化、正规化建设做出了突出贡献。1955年被授予大校军衔，1961年晋升为少将军衔。荣获三级八一勋章、二级独立自由勋章、二级解放勋章。1988年7月被中央军委授予中国人民解放军一级红星功勋荣誉章。1999年9月20日因病在青岛逝世，享年81岁。

杨弃少将（公元1918—1975年）：原名泳周，字郁斌，陕西省汉阴县蒲溪镇后坝村人。1938年时参加抗日民族先锋队，同年7月奔赴延安参加八路军，12月加入中国共产党。抗日战争时期，曾任八路军115师344旅689团9连政治指导员。解放战争时期，任东北民主联军第2纵队6师16团政治委员。中华人民共和国成立后，任中国人民志愿军第39军117师政治部主任，辽宁省军区第二政治委员，辽宁省常务委员会委员，辽宁省革命委员会副主任等职。1955年被授予大校军衔，1964年晋升为少将军衔。1975年4月23日逝世，终年57岁。

杨广立少将（公元1918—1997年）：字泽普，山东省滕州市柴胡店镇人。1936年加入中国共产党。1938年参加鲁南人民抗日义勇队。抗日战争时期，任鲁南人民抗日义勇队战士、后为班长。是中国共产党第九次全国代表大会代表。1955年被授予大校军衔，1964年4月晋升为少将军衔。荣获二级独立自由勋章、二级解放勋章。1988年7月被中央军委授予中国人民解放军一级红星功勋荣誉章。1997年11月2日因病逝世，终年79岁。

杨永松少将（公元1918— ）：广东省大埔县人。1930年加入中国共产主义青年团。1931年参加中国工农红军。1936年加入中国共产党。土地革命时期参加了中央苏区反"围剿"和长征。中华人民共和国成立后，任华北军区装甲兵政治部主任，北京军区工程兵副政治委员、政治委员。是中国共产党第七次全国代表大会候补代表。1955年被授予少将军衔。荣获三级八一勋章、二级独立自由勋章、二级解放勋章。1988年7月被中央军委授予中国人民解放军一级红星功勋荣誉章。

杨银声少将（公元1918—1993年）：安徽省寿县人。1932年加入中国共产党。1933年参加中国工农红军。土地革命战争时期，任皖西北游击大队宣传员，皖西北游击师连政治指导员。1955年被授予少将军衔。荣获三级八一勋章、二级独立自由勋章、二级解放勋章。荣获朝鲜民主主任人民共和国二级自由独立勋章。1988年7月被中央军委授予中国人民解放军一级红星功勋荣誉章。1993年1月28日逝世，终年75岁。

杨大易少将（公元1919—1997年）：四川省苍溪县人。1933年参加中国工农红军，1934年加入中国共产党。参加了土地革、抗日战争以及解放战争。是中国共产党第十、十一届候补中央委员，第十二次全国代表大会代表。1955年被授予大校军衔，1956年晋升为少将军衔。荣获二级八一勋章、二级独立自由勋章、二级解放勋章。1988年7月被中央军委授予中国人民解放军一级红星功勋荣誉章。1997年5月29日因病在广州逝世，终年78岁。

杨恬少将（公元1920—2002年）：江西省德安县人，1936年参加中华民族解放先锋队。1937年加入中国共产党。抗日战争时期，主要从事宣传指导工作，为培养抗日骨干力量做出了贡献。解放战争时期，。参加了陇海线出击作战，在自卫战争中指挥晋冀鲁豫军区司令部直属队圆满完成了围困开州敌人及渡河等任务，并努力做好济南、淮海战役中的战勤工作，为中国人民的解放事业立下了功勋。在社会主义革命和建设时期，积极探索新形势下后勤保障和管理的路子，为军队后勤正规化建设做出了贡献。1955 年被授予大校军衔，1964 年晋升为少将军衔。荣获二级独立自由勋章、一级解放勋章。荣获朝鲜民主主义人民共和国二级自由独立勋章。1988 年 7 月被中央军委授予中国人民解放军一级红星功勋荣誉章。2002 年 5 月 8 日因病在北京逝世，享年 83 岁。

除开国将军外古今杨姓名人列举

杨朱（生卒年不详）：先秦哲学家，战国时期魏国（今河南开封市）人，字子居。约与墨子同期，他的思想同墨子的思想极为对立，他反对墨子的"兼爱"，主张"贵生"、"重己"，重视个人生命的保存。《列子·杨朱》篇有"杨朱曰：'古人之，损一毫利天下，不与也；悉天下奉一身，不取也。人人不损一毫，人人不利天下，天下治矣。"反对他人对自己的侵夺，也反对自己对他人的侵夺。正如儒家思想的代表孟子所言："杨子取为我，拔一毛而利天下，不为也。墨子兼爱，摩顶放踵，利天下，为之。"（杨子主张的是"为我"，即使拔他身上一根汗毛，能使天下人得利，他也是不干的，而墨子主张"兼爱"，只要对天下人有利，即使自己磨光了头顶，走破了脚板，他也是甘心情愿的。）

杨雄（公元前 53—公元 18 年）：后自改名扬雄。字子云，汉族，西汉蜀郡成都（今四川成都郫县友爱镇）人。西汉学者，少年时候很喜欢学习，博览群书，尤其喜欢辞赋。口吃，不善言谈，但深于思考。年四十余，始游京师，因为文才出众被大司马王音召为门下史，推荐为待诏。扬雄早年极其崇拜司马相如，曾模仿司马相如的《子虚赋》、《上林赋》，作《甘泉赋》、《羽猎赋》、《长杨赋》，为处于崩溃前夕的汉王朝粉饰太平、歌功颂德。故后世有"扬马"之称。扬雄晚年对赋有了新的认识，在《法言·吾子》中认为作赋乃是"童子雕虫篆刻"，"壮夫不为"；并认为自己早年的赋和司马相如的赋一样，都是似讽而实劝。这种认识对后世关于赋的文学批评有一定的影响。

杨敞（生卒年不详）：西汉丞相，汉昭帝时曾任丞相，为弘农杨氏第一世祖。杨敞之妻为司马迁的女儿。

杨震（公元 59—124 年）：字伯起，东汉弘农华阴人，年已五旬时受邓骘将军之邀到其幕府出仕任职，汉安帝延光二年（公元123），升为太尉，掌管朝廷军事大权，官止此职。他通晓经文，风雅清正，志存高远，人称"关西孔子"。杨震自小聪颖好学，拜当朝九卿之一的太常桓郁为师，并在桓郁的教授下，深钻细研各种学问。他一生致力于传道授业，坚持有教无类的教学思想，并以清白正直为教书育人之要。他始终以"清白吏"为座右铭，严格要求自己，"不受私谒"，在由荆州刺史调任东莱太守赴任途中，路经昌邑（今山东巨野县东南）时，昌邑县令王密，听说杨震途经本地，为了报答杨震的知遇之恩，特备黄金十斤乘更深夜静无人之机，将黄金送给杨震。杨震不但不接受，还批评说："我和你是故交，关系比较密切，我很了解你的为人，而你却不了解我的为人，这是为什么呢？"王密说："现在深夜无人知道。"杨震说："天知、地知、我知、你知怎能说无人知道呢？"王密受到谴责后，十分惭愧，只好作罢。杨震"暮夜却金"的故事，传遍古今中外，后人因此称杨震为"四知先生"。

杨彪（公元 142—225 年）：字文先，弘农华阴（今陕西华阴东）人。杨震之后，杨赐之子，他们世代忠烈。任京兆尹时毅然处死巨宦王甫。汉献帝时为太尉，因反对董卓迁都长安而免官。董卓死后复为太尉，李郭之乱中尽节护主。后来，曹操因嫉妒他，诬以大逆，幸被孔融所救。后其子杨修为曹操所杀，闭门不仕十余年。杨彪至死仍自称汉臣，而曹丕登位后也并未为难他。"礼遇汉老臣杨彪不夺其志"（《汉魏六朝三百家集》）。

杨修（公元 175—219 年）：字德祖，弘农华阴（今陕西华阴东）人。东汉末期文学家，太尉杨彪之子，以学识渊博而著称。建安年间被举为孝廉，任郎中，后为汉相曹操主簿。后被曹操杀害，终年 45 岁。杨修一生著作颇丰，结集成册的两文稿已失，今共存作品数篇，其中有《答临淄候笺》、《节游赋》、《神女赋》、《孔雀赋》等。

杨坚（公元 541—604 年）：即隋朝开国皇帝——隋文帝，581—604 年在位，谥号，文皇帝，庙号高祖，尊号圣人可汗。勤政爱民，开创了辉煌的"开皇盛世"。隋朝建立后，在政治、经济制度方面有以下改革：废除了北周六官，确立三省六部制；将地方的州、郡、县三级制改为州、县两级制，地方官吏概由中央任免，由此巩固了中央集权；修订《开皇律》，删除苛酷条文；设置粮仓，著名的有兴洛仓、回洛仓、常平仓等；统一币制，改铸五铢钱，世称"隋五铢"等。隋文帝还下令修建首都大兴城（即后来长安城），大兴城的修建不仅是中国古代城市建设规划高超水平的标志，也是当时国家的经济实力和科技水平的综合体现。

杨素（公元 544—606 年）：字处道，是隋朝权臣，杰出的军事统帅、诗人。汉族，弘农华阴（今属陕西）人。他出身北朝士族，北周时任车骑将军，曾参加平定北齐之役。他与隋文帝杨坚相互欣赏，厚相结纳。杨坚为帝，任杨素为御史大夫，后以行军元帅率水军东下攻陈。灭陈后，晋爵为越国公，任内史令。杨广即位，拜杨素为司徒，改封楚国公。卒谥景武。

杨广（公元 569—618 年）：隋朝第二个皇帝——隋炀帝。隋文帝次子，一名英，小字阿摩，庙号世祖，谥号明帝，唐时谥炀帝。《隋书·世祖本纪》中记载着隋炀帝："上美姿仪，少敏慧。"604—618 年在位，为了使南北双方的联系加强，控制江南，南粮北运等，大业元年（605 年）兴修大运河，南北四大水系也由此而沟通。隋文帝时，废除九品中正制，开始采用分科考试的方式选拔官员，到了隋炀帝时，正式设立进士科，我国科举制度正式诞生。这一制度一直沿用到清末。

杨炯（公元 650—692 年）：汉族，弘农华阴（今属陕西）人，唐朝诗人，初唐四杰（其他三人为王勃、卢照邻、骆宾王）之一。唐高宗显庆六年（公元 661 年），年仅 11 岁的杨炯被举为神童，上元三年（676 年）应制举及第，授校书郎。后又任崇文馆学士，迁詹事、司直。武后垂拱元年（685 年），降官为梓州司法参军。天授元年（690年），任教于洛阳宫中习艺馆。如意元年（692年）秋后改任盈川县令，吏治以严酷著称，死于盈川。因此后人称他为"杨盈川"。他反对齐梁"宫体"诗风，主张"骨气""刚健"的文风，有《从军行》、《出塞》等边塞诗闻名。

杨国忠（？—756年）：本名杨钊，杨玉环之兄。杨玉环得宠于唐玄宗之后，她的族兄杨国忠也飞黄腾达，升任宰相，身兼40余职，杨国忠与安禄山的矛盾最终导致了安史之乱，而他与太子李亨的矛盾最终使杨国忠灭门。

杨贵妃（公元719—756年）：即杨玉环，原籍蒲州永乐（今山西永济）。开元七年（719年）六月初一生于蜀州（今四川崇州）。体态丰盈，通晓音律，能歌善舞。开元二十三年（735年），17岁的杨玉环被册为寿王妃（寿王李瑁，李隆基第十八子）。唐玄宗李隆基见杨玉环的姿色后，欲纳入宫中，着为女道士，号太真。天宝四年（745年）入宫，得唐玄宗宠幸，27岁的杨玉环被李隆基册为贵妃，距杨玉环被册为寿王妃整十年。天宝十五载（756年）六月十四日，随李隆基流亡蜀中，途经马嵬驿，禁军哗变，38岁的杨贵妃被缢死，香消玉散。杨贵妃天生丽质，"回眸一笑百媚生，六宫粉黛无颜色"，堪称大唐第一美女，此后千余年，无出其右者。杨贵妃与西施、王昭君、貂蝉并称为中国古代四大美女。

杨炎（公元727—781年）：字公南；凤翔天兴人（今陕西凤翔）。著名唐朝宰相，两税法的创制者。

杨行密（公元852—905年）：字化源，庐州（今合肥长丰县）人，被昭宗封为吴王，任淮南节度使。后来他拥兵自重，建立了以淮南（今江苏扬州）为中心的割据地盘。她是五代十国中南吴国的实际开国者。唐哀帝天佑二年（905年）十一月病死，谥武忠王，武义年间改谥孝武王，后来其子杨溥称帝时又被追尊为武皇帝，庙号太祖。

杨琏（公元920—940年）：中国五代十国时代人物，南吴国睿帝杨溥的长子，始封江都王，930年被立为太子，娶李知诰李昇的女儿为妻。后来李知诰（李昇）建立南唐，改封女婿杨琏为弘农郡公。杨琏死后，李昇追谥他为"弘农靖王"。

杨业（？—986 年）：北宋名将、军事家。本名重贵，又名继业，原籍麟州新秦（今陕西神木北）。《宋史》记载为山西太原人。从小就擅长骑射，爱好打猎，武艺也高超。20 岁入仕北汉政权，骁勇善战，受到北汉皇帝的重用。后北汉亡，杨业投降宋朝。宋太宗亦对他非常赏识，任命他为左领军卫大将军，知代州兼三交驻泊兵马部署，为潘美节制。公元 980 年，辽派十万大军攻打雁门关，杨业率几千人马迎战，巧用智谋、以少胜多，取得了雁门关大捷，从此威名远扬。公元 986 年，宋朝欲收复燕云十六州失地，杨业为副帅随潘美大军出征。由于潘美迫于监军王侁所胁，没能接应杨业，使杨业孤军陷入重围，杨业在雁北朔县狼牙村陈家谷口战斗中，中箭被俘，绝食三日牺牲，享年约 59 岁。他的后代继承他们父亲的事业，儿子杨延朗、孙子杨文广在保卫宋朝边境的战争中都立了功。他们一家的英勇事迹受到人们的传诵和赞美，民间流传的"杨家将"的故事，就是根据他们的事迹发展起来的。

杨延昭（公元 958—1014 年）：杨业之子，本名杨延朗，后因避赵玄朗（财神赵公明）讳，改名杨延昭，亦称杨六郎。宋真宗咸平二年（999 年），辽军攻遂城，杨延昭守卫遂城，杨延昭兵少请求支援，河北大将傅潜畏怯不敢出，遂城遂为辽军所困，将士无不危忧，延昭则从容自若，动员城中居民丁壮登城，被甲执械，日夜护守。当时正值冬季，杨延昭命城中军民引水浇灌城墙，一夜之间城墙变得又坚固又光滑，辽军攻城不下，只好绕过遂城进攻别处。杨延昭乘机追杀，截获了辽军许多武器。这次战役结束后，杨延昭等即威震边庭，人们称杨延昭守卫的遂城为"铁遂城"。宋真宗特意召他询对边策，并称赞他"治兵护塞有父风"。

杨文广（公元 1012—1074 年）：宋朝民族英雄，字仲容，杨延昭之子。曾为范仲淹所擢用。神宗时因抗击西夏建功。历官定州路副都总管，步军都虞侯。后辽人争议代州地界，他奉献阵图及攻取幽燕之策。

杨再兴（公元 1104—1140 年）：汉族，江西吉水县黄桥镇人，祖籍相州汤阴（今属河南），南宋抗金名将。杨再兴原是曹成的部下，岳飞击败曹成后，杨再兴成流寇，岳飞奇其貌，收杨再兴为部下。后杨再兴成为岳家军的骨干，为岳飞破伪齐立下大功，大破金兀术于郾城下，史称"郾城大捷"。

杨辉（生卒年不详）：南宋时期杰出的数学家和数学教育家。字谦光，汉族，钱塘（今杭州）人，生平履历不详。他是世界上第一个排出丰富的纵横图和讨论其构成规律的数学家。与秦九韶、李治、朱世杰并趁称宋元数学四大家。杨辉一生留下了大量的著述：《详解九章算法》12 卷（1261 年），《日用算法》2 卷（1262 年），《乘除通变本末》3 卷（1274 年，第 3 卷与他人合编），《田亩比类乘除捷法》2 卷（1275 年），《续古摘奇算法》2 卷（1275 年，与他人合编），其中后三种为杨辉后期所著，一般称之为《杨辉算法》。他非常重视数学教育的普及和发展，在《算法通变本末》中，杨辉为初学者制订的《习算纲目》是中国数学教育史上的重要文献。

杨时（公元 1044—1130 年）：字中立，南剑市将乐县（属今福建）人。从小聪颖，好学，喜欢著文。长大后，钻读理学。1076 年，中进士第，调官不赴。曾拜师学于程颢、程颐门下。为官时清正廉明。宋高宗时，官至龙图阁直学士致仕，优游林泉，以读书讲学为事。被称为"程学正宗。"朱熹、张栻的学部，皆出于杨时，学者称其为"龟山先生"。卒谥文靖。杨时著有《龟山集》二十八卷，《文献通考》及二程粹言《四库总目》等，并行于世。

杨炳（公元 1150—1230 年）：字若晦，泉州晋江人。精通《左氏春秋》。李炳与傅伯成、李忱号称当时"温陵三大老"为文浑厚简古，卒年八十一岁。著有《易说礼记》、《解西掖类稿》、《谏垣存稿》等杂著，自居倏溪居士，子寅翁。

杨简（公元 1141—1226 年）：字敬仲，南宋哲学家，慈溪（今属浙江江北区慈城镇）人，世称慈湖先生。宋宁宗嘉定初任温州知州，首倡废除妓籍，以廉俭为民所爱戴。官终宝谟阁学士。卒谥文元。师事陆九渊，发展心学，主张"毋意"、"无念"、"无思无虑是谓道心"，认为"天地我之天地，变化我之变化，非他物也"，把宇宙的变化说成是心的变化。并宣扬"人心自明，人心自灵"的观点。著有《慈湖诗传》、《杨氏易传》、《先圣大训》、《五诰解》及《慈湖遗书》等。

杨万里（公元 1127—1206 年）：字廷秀，号诚斋。江西吉州人（今江西省吉水县）。南宋大诗人。绍兴二十四年（1154 年）进士。历任国子博士、太常博士，太常丞兼吏部右侍郎，提举广东常平茶盐公事，广东提点刑狱，吏部员外郎等。朝廷欲在江南诸郡行铁钱，杨万里以为不便民，拒不奉诏，忤宰相意，改知赣州。万里见自己的抱负无法施展，遂不赴任，乞祠官（无实际官职，只领俸禄，等于退休）而归，从此不再出仕。开禧二年（1206 年），因痛恨韩侂胄（tuō zhòu），弄权误国，忧愤而死，官终宝谟阁文士，谥"文节"。今存诗作 4200 余首，不少抒发爱国情思之作。代表作：《初入淮河四绝句》、《舟过扬子桥远望》、《过扬子江》、《雨作抵暮复晴》等诗，抚今追昔，即景抒怀，思想性和艺术性都相当高。

杨士奇（公元 1365—1444 年）：名寓，字士奇，以字行，号东里，谥文贞。明代大臣、学者。汉族，泰和（今江西泰和县澄江镇）人。杨士奇年幼时，家庭贫寒，父亲早逝，严酷的生活环境造就了他勤奋好学、坚忍不拔、宽容严谨的优秀品格。官至礼部侍郎兼华盖殿大学士，任兵部尚书，历五朝，在内阁为辅臣四十余年，首辅二十一年。与杨荣、杨溥同辅政，并称"三杨"。同时，三人也是"台阁体"的代表人物。"台阁体"只追求所谓"雍容典雅"，内容大多比较贫乏，多为应制、题赠、酬应而作，题材常是"颂圣德，歌太平"，毫无创新，毫无生气。"三杨"中，杨士奇以"学行"见长，先后担任《明太宗实录》、《明仁宗实录》、《明宣宗实录》总裁定。因其居地所处，时人称之为"西杨"。

杨荣（公元 1371—1440 年）：初名子荣，字勉仁，建安（今福建建瓯）人。因居地所处，时人称为"东杨"。其生性敏锐通达，善于察言观色。在文渊阁治事三十八年，足智多谋且善于裁断，老成持重，尤其擅长谋划边防事务。然而由于其恃才自傲，难容他人之过，与同事常有过节，并且还经常接受边将的馈赠，因此往往遭人议论。杨荣既以武略见重，又有些文才，官居内阁大学士，是"台阁体"诗代表。据《明史·艺文志》载，其著作有《训子编》一卷、《北征记》一卷、《两京类稿》三十卷、《玉堂遗稿》十二卷。与杨士奇、杨溥同辅政，并称三杨。卒谥文敏。

杨溥（公元 1372—1446 年）：字弘济，湖广石首（今属湖北）人。明正统九年至十一年任当朝首辅，实乃"贤相"，时人称他为"南杨"。是"台阁体"诗的代表人物。

杨一清（公元 1454—1530 年）：字应宁，号邃庵，别号石淙，汉族，祖籍安宁（今云南安宁县）。杨一清自小聪颖好学，7 岁就能著文，乡里都认为他是神童。14 岁乡试中解元，18 岁中进士。他历侍成化、弘治、正德、嘉靖四朝，官至兵部、户部、吏部尚书，武英殿、谨身殿、华盖殿大学士，左柱国，太子太傅，太子太师，两次入阁预机务，后为首辅，官居一品。他才华出众且鞠躬尽瘁，号称"出将入相，文德武功"，才华堪与唐代名相姚崇媲美。

杨廷和（公元 1459—1529 年）：字介夫，号石斋，汉族，四川新都人，明代著名政治改革家，文学家杨慎之父。历四朝，为武宗、世宗两朝宰辅。1521 年，武宗驾崩，杨延和以《皇明祖训》为据，请立武宗从弟兴献王长子朱厚熜为帝，趁新帝未到借遗诏行事，推行行政。采取一系列手段，革除了武宗朝留下的弊政，打击了宦官当权势力，使正派力量得以增长，人心大快，国家转危为安，史称"中外倚以为安"。嘉靖三年，因"大议礼"与世宗意不合，罢归故里，后削职为民，卒于乡。隆庆初复职。著有《杨文忠公三录》。

杨慎（公元 1488—1559 年）：字用修，号升庵，后因流放滇南，故自称博南山人、金马碧鸡老兵，谥号文宪。明代文学家，明代三大才子之一。汉族，四川新都（今成都市新都区）人，祖籍庐陵。杨慎自幼聪颖，十一岁即能作诗。十二岁，写成《古战场文》、《过秦论》，众人皆惊。杨慎是正德六年的状元，任翰林院修撰，禀性刚直，每事必直书。世宗继位，任经筵讲官。嘉靖三年，因"大礼议"受廷杖，谪戍终老于云南永昌卫。杨慎存诗约 2300 首，所写的内容极为广泛。因他居滇 30 余年，所以"思乡"、"怀归"之诗，所占比重很大。如，《江陵别内》表现别情思绪，《宿金沙江》描写往返川滇途中的感慨。他也有一些诗作表现了对人民疾苦的关怀。如，《海口行》及《后海口行》揭露豪绅地主勾结地方官吏，借疏海口占田肥私。其最著名的是《二十一史》弹词第三章《说秦

汉》开场词《临江仙》，"滚滚长江东流水，浪花掏尽英雄，是非成
败转头空，青山依旧在，几度夕阳红。一壶浊酒喜相逢，古今多少
事，都付笑谈中。"。

杨继盛（公元 1516—1555 年）：字仲芳，号椒山，直隶容城
（今河北容城县）人，明代著名谏臣。嘉靖二十六年进士，任职兵
部员外郎。因上书弹劾奸臣严嵩，被陷害入狱至死。死后十二年，
隆庆皇帝立，追赠谥号"忠愍"，在保定建"旌忠祠"。著有《杨忠
愍文集》传世。

杨遇春（公元 1760—1837 年）：字时斋，四川崇庆州人，清代
名将。1779 年（乾隆四十四年）考中武举人，经历乾隆、嘉庆、
道光三朝，多次参与平定战乱，身经百战，从未受过伤，世称"福
将"。道光时任命他为陕甘总督，以一等昭勇侯（官名）退仕。死
后谥号"忠武"，所以又称杨忠武侯。

杨秀清（公元 1821 或 1823—1856 年）：太平天国的重要领袖
之一，被天王洪秀全封为东王，人称九千岁。原名嗣龙，客家人。
父母早亡，年少而孤。后接受了冯云山传播的革命思想，参加了拜
上帝会。1850 年夏，洪秀全下达"团营"命令，通知各地拜上帝
会众到桂平金田村集中，后取得了金田起义的胜利。1851 年（咸
丰元年）1 月 23 日，洪秀全在武宣东乡登极称天王，正式宣布建立
太平天国。同时建立五军主将制度，以杨秀清为中军主将，萧朝贵
为前军主将，冯云山为后军主将，石达开为左军主将，韦昌辉为右
军主将。在金田起义之后的半年内，杨秀清逐渐成为太平军有谋
略、有胆识的最高军事统帅，肩负着编组和指挥太平军的重任，与
前来镇压的清军转战在桂平、武宣、象州、平南等地。后在 1856
年的"天京事变"中被杀。

杨乃武（公元 1841—1914 年）：浙江余杭人。字书勋、子钊。
同治举人。1873 年被诬与毕秀姑（外号小白菜）毒杀毕氏之夫，
屈打成招。杨乃武和小白菜受尽各种酷刑，比较著名的有夹棍、过
江龙，老虎凳，油锅，打板子，杀威棍。是清末四大奇案之一。释
后以植桑养蚕度过余生。

杨深秀（公元 1849—1898 年）：清末"戊戌六君子"之一，维

新变法人士。号畚畚子，字漪村或仪村，山西闻喜人。光绪进士。他精通中西数学，曾被授刑部主事，至山东道监察御史。1898年3月，与宋伯鲁等在北京成立关学会，又名保国会。6月上疏请"定国是诏"。维新派湖南巡抚陈宝箴被人挟制时，他上疏辩护。戊戌政变中，不避艰危，援引古义，请慈禧撤帘归政，遂遇害。

杨佩璋（公元1850—1920年），字筱村，今河南长葛市后河镇后河村人。少失父母，衣食艰辛。堂伯丙昌携其至浚县训导任所，衣食教诲，待若亲生。杨佩璋刻苦攻读，以案元入庠，同治十二年（1873年）拔贡，光绪二年（1876年）中举人，次年登进士，授翰林院编修。此时，周围同僚趋炎附势，相互推崇之风甚盛，而杨佩璋以名节自重，岸然自守，杜门读书，不接权贵，故沉浮词馆二十余载无升迁。光绪二十四年（1898年）迁国子监司业，后转左春坊左中允司经局洗马。二十六年（1900年）补翰林院侍讲，次年迁侍读，升侍讲学士。旋补内阁学士兼礼部侍郎衔。二十九年（1903年）署督察院副都御史，杨佩璋以廉洁自守，以忠贞处世，不事逢迎，绝少私交，虽身居高位，而门可罗雀。尽管同僚讥诮，杨佩璋却不改其素。杨佩璋学博识广，善于鉴赏古书画，京师推为专家。为文独造，清真雅正。书法颜柳，字字端楷。惜内向不露，所遗作品甚少，民国九年（1920年）寿终。杨佩璋，在长葛历史上，应该称得上是一位名副其实的名人。论学识，进士出身，主考江南，一代帝师，可以说是当时出类拔萃，凤毛麟角的大学问家；论职位，在清代也是朝廷大员；论人品，身处腐败透顶的清末官场，能"以清真雅正为宗"，不攀附，不阿谀，不追名，不逐利，洁身自好，潜心学问，寄情林泉，以至"门可罗雀"，矢志不移，直至告老还乡，乐为布衣，诚属难能可贵。

杨锐（公元1857—1898）：字叔峤，四川绵竹人，戊戌六君子之一。光绪十五年（1889年）授内阁中书，后晋为侍读。曾入张之洞幕府，在北京任职期间经常写信向张之洞密报朝中动态。甲午战争时，主张集精兵猛将大举北援，保卫津沽。1895年参与发起强学会。

杨衢（qú）云（公元1856—1901年）：名飞鸿，字肇春，别号衢云，福建海澄（今厦门）人，中国近代民主革命家。杨衢云早年随父到香港，在香港圣保罗书院学习。1890年，与谢缵泰等十余人组织"辅仁文社"，由杨衢云任社长，以"开通民智"、"尽心爱国"为宗旨。文社购买新学书报，讨论中国的发展及改革路向，主张推翻满清，建立合众政府。1895年1月孙中山到香港，经孙之好友撮合将孙中山于1894年11月在檀香山设立之"兴中会"与"辅仁文社"合并。合并后的组织名为兴中会，杨衢云被选为会长，负责策划广州起义。广州起义失败。1900年1月，杨辞去"兴中会"会长一职，由孙中山接任。杨衢云于1901年1月10日被清政府派出的刺客枪杀。

杨守仁（公元1872—1911年）：湖南长沙人。中国近代民主革命家。原名毓麟，字笃生。清光绪二十四年进士，任湖南时务学堂教席。1902年留学日本，先后与黄兴、陈天华等发刊《游学译编》；组织暗杀团，加入华兴地、同盟会。1907年与于右任等创办《神州日报》，任总撰述。1908或1909年留学英国。1911年6月13日，因黄花岗起义失败后，忧同志牺牲，愤愤清廷腐败，在英国利物浦蹈海殉国。其所著《新湖南》与邹容著《革命军》、陈天华著《猛回头》、《警世钟》同为资产阶级革命派的代表性著作。

杨卓霖（？—1907）：湖南省醴陵县人，近代民主革命烈士。1900年曾参加抵抗八国联军的战斗。后因痛恨清政府腐败无能，周游各省联络会党密谋起义，欲推翻清政府腐败政权。1905年加入中国同盟会，时为陈天华投海深深感动，想大干一番事业，专门到横滨学习爆炸技术。1906年回国返沪，创办《竞业旬报》，宣传革命。准备策应湘赣萍（乡）、浏（阳）、醴（陵）起义（又称"丙午萍浏之役"），后起义失败，杨卓霖转赴扬州准备谋刺两江总督端方，因事败被捕。负责审讯的清史是他的同乡，暗示他只要他坚决不承认自己是革命党，就可免于死罪。但杨卓霖却直言不讳，说他就是革命党，宁死不屈。他熟知欧洲历史，认为中国如不实行政治革命，就不足以救亡。临终时遗言："不自由毋宁死。佛家云，众生一日不出地狱，即余一日不出地狱。"遂于1907年底在南京慷慨就义。

杨树达（公元 1885—1956 年）：中国语言文字学家。字遇夫，号积微，湖南长沙人。他是我国著名的汉语言文字学家，毕生从事汉语语法和文字学研究与教学，尤长于金石、甲骨和古文字训诂、音韵及汉语语法、修辞等，有很好的古文修养和精深的学术造诣。著有《汉书补注补正》、《词诠》、《马氏文通刊误》、《中国修辞学》、《积微居小学金石论丛》、《积微居金文论》等 20 余种著作；发表了《形声字声中有义略证》、《说中国语文之分化》等上百篇论文。《汉语文言修辞学》是一部有民族性、科学性、创造性的文言修辞学名著；不少旧著在新中国得以修改出版。

杨虎城（公元 1893—1949 年）：幼名长久，曾用名 音忠，字号虎城，出生于陕西蒲城县。1911 年，投身于辛亥革命运动。1917 年，参加陕西民主革命早期仅有的一支武装力量——靖国军，后又参加国民军。1924 年，参加国民党，拥护孙中山"联俄、联共、扶助农工"三大政策。先后担任师长、军长、十七路军总指挥、陕西省政府主席、西安绥靖公署主任、国民党中央监察委员等职。综观其一生，由蒲城起事，反清抗暴，讨袁护法，转战关中，坚守西安，出师北伐，回陕主政，被迫内战，直到呼吁抗战，张杨合作，实行"兵谏"，逼蒋抗日。著名的西安事变，又称双十二事变，是当时任职西北剿匪副总司令、东北军领袖张学良和当时任职国民革命军第十七路总指挥、西北军领袖杨虎城于 1936 年 12 月 12 日，在西安发动的直接军事监禁事件，扣留了当时任职国民政府军事委员会委员长和西北剿匪总司令的蒋介石，目的是"停止剿共，改组政府，出兵抗日"，西安事变最终以蒋介石被迫接受停止剿共一致抗日的主张，导致了第二次国共合作而和平解决。"西安事变"后，他被迫辞职出国。回国后，过囚禁生活达十二年之久。1949 年 9 月 17 日，被蒋介石下令杀害于重庆中美合作所之戴公祠，终年五十六岁。

杨开慧（公元 1901—1930 年）：号霞，字云锦，出生于湖南省长沙县板仓乡。杨昌济之女，毛泽东的第一任妻子，与毛泽东育有三个孩子，分别是毛岸英，毛岸青，毛岸龙。杨开慧 1922 年加入中国共产党。曾在中共湘区委员会负责机要兼交通联络工作。1923

年至 1927 年，随毛泽东在上海、广州、武汉等地从事革命活动、创办农民讲习所。1930 年夏，军阀何键到处搜杀共产党人及其家属，同年 10 月，杨开慧被国民党反动派逮捕。敌人逼问她毛泽东的去向，要她公开宣布与毛泽东脱离夫妻关系，杨开慧斩钉截铁地回答："要我与毛泽东脱离关系，除非海枯石烂！"，为了信仰她拒绝退党，于 1930 年 11 月 14 日被杀害。1957 年毛泽东为纪念杨开慧特写了《蝶恋花·答李淑一》词一首。

杨朔（公元 1913—1968 年）：原名杨毓瑨，字莹叔，山东蓬莱人。现、当代著名作家、散文家。1929 年毕业于哈尔滨英文学校。1939 年参加八路军，做了多年的战地记者，1937 年开始发表作品。1953 年加入中国作家协会。他的作品基调是歌颂新时代、新生活和普通的劳动者，代表作有《荔枝蜜》、《蓬莱仙境》、《雪浪花》等。"文化大革命"中，杨朔受到残酷迫害，于 1968 年 8 月 3 日含冤去世，终年 58 岁。

杨子荣（公元 1917—1947 年）：原名杨宗贵，山东牟平人。1945 年 8 月参加八路军，11 月，杨子荣加入中国共产党。历任战士、班长、团侦察排长等职。从 1946 年 2 月进驻海林剿匪，他参加大小战斗上百次，每次都出色地完成了上级交给的任务，多次立功受奖，并被评为"侦察英雄"、"战斗模范"。1947 年 1 月下旬，所在部队得到号称"座山雕"的匪首张乐山在海林县境内活动的线索，遂派他带领 5 名战士化装成土匪吴三虎的残部前去侦察。杨子荣等人到达夹皮沟的山林中，几番巧妙地与"座山雕"的坐探接触，经过用黑话联络，取得了土匪的信任，打入其隐居地。2 月 7 日，一举将"座山雕"及其联络部长刘兆成、秘书官李义堂等 25 个土匪全部活捉，创造了深入匪巢以少胜多的战斗范例。为此，团里给杨子荣记了三大功。同年 2 月 23 日，在继续追剿丁焕章、郑三炮等匪首的战斗中英勇牺牲，时年仅 30 岁。

杨立铭：1919 年出生于江苏溧水县。北京大学物理系教授，著名核物理专家、中国科学院院士。长期从事核理论研究工作及物理教育工作。早年提出原子粒幻数的统计解释，后来提出了原子核低激发集体运动的微观理论并加以推广。80 年代以后又从事原子核深层次的结构研究工作，提出普遍的强子结构理论框架。培养了许多核理论研究人才。

杨振宁：1922 年出生于安徽省合肥市，他出生不满周岁，父亲就去美国留学了。1938 年，16 岁的杨振宁中学还没毕业，就以优异的成绩考入了西南联大。1942 年，20 岁的杨振宁大学毕业，随即进入西南联大的研究院。1945 年，杨考取公费留学赴美，就读于芝加哥大学，取得博士学位。1949 年，杨振宁进入普林斯顿高等研究院进行博士后研究工作，开始同李政道合作。1957 年，由于在 1956 年与李政道提出的"对弱相互作用中宇称守恒的质疑"观念被实验证明而共同获得"诺贝尔物理学奖"；此外曾在统计物理、凝聚态物理、量子场论、数学物理等领域做出多项贡献。1966 年以后，他长期执教于纽约州立大学石溪分校，创立并主持该校的理论物理研究所。1977 年他和梁恩佐等人在波士顿创办了"全美华人协会"，促进中美关系。杨振宁现居于北京清华大学，同时身兼广东东莞理工学院名誉校长。

杨芙清：女，1932 年生，江苏无锡人。著名计算机学专家，中国科学院院士；北京大学教授、北京大学信息与工程科学学部主任，软件工程国家工程研究中心主任，北京大学软件与微电子学院理事长、名誉院长；兼任国务院学位委员会委员及学科评议组第一召集人，中国计算机学会、中国软件行业协会副理事长，北京市人民政府专家顾问团顾问，IEEE Fellow，贝尔实验室基础科学研究院（中国）高级顾问，《中国科学》、《科学通报》、《电子学报》副主编，复旦大学、浙江大学、香港科技大学等校兼职教授，北大青鸟集团董事长，无锡市第一女子中学名誉校长。2009 年 5 月 15 日，澳洲 ISTS（国际七三学社）主席陈恩田在中科院向杨芙清院士赠送了中国道教书法大师泰山仙翁的题词"未湖飞杨 芙出冰清"高度赞扬了杨芙清院士的才学和品格。

杨应昌：1934 年生，北京人。著名磁物理专家、中国科学院院士、物理学家。1958 年毕业于北京大学物理系，留校任教至今。期间曾在法国国家科研中心路易·奈尔实验室和美国密苏里－罗拉大学材料研究中心工作。现任北大物理系教授，凝聚态物理博士生导师。

杨钊： 1947 年出生，广东惠阳人，生于惠州。1967 年到香港创业，从日薪 6 元的工人做起，白手兴家，20 多年间，把原来规模很小的"旭日制衣厂"发展成为旭日集团——东南亚地区最大的服装制造和出口商之一。现为香港旭日集团董事长，香港青年工业家协会主席，香港纺织商会会长，香港惠州社团联合总会会长。是第九届全国政协委员，广东省政协常委。曾任惠州市政协副主席，当选香港特别行政区临时立法会议员。1999 年被香港特区政府委任为太平绅士。《2006 胡润百富榜》位第 34 名。

杨洁篪： 1950 年出生于上海，他的名字是亲属中一位略通古汉语的老先生给取的，"篪"（ chí，中国古代有八孔的古乐器，是一种像笛子那样的竹管吹奏乐器）字体里的"虎"字成为虎年出生的杨洁篪的代表性符号。1963 年，杨洁篪考入了上海外国语学院（今上海外国语大学）附属中学，与现任常驻联合国代表王光亚（前外交部副部长）是同年级同学，70 年代被外交部召集以培养翻译人才，1973 年在英国伦敦政治经济学院学习国际关系专业。回国后在我国外交部翻译室工作，1998 年任外交部副部长、党委委员，2000 年任驻美国大使，2004 年任外交部副部长、党委委员，2005 年任外交部副部长、党委副书记。2007 年 4 月 27 日，在十届全国人大常委会第二十七次会议上杨洁篪被任命为外交部部长。2008 年 3 月，在十一届全国人大一次会议上被任命为外交部部长。杨洁篪在 2001 年中美撞机事件等一系列外交事务中表现出非凡的外交才能，是我国出色的外交官。

杨尚昆：（公元 1907—1998 年），四川潼南人。1925 年加入中国共产主义青年团。1926 年转入中国共产党，并入上海大学学习。1926 年 11 月年赴苏联，入莫斯科中山大学学习。1931 年回国后任中华全国总工会宣传部部长、中共党团书记，中共江苏省委宣传部部长，中共中央宣传部部长。参与组织上海工人运动和抗日救亡运动。1932 年 9 月至 10 月任红中社主编。1933 年到瑞金，先后任中共中央局党校副校长，中国工农红军第一方面军政治部主任，中央军委总政治部副主任。1934 年 1 月，接任红三军团政委。参加了中央革命根据地反"围剿"和长征。1935 年在遵义召开的中共中央政治局扩大会议上，支持毛泽东的主张。后任陕甘支队政治部副主任，西北革命军事委员会总政治部副主任，中国工农红军抗日先锋军总政治部主任，陕北红军大学政治部主任，中央军委总政治部副主任。参加了直罗镇、东征和山城堡等战役。抗日战争时期，任中共中央北方局副书记、书记，领导华北敌后抗日根据地的斗争。并协助朱德、彭德怀领导华北抗日游击战争。1941 年返回延安。解放战争时期，任中共中央军委秘书长，中央外事组副组长，中央警卫司令员，中央后方委员会副书记，中央办公厅主任，中央副秘书长，协助周恩来等处理中共中央和中央军委的日常工作。新中国成立后，历任中共中央办公厅主任、中央副秘书长，兼任中央军委秘书长、中直机关党委书记。1956 年 9 月，在中共八届一中全会上，当选中央书记处候补书记。"文革"期间被撤销一切职务，被监禁达 12 年之久。中共十一届三中全会后，党中央为其彻底平反，恢复了名誉。1978 年 12 月至 1980 年底，相继担任中共广东省委第二书记，广东省副省长，中共广州市委第一书记、革命委员会主任，兼任广东军区第一政委、党委第一书记。1980 年 9 月，被补选为第五届全国人大常委会副委员长兼任秘书长。1981 年 7 月任中共中央军委常委兼秘书长，1982 年 9 月任中央军委常务副主席兼秘书长。1982 年当选为中共第十二届中央政治局委员。1983 年任中华人民共和国中央军事委员会副主席。1987 年 11 月当选为中共第十三届中央政治局委员。1988 年 4 月在全国人大七届一次会议上当选为中华人民共和国主席。1989 年 11 月在中共十三届五中全会上被任命为中央军委第一副主席，同时免去军委秘书长职务。1998 年 9 月 14 日因病在北京逝世，享年 92 岁。

中国当今的杨姓名人很多，如：国内著名资深电视节目主持人杨澜，著名女歌手杨钰莹，影视界当红明星杨幂等，不再赘述。

作者与读者沟通联系方式以及调查卷

您看到我们的书,对你我都是一个很重要的机遇! 为了提高我们的服务水平,请把您的建议和要求告诉我们。

出版社　E-mail：cmp01@263.net

　　　　　电　话：010-68407061

作　者　E-mail：haoming169@yahoo.com.cn

　　　　　手　机：(0)13013576514

1.您是怎么知道本书的?

　　A. 书店购买　　　　　　　　B.借阅

　　C.上网　　　　　　　　　　D. 亲朋好友

2.您购买本书的原因?

　　A. 作者的知名度高　　　　　B. 书的内容质量好

　　C. 对此类书感兴趣

3.您对本书的封面设计、内文排版及图书开本大小满意吗?

　　A. 对封面设计满意　　　　　B.内文排版满意

　　C. 对封面不满意　　　　　　D.内文排版不满意

　　E. 开本太大,携带不方便

4.您希望本书增加或减少哪些方面的内容?

　　A. 增加第＿＿章第＿＿节　　B.减少第＿＿章第＿＿节

5.您对本书的评价?

　　A.最喜欢第＿＿页的文章　　B.最不喜欢第＿＿页的文章

　　C.与同类书相比,本书更值得阅读

6.这本书的定价高吗?

　　A.不高　　　　　B.有点高　　　　　C.能接受现在的书价

7.其他意见或建议＿＿＿＿＿＿＿＿＿＿＿＿＿＿＿